EDUCAÇÃO PARA A
PAZ
SUA TEORIA E SUA PRÁTICA

Sobre o autor

Xesús R. Jares. Doutor em Pedagogia. Professor Titular da Faculdade de Ciências da Educação da Universidade da Coruña (España). Coordenador desde a sua fundação, em 1983, do grupo de educadores/as para a paz do movimento de renovação pedagógica Nova Escola Galega. Membro fundador da Associação Espanhola de Investigação para a Paz (AIPAZ).

J37e   Jares, Xesús R.
          Educação para a paz: sua teoria e sua prática / Xesús R. Jares; trad. Fátima Murad – 2. ed. rev. e ampl. – Porto Alegre : Artmed, 2002.

          1. Educação – Paz. – I. Título.

CDU 37.014.53

Catalogação na publicação: Mônica Ballejo Canto – CRB 10/1023

ISBN 85-363-0030-2

EDUCAÇÃO PARA A
PAZ
SUA TEORIA E SUA PRÁTICA

2ª edição
revista e ampliada

XESÚS R. JARES

Tradução:
Fátima Murad

Supervisão, consultoria e revisão técnica desta edição:
Ivam Martins de Martins
Pedagogo pela UFRGS.
Mestre em Ensino e Currículo pela UFRGS.

2002

Obra originalmente publicada sob o título
Educación para la Paz: su teoría y su práctica

© Editorial Popular, S. A.
ISBN 84-7884-203-9

Design de capa
Flávio Wild

Assistente de design
Gustavo Demarchi

Preparação do original
Jô Sontucci

Leitura Final
Maria Lúcia Barbará

Supervisão editorial
Mônica Ballejo Canto

Projeto e editoração
Armazém Digital Editoração Eletrônica – rcmv

Reservados todos os direitos de publicação, em língua portuguesa, à
ARTMED® EDITORA S.A.
Av. Jerônimo de Ornelas, 670 – Santana
90040-340 Porto Alegre RS
Fone: (51) 3330-3444 Fax: (51) 3330-2378

É proibida a duplicação ou reprodução deste volume, no todo ou em parte,
sob quaisquer formas ou por quaisquer meios (eletrônico, mecânico, gravação,
fotocópia, distribuição na Web e outros), sem permissão expressa da Editora.

SÃO PAULO
Av. Rebouças, 1073 – Jardins
05401-150 São Paulo SP
Fone: (11) 3062-3757 Fax: (11) 3062-2487

SAC 0800 703-3444

IMPRESSO NO BRASIL
PRINTED IN BRAZIL

Para Paz Raña, cujos sonhos
de paz engendram tantos sonhos

Sumário

Nota à edição em português 11
Nota à segunda edição 13
Introdução 15

PRIMEIRA PARTE
Desenvolvimento histórico 19

Antecedentes 21
      O legado da nãoviolência 21
      A contribuição pedagógica 23

1. A Escola Nova: a primeira onda da Educação para a Paz 27
      A Sociedade de Nações e a Oficina Internacional de Educação 28
      A Liga Internacional de Educação Nova 33
      María Montessori 34
      A paz pela escola 37
      O ensino da história 39
      As propostas curriculares 41
      As proposições teóricas. Síntese 43

2. A Educação para a Paz na perspectiva associativa, sindical
e sociopedagógica 47
      Associações do magistério: da neutralidade ao pacifismo 47
      Iniciativas de pedagogia política e sindical:
      os trabalhadores do ensino 49
      A Escola Moderna 51

8 SUMÁRIO

3. A Educação para a Paz na perspectiva da Unesco: A segunda onda 55
A ONU e a Unesco: pressupostos teóricos e ações normativas 56
O Plano de Escolas Associadas à Unesco 67

4. A Educação para a Paz a partir da nãoviolência: a terceira onda 69
Ideologia nãoviolenta e educação em Gandhi 69
Realizações 72

5. A Educação para a Paz a partir da Pesquisa para a Paz: a quarta onda 81
A Pesquisa para a Paz 81
A Educação para a Paz a partir da Pesquisa para a Paz 84

6. Educar para a paz depois do 11/9/2001 87
As conseqüências do 11/9/2001 88
Outros atentados antes e depois de 11/9/2001 92
Princípios educativos a partir dos quais devemos
encarar a nova situação 103

SEGUNDA PARTE
Fundamentação de uma pedagogia da paz 119

7. O suporte conceitual 121
Conceito de paz 121
Conceito de conflito 132

8. A estruturação pedagógica 143
Modelos e paradigmas 143
Definição 147
Características 149
Objetivos 154
A Educação para a Paz como tema transversal 161

9. Componentes 169
Educação para a compreensão internacional.. 170
Educação para os direitos humanos 172
Educação mundialista e multicultural 173
Educação intercultural 178
Educação para o desarmamento 180
Educação para o desenvolvimento 182
Educação para o conflito e a desobediência 185

SUMÁRIO **9**

TERCEIRA PARTE
A Educação para a Paz na ação 189

10. A estrutura 191
Contextualização 191
A democratização das escolas 194
Técnicas cooperativas de gestão da sala de aula e da escola 196
A criação de grupo 203

11. A forma 215
Princípios básicos 215
A utilização do enfoque socioafetivo 217
Alguns exemplos 221

12. Os conteúdos 237
Contextualização 237
Unidades didáticas 241
Um exemplo de unidade didática: conflito e convivência
nas escolas 243

Referências bibliográficas 255

Nota à Edição em Português

A presente edição em língua portuguesa inclui, em sua totalidade, o texto da segunda edição do livro em espanhol, publicado em 1999, com uma exceção: a substituição do conteúdo do breve Capítulo 6, referente ao caso particular da Educação para a Paz na Espanha, pelo novo e inédito Capítulo 6, que denominamos "Educar para a paz depois do 11/9/2001". Com essa mudança, não apenas atualizamos a evolução histórica da Educação para a Paz – temática que desenvolvemos na primeira parte do livro – como também formulamos os principais desafios e conteúdos que o "novo" cenário internacional apresenta após os execráveis atentados de Nova York e Washington em 11 de setembro de 2001 e as políticas adotadas desde então. Concretamente, estruturamos esse novo capítulo em três pontos. Em primeiro lugar, analisamos as conseqüências econômicas, sociais, políticas e militares que tiveram os atentados e as políticas que se seguiram. Em segundo lugar, examinamos "os outros atentados", referindo-nos com isso às diferentes formas de violência, ou, se se preferir, de terrorismo, que se produziram tanto antes como depois dos midiáticos atentados de 11 de setembro. Assim, oferecemos uma série de dados que comprovam o aprofundamento do fosso da desigualdade, tanto internamente como entre países, que implica a globalização neoliberal. No terceiro ponto, pensamos e propomos 10 objetivos e conteúdos que a nova situação exige. Trata-se de propostas que vão desde a "busca da verdade e o ensino da verdade histórica" até a reivindicação do compromisso e da "educação para a esperança" de Freire. É nisto que estamos e a isto convocamos educadoras e educadores de todos os âmbitos e etapas educativas, convencidos de que, sem esperança e utopia, não existe uma verdadeira educação.

O autor

Nota à Segunda Edição

Transcorrida quase uma década desde que veio à luz a primeira edição deste livro, era lógico e necessário que, ao publicar a segunda edição, procedêssemos a uma revisão completa daquela. Esse tempo foi suficiente para reler tanto a forma como o conteúdo, ajustar determinados pontos, acrescentar outros, atualizar a bibliografia, etc. Nesse empenho nos lançamos, e o resultado, depois de vários meses de trabalho, é este "novo" livro que agora tem três partes, em vez de duas; com maior número de páginas, dando mais destaque à sua parte prática; que introduz novas temáticas e componentes, mas que continua assentado nos mesmos princípios, valores e desejo de ser útil para a construção de uma cultura de paz na qual a educação é seu baluarte fundamental.

A primeira parte do livro, o desenvolvimento histórico da Educação para a Paz, continua sendo praticamente idêntica à primeira edição, embora não esteja isenta de mudanças. Por exemplo, reestruturamos alguns pontos (como no caso da referência ao associacionismo, ao sindicalismo e à Escola Moderna, que agora aparecem agrupados no Capítulo 2); desenvolvemos um pouco mais alguns pontos, como os que dedicamos à contribuição da Escola Moderna ou de María Montessori. No entanto, o fundamental das quatro ondas que geraram a Educação para a Paz permanece. Continuam sendo os mesmos o interesse e a necessidade que, em nossa opinião, deve ter o conhecimento dessa evolução histórica para poder encarar da melhor forma nosso trabalho educativo, tanto no presente como no futuro.

O que é agora a segunda parte do livro, "A fundamentação de uma pedagogia da paz", agrupa três capítulos. O primeiro deles aborda os conceitos que sustentam essa pedagogia, a paz positiva e a perspectiva criativa do conflito, que agora constituem um capítulo próprio devido à necessidade de dar maior precisão e desenvolvimento a esses dois conceitos. Mantêm-se as idéias e a estrutura anteriores, mas, pela conjuntura de conflito que se está vivendo nas

14 XESÚS A. JARES

escolas e pelo interesse que o conceito suscita em nós, demos destaque particular ao significado e à estrutura do conflito. O segundo capítulo desta segunda parte aborda a estruturação pedagógica, tendo como única novidade aqui a incorporação de um ponto sobre a idéia da transversalidade. O terceiro capítulo é o resultado da ampliação do ponto que, na edição anterior, abordava os componentes que configuram o bloco temático da educação para a paz. Além disso, achamos necessário introduzir outro componente, que é a educação intercultural.

A terceira parte, "A Educação para a Paz na ação", desdobra em três capítulos o que antes era abordado em quatro itens de apenas um capítulo. Evidentemente, além da reestruturação, essa é a parte que mais mudou, ampliando sensivelmente a parte prática do livro. No primeiro capítulo desta terceira parte, "A estrutura", mantém-se todo o embasamento para a análise das violências estruturais do sistema educativo, mas introduzem-se três novos pontos de caráter fundamentalmente prático: a democratização das escolas, as técnicas cooperativas de gestão da sala de aula e da escola e, em terceiro lugar, as estratégias e as dinâmicas para a criação de grupo. Neste último item, recolocamos o ponto das relações interpessoais.

O capítulo seguinte, "A forma", mantém todo o referencial aos princípios básicos e às etapas do método socioafetivo, mas introduzimos um leque de grupos de exemplos para operacionalizar precisamente o trabalho didático a partir dos pressupostos do socioafetivo. Concretamente, os diferentes exemplos que introduzimos correspondem às seguintes técnicas: jogos e exercícios de simulação; dinâmicas de esclarecimento de valores; jogos de papéis; estudos de caso; dilemas morais e utilização de textos literários.

O último capítulo desta terceira parte, que encerra o livro, retoma o ponto dos conteúdos e, como no capítulo anterior, mantém a base do que aparece na primeira edição, mas são introduzidos novos pontos. Nesse caso, especificam-se os conteúdos básicos da Educação para a Paz e acrescenta-se um terceiro aspecto que contém um exemplo de uma unidade didática, com suas correspondentes fichas de trabalho, sobre um tema central e de enorme atualidade, que é o dos conflitos e da convivência nas escolas.

O autor

Introdução

> "Não creio em nenhum esforço chamado de Educação para a Paz que,
> em vez de revelar o mundo das injustiças, torne-o
> opaco e tenda a cegar suas vítimas."
>
> (Paulo Freire, 1986, p. 46)

Educar para a paz está se tornando uma expressão e uma necessidade educativa cada vez mais conhecida e assumida por boa parte dos que se dedicam a tarefas formativas, tanto na educação formal como na educação não-formal. No plano jurídico, também obteve seu reconhecimento, tanto entre as finalidades do sistema educacional como na inclusão no currículo dos chamados temas transversais, entre os quais está a Educação para a Paz (EP). Ao mesmo tempo, não podemos deixar de assinalar as disposições dos convênios, das declarações, das recomendações e dos pactos internacionais firmados pela maior parte dos estados, fundamentalmente por iniciativa da Unesco e das Nações Unidas, nos quais se exortam a Educação para a Paz, a compreensão internacional e as liberdades fundamentais e os direitos humanos. Dessa perspectiva, além das razões pedagógicas, sociais, políticas e ecológicas que a sustentam e demandam, educar para a paz converte-se, portanto, em um imperativo legal.

Ainda que pareça paradoxal, contudo, educar para a paz não é nem se revela algo harmonioso, isento de conflitos ou que produza unanimidade. Assim, a primeira polêmica surge com a própria denominação a ser utilizada. São sinônimos expressões como educar para/ sobre/ na paz; educar para/ sobre/ na compreensão internacional; educar para/ sobre/ nos direitos humanos; educar para/ sobre/ no desarmamento; etc.? Perseguem os mesmos objetivos? Fundamentam-se nos mesmos conceitos? Utilizam os mesmos recursos e estratégias didáticas? Procedem de um mesmo devir histórico?

16 XESÚS A. JARES

As páginas deste livro pretendem, entre outras coisas, desenvolver e dar resposta às indagações citadas. Mas, além disso, queremos refletir sobre a experiência de tal dimensão educativa e apresentar propostas de intervenção, tanto no plano da escola como da sala de aula. Por esse motivo, nesta segunda edição estruturamos o livro em três partes.

Na primeira, apresentam-se as chaves históricas da Educação para a Paz (EP); suas distintas fases; suas diferentes concepções; suas propostas e práticas educativas. Com isso, queremos alcançar três objetivos complementares. Em primeiro lugar, e ainda que pareça óbvio, demonstrar, contrariando a opinião de alguns, que a Educação para a Paz tem sua história; isto é, produziu determinado legado histórico. Por conseguinte, não é uma "criação" de última hora nem uma moda pedagógica nem a resposta pontual a determinado problema, por mais importante que seja este. Em segundo lugar, porque, como se sabe, para compreender o presente e esboçar o futuro com maior segurança, é necessário conhecer o passado. Em terceiro lugar, o conhecimento das diferentes experiências e propostas metodológicas nos proporciona uma bagagem valiosíssima, sugestiva e plena de possibilidades para intervir, em alguns casos, com as adaptações necessárias, em nossas realidades educativas atuais.

A estruturação dessa evolução histórica concretiza-se, na minha opinião, em quatro grandes marcos geradores ou, como as denominei, ondas, visto que, tal como ocorre com o fenômeno físico, nem todas começam no mesmo ponto – embora algumas se desloquem paralelamente ao mesmo tempo – nem "quebram" com a mesma intensidade. Com essa terminologia, e já considerados os antecedentes, estabelecemos quatro grandes ondas. A primeira, isto é, a que representa o nascimento da EP, pelo menos na Europa, Capítulo 1, é o movimento de renovação pedagógica de início do século XX conhecido como Escola Nova. Sem dúvida, um valoroso movimento que exerceu enorme influência e chegou até nossos dias tanto por sua contribuição específica como por sua incidência nas instituições educativas oficiais da época.

A segunda onda é a que representa o nascimento da Unesco, a partir do final de 1945 (Capítulo 3). Antes dela, referimo-nos à contribuição das associações, dos sindicatos do ensino e dos movimentos sociopedagógicos, embora a nosso ver não constituam uma onda própria, já que não elaboram um discurso específico (Capítulo 2). A Unesco, cujo trabalho louvável prossegue em nossos dias, apesar de alguns problemas financeiros e de os Estados Unidos terem-na abandonado, desempenha um trabalho importante tanto no terreno normativo como no estímulo de programas, campanhas e materiais didáticos de EP. Além disso, introduzimos dois novos componentes na EP, que são a educação para os direitos humanos e a educação para o desarmamento.

A terceira onda é a ampla contribuição da nãoviolência[*] (Capítulo 4), sem dúvida, a dimensão geradora de EP mais difundida, tanto no tempo como

---

[*]N. de R. A palavra não-violência e seus derivados foram grafados pelo autor como nãoviolência, exceto quando citada por outros autores. Veja definição na página 69.

no espaço. Temos de reconhecer, contudo, que o pensamento nãoviolento tem uma clara raiz no continente asiático e, inicialmente, no âmbito religioso. A nãoviolência educativa proporcionará à EP maior força ideológica, assentada em suas propostas de luta nãoviolenta; a revisão do novo conceito de conflito e suas relações, e um componente de grande importância para essa onda, que é a educação para o conflito e para a desobediência.

A quarta onda, ao contrário da anterior, é a mais recente no tempo, mas, como a anterior, não nasce no âmbito educativo, mas dos pressupostos de uma nova disciplina, a Pesquisa para a Paz (Capítulo 5). A grande contribuição da EP a partir da Pesquisa para a Paz será fundamentalmente no plano conceitual, em particular com a revisão de conceito de paz, o qual foi denominado paz positiva.

Essas quatro grandes inspirações de que se nutriu e se nutre a EP têm em comum, se excetuarmos a última, ter-se produzido de forma paralela. Inspirações que desembocam na situação atual, ou quinta onda, a partir dos anos 80 e que justamente reúne o legado de todas elas (Capítulo 6).

Na segunda parte do livro, desenvolvemos ampla temática referente ao conceito de educação para a paz e a suas repercussões concretas no processo de ensino/aprendizagem. Para facilitar a compreensão, ela foi subdividida em três capítulos. No primeiro deles, "O suporte conceitual" (Capítulo 7), abordaremos dois pilares conceituais nos quais se assenta esse edifício que chamamos de Educação para a Paz (EP): os conceitos de paz e conflito como bases de sustentação da noção de Educação para a Paz que desenvolvemos. No segundo, "A estruturação pedagógica" (Capítulo 8), apresentamos os três modelos ou paradigmas da EP para elucidar, a partir daqui, o significado, os objetivos e as características que definem nosso modelo crítico-conflituoso-nãoviolento de educação para a paz. Finalmente, no terceiro, "Componentes" (Capítulo 9), referimo-nos aos objetivos, às atividades e aos materiais que caracterizam cada um dos componentes da EP.

Na terceira parte do livro, analisamos as implicações educativas que tal modelo pressupõe nos elementos fundamentais do processo educativo: a estrutura, a forma e os conteúdos. No Capítulo 10, "A estrutura", abordamos a problemática da organização, do sistema educacional e da escola, como contextos que incidem muito particularmente nas possibilidades dessa dimensão educativa. Apresentam-se propostas concretas de trabalho para a organização democrática da escola, a criação de um grupo de apoio mútuo, assim como experiências nesse sentido. No Capítulo 11, "A forma", abordam-se as características que a metodologia didática deve reunir, e particularmente o chamado método socioafetivo, com propostas de trabalho para aplicar nas aulas. Por último, no capítulo que encerra o livro, "Os conteúdos" (Capítulo 12), abordamos o significado da EP como elemento essencial do processo de ensino-aprendizagem, expondo o que seriam os conteúdos básicos, assim como uma exemplificação por meio de uma unidade didática.

Antes de concluir, não podemos deixar de lembrar que educar para a paz "não pode ser considerado um luxo. Tornou-se uma necessidade" (Hicks, 1984, p. 79), um "direito-dever do educador" (Visalberghi, 1984, p. 24). A institucionalização da violência, a degradação e a assimetria das relações humanas, a vulnerabilidade dos direitos humanos, a crise ecológica, os ressurgimentos de xenofobia e racismo, o aprofundamento dos desequilíbrios entre o Norte e o Sul do planeta, a própria ação política de deseducação para a paz a que estamos assistindo – com expressões, entre outras, como a tentativa dos ministérios de Educação e de Defesa de difundir nas escolas a chamada "cultura da defesa" – contradizendo, entre outras razões, o imperativo legal a que nos referíamos, formando um quadro suficientemente conflituoso a ponto de invalidar qualquer posição de indiferença, fuga, resignação ou submissão.

Ao contrário, e positivamente, como educadores temos de enfrentar o desafio de encontrar soluções para o trânsito de uma cultura de violência – na qual a guerra continua tendo uma relevância particular – para uma cultura da paz. Ou seja, recuperar a paz desde os primeiros anos para o conjunto das/os cidadãs/ãos; viver a paz para todas e todos como um processo ativo, dinâmico e criativo que nos leve à construção de uma sociedade mais justa, livre e democrática e sem nenhum tipo de exclusão social.

PRIMEIRA PARTE
Desenvolvimento Histórico

Antecedentes

Sem dúvida, até o início do século XX, e em especial a partir da tragédia da Primeira Guerra Mundial, não aparecem com nitidez as primeiras tentativas explícitas de fundamentar a Educação para a Paz de um ponto de vista psicopedagógico. Contudo, também não é menos certo que anteriormente ao século XX, e em particular à contenda de 1914, produziram-se discursos, referências e até mesmo experiências educativas com um inequívoco caráter pacificador (Filho, 1964; Vidal, 1971). Podemos dizer que tanto a origem e os antecedentes da Educação para a Paz (EP) como seu desenvolvimento posterior produzem-se de forma paralela. Assim, no que diz respeito aos antecedentes, houve duas grandes linhas paralelas. De um lado, está o legado procedente da nãoviolência[*] e, de outro, as fontes e as iniciativas que se inscrevem na história da renovação educativa. Vejamos cada uma delas.

O LEGADO DA NÃOVIOLÊNCIA

A nãoviolência proporciona à Educação para a Paz (EP) suas primeiras raízes. "O primeiro testemunho histórico da não-violência como valor educativo encontramos no antigo Oriente, onde surge na qualidade de paidéia religiosa. No século VI a.C., Maavira, fundador do jainismo, relega o conceito metafísico de verdade a um segundo termo e exalta o princípio didático da ainsa (não-violência) como o primeiro dever moral e o máximo valor educativo do homem" (Vidal, 1971, p. 173). Posteriormente, Buda une os conceitos de ainsa e piedade para todos os seres. Essas experiências, como a dos pregadores chineses da paz,

---

[*]N. de R. A palavra não-violência e seus derivados foram grafados pelo autor como nãoviolência, exceto quando citada por outros autores. Veja definição na página 69.

22 XESÚS A. JARES

não são propriamente educativas, mas, por sua vocação filosófica e religiosa, sem dúvida, irradiam um tipo de relações humanas e, portanto, educativas.

Também vale a pena citar, no mesmo sentido anterior, certas passagens da doutrina de Cristo e a prática social dos primeiros cristãos, em que se promovem valores de paz, como a nãoviolência, a justiça, o sentimento de comunidade e o amor fraterno entre todos os homens. Em torno dessa concepção do ser humano, da vida e da sociedade, foi gerada uma pluralidade de enfoques religiosos, filosóficos e sociais, nos quais não faltaram casos de dissidência no seio das instituições religiosas que tiveram influência na educação. O "pacifismo educativo neocristão" de Erasmo de Roterdã e Juan Luis Vives, entre outros, estabelece a exigência moral de renúncia à violência, pelo menos entre as nações cristãs. Mas, sem dúvida, dentro dessa opção religiosa, temos de ressaltar em especial a ação educativa do grupo reformista dos quacres, cuja atividade em favor da educação nãoviolenta continua até nossos dias com grande força e interesse, e a que nos referiremos posteriormente ao falar da terceira onda da EP (Capítulo 4).

Em meados do século XIX, contudo, devemos destacar duas figuras que tiveram uma especial incidência na origem da EP, uma no Ocidente e outra no Oriente. Além disso, a partir da nãoviolência, não apenas exercerão influência no mundo educativo, mas eles próprios empreenderão experiências educativas baseadas em tal filosofia, embora com um caráter acentuadamente religioso. No primeiro caso, referimo-nos a Tolstói e, no segundo, a Tagore.

Tolstói, nascido em 1828, "não foi apenas um teórico; durante longos anos manteve uma escola de caráter experimental, em Isnaia-Poliana, escreveu uma revista na qual apresentaria posteriormente os resultados de seu trabalho" (Filho, 1964, p. 164). Seus princípios educativos estão assentados em um universalismo deísta-cristão que "deve guiar a criança e o homem adulto pelo caminho do amor e da não-violência" (Vidal, 1971, p. 120). A recusa de Tolstói a todo tipo de violência nos conduz ao "princípio de 'não-intervenção' na educação, que seria a tradução pedagógica do princípio da 'não-violência' que Tolstói sustentava como supremo ideal moral e religioso" (Abbagnano e Visalberghi, 1986, p. 655). Por isso, a personalidade tolstoiana de não sobrepor a personalidade do adulto à da criança chega ao ponto de favorecer a instrução, rechaçando toda forma de educação (Abbagnano e Visalberghi), além do Estado e da instituição eclesiástica. Instrução que, por conseqüência, deve realizar-se em um ambiente de liberdade total.

Tolstói sofre a influência dos predecessores da Escola Nova, particularmente de J. J. Rousseau. Podemos resumir sua ação educativa nos três pontos seguintes:

1. A ação educativa deve enquadrar-se nos princípios da vida cristã, ensinando a crença em um Deus interior, que deve manifestar-se como espírito do amor presente em cada ser humano.
2. A educação deve guiar a criança e o adulto pelo caminho do amor e da nãoviolência: "Não se enfureça, mas viva em paz com todos os

EDUCAÇÃO PARA A PAZ **23**

homens... Não resista ao mal pela violência. Não seja inimigo de ninguém. Ame a Deus e a seu próximo como a si mesmo" (Tolstói, 1962, p. 83).

3. Liberdade, não-intervenção e respeito ao desenvolvimento espontâneo da vida

Em suma, Tolstói concebe a educação como um processo de osmose espontânea, fruto da cooperação, do amor e da sugestão pessoal em um ambiente de total liberdade.

O poeta hindu Rabindranath Tagore, nascido em 1861, fundou em Bolpur, próximo de Calcutá, a escola de Santiniketan, ou Casa da Paz. "Nela, o ensino inspirava-se em idéias similares àquelas pregadas por São João Bosco, com relação aos jovens desvalidos, e próximas às de Tolstói, no que se refere à transformação social" (Filho, 1964, p. 165). Tagore via no sistema de castas imperante na Índia a projeção em escala menor dos preconceitos que dividem os povos em raças e religiões. Entendia que isso só podia ser modificado mediante uma nova educação, antecedendo, portanto, o utopismo pedagógico que caracterizaria mais tarde o idealismo da Escola Nova. Esta, como Tagore, acredita que poderemos transformar o mundo com uma nova educação. Nova educação que, mais do que se apoiar na informação – escrever –, deve nos pôr "em harmonia com tudo o que existe no mundo" (Filho, 1964, p. 166). Além do já citado utopismo pedagógico, as características que resumem o pensamento educativo de Tagore são o contato com a natureza, a harmonia do espírito com a criação e a educação na vida.

Finalmente, não podemos deixar de citar, nesta breve passagem pelos antecedentes educativos desde a nãoviolência, a figura de Mahatma Gandhi. Por sua particular relevância, referimo-nos a ele no capítulo correspondente à contribuição da nãoviolência (Capítulo 4).

A CONTRIBUIÇÃO PEDAGÓGICA

A segunda linha paralela a que fazíamos referência é a que nos proporciona a história da educação e muito particularmente dos autores: Comenius, o chamado fundador da pedagogia como ciência (Piaget, 1957), e J. J. Rousseau – o grande precursor da Escola Nova. Sem dúvida, os dois pioneiros da educação baseada no respeito às crianças, na união com a natureza e na fraternidade universal.

No século XVII, "vivendo em uma época em que a Europa feudal agitava-se diante dos primeiros embates da sociedade burguesa que surgia pujante, filho de uma nação, a Eslováquia, destroçada e subjugada por hordas invasoras, Comenius, perseguido, exilado, muitas vezes incompreendido, divide sua atividade de pensador e pedagogo entre os problemas do ensino e da guerra"

24 XESÚS A. JARES

(Lopes, 1984, p. 38). Como bom humanista, seu pensamento leva em conta o conjunto da humanidade (Mialaret e Vial, 1981, p. 207), sem nenhum tipo de distinção, afirmando a necessidade da união mundial: "Todo aquele que realmente não deseja todo o tipo de bem-aventuranças para a humanidade inteira comete uma injustiça com ela toda... O mundo é nosso destino comum e único" (Comenius, apud Lopes, 1984, p. 38). Dessa forma, podemos considerar o pensamento de Comenius como inspirador da corrente que hoje denominamos mundialismo.

Para conseguir essa união da humanidade, Comenius propugna duas vias complementares, a pansofia, ou ciência universal, e a educação. "A pansofia devia ser um resumo de todo o saber, estabelecido de tal forma que o encadeamento e a interdependência dos diversos conhecimentos sejam ressaltados com precisão, e de maneira que os conhecimentos também sejam fundamentados e demonstráveis como a matemática. Desde que se chegue a um método tão exato para cada ponto discutido, a verdade se estabelecerá pela prova. A humanidade aprenderá a solucionar os conflitos pela demonstração da verdade, e não pela violência" (Heindrich, 1927, p. 108). Por meio dessa "ciência universal" se chegará a uma sociedade universal, "que viva feliz e em paz, por meio do progresso intelectual, moral e espiritual, de todos os homens, e que seja reflexo da cidade de Deus" (Capitán Díaz, 1984, p. 482).

Ligado a essas idéias acerca da pansofia, Comenius crê que na possibilidade de realizar a união mundial por meio da educação e, dessa forma, conseguir a paz. Os planos de educação de Comenius são traçados integralmente em "O caminho da luz", escrito na Inglaterra em 1641. Comenius pensa em quatro rotas de luz indispensáveis. A primeira são os livros gerais sobre educação. A segunda, as escolas que difundem a instrução geral em todos os países para toda a juventude, sem diferenças de sexo nem de fortuna. A terceira deve ser um corpo comum, um corpo universal de homens judiciosos de todas as nações, que terão a tarefa de zelar pelo bem comum. Esse corpo deverá ser um órgão internacional que goze da estima universal. No espírito de Comenius, deveria ter, ao mesmo tempo, uma função de controle internacional da escola. A quarta rota da luz deve ser, segundo Comenius, "uma língua artificial que será difundida, junto com os idiomas nacionais, no mundo inteiro, o que permitirá às nações conhecer-se e compreender-se melhor, e servirá para a expansão da ciência" (Heindrich, 1927, p. 109-110).

Com essas quatro rotas, Comenius estava convencido de que se conseguiria a paz, em seu sentido cristão, um único rebanho, um único pastor – "o fundamento da pedagogia comeniana é essencialmente religioso" (Abbagnano e Visalberghi, 1983, p. 303). Seu discurso precede o utopismo pedagógico característico da Escola Nova e a corrente mundialista. Mediante o papel preponderante da educação, favorecedora da compreensão dos povos, assim como da criação de instituições e de uma língua universal, viria o estabelecimento de uma paz duradoura. Para isso, e antecipando-se às propostas da Escola

Nova, Comenius acredita que é preciso "empenhar todos os esforços necessários para a educação de todos, para uma educação oferecida em uma escola 'única' e gratuita. Dessa forma, se chegará à melhoria geral da sociedade, que trará consigo a paz universal" (Mialaret e Vial, 1981, p. 210).

Nas palavras de Comenius, "os pontos fracos da natureza humana não podem ser prevenidos eficazmente a não ser quando se evitam desde a juventude... Por essa razão, se quereis ver ordenados, verdes e floridos os povos, as escolas, as casas, fundai antes de tudo as escolas e conseguireis que com o ensino e a prática apropriada reverdeçam e sejam uma arte verdadeira e oficinas de virtudes" (Comenius, apud Lopes, 1984, p. 38). Além disso, e apesar de sua vida atribulada e da Guerra dos 30 Anos na Europa, Comenius acredita que a natureza humana tende à harmonia, e não à discórdia.

Assim, podemos concluir que as três grandes características do pensamento pedagógico de Comenius em relação à paz são:

- Fé na natureza humana e em sua harmonia.
- Utopismo pedagógico: por meio da educação e, mais concretamente, do estabelecimento de "um projeto de educação universal para todo o gênero humano" (Prévot, 1981, p. 213), conseguiremos a paz.
- Mundialismo ou universalismo: pertencemos à mesma família e, portanto, podemos ser regidos pelo mesmo governo, pelas mesmas leis: "o que nos impede de esperar que algum dia consigamos constituir uma comunidade duradoura, bem-organizada, unida pelos laços de uma ciência comum e das mesmas leis?" (Comenius, apud G. de la Mora, Prólogo de *Didáctica magna*, 1982, p. XXII). Comenius articula esse pensamento mediante a proposta de criação de um organismo internacional, o Tribunal da Paz, que servisse para resolver os litígios, claro antecedente do Tribunal Internacional de Haia.

Outro grande antecedente da Educação para a Paz nessa linha pedagógica é J. J. Rousseau, o grande predecessor da Escola Nova. Rousseau, assim como Comenius, escreve sobre a paz e a guerra, como no caso de seus escritos acerca dos tratados de paz que foram propostos; destaca seu juízo crítico, porém respeitoso, com o projeto de Paz Perpétua do Abade de Saint-Pierre (Rousseau, 1982). Rousseau acredita que "o homem é por natureza pacífico e tímido; seu primeiro movimento diante de qualquer perigo é a fuga; não se torna valente mais do que por força do costume e da experiência; a honra, o interesse, os preconceitos, a vingança, todas as paixões que podem fazê-lo enfrentar os perigos e a morte lhe são desconhecidos em seu estado natural" (Rousseau, 1982, p. 50). Por isso, conclui que "não há guerra entre os homens, só há guerra entre os estados" (ibidem, p. 53).

Assim como ocorre com o homem, Rousseau acredita que a criança é boa por natureza; por isso, em face da educação tradicional feudal, que impede o desenvolvimento espontâneo, físico e espiritual da criança, Rousseau propugna uma educação que não restrinja seu desenvolvimento natural, sem que isso signifique "dar livre curso a seus instintos e paixões" (Sánchez Vázquez, 1970, p. 49). Como assinalou J. Palacios, "se tivesse de destacar um dos achados de Rousseau, este seria a descoberta da criança; a descoberta de que a criança existe como um ser substancialmente distinto do adulto e sujeito às suas leis de evolução; a criança não é um animal nem um homem: é uma criança" (1982, p. 40).

Se, do ponto de vista pedagógico, a descoberta da criança é sua grande revolução, seu principal princípio educativo é a liberdade. Deste derivam todos os demais. "O mais valioso de todos os bens não é a autoridade, mas sim a liberdade. O homem verdadeiramente livre quer apenas o que pode e faz o que lhe agrada. Essa é minha máxima fundamental" (Rousseau, 1973, p. 125). A criança, portanto, deve crescer livre, deixando que sua natureza sã manifeste-se espontaneamente, "pondo-se em condições de ser sempre dono de si mesmo e não contrariando sua vontade" (Palacios, 1982, p. 48). É por isso que, para o autor genebrino, a educação moral fundamenta-se na grande confiança na natureza da criança e na defesa de sua liberdade: se o "principal direito do homem é a liberdade, a educação deve ser livre" (Sánchez Vázquez, 1970, p. 49).

Essas formulações rousseaunianas com respeito à educação para a paz serão desenvolvidas com o movimento da Escola Nova: se a criança é boa por natureza, a guerra é uma invenção do homem adulto; portanto, com uma nova educação, baseada na autonomia e na liberdade da criança, conseguiremos formar futuros cidadãos, para os quais a guerra não terá sentido. Isto é, estamos de novo na presença do utopismo pedagógico que posteriormente impregnará todo o dinamismo da Escola Nova, que vamos desenvolver a seguir.

1

A Escola Nova: A Primeira Onda da Educação Para A Paz

No início do século XX, surge a primeira iniciativa sólida de reflexão e ação educativa pela paz. É a que proporciona o movimento denominado Escola Nova (EN), não apenas por seu inequívoco caráter internacionalista (desde o primeiro momento agrupou as experiências de escolas novas e os mais importantes pedagogos de diferentes países), mas também pela amplitude do modelo pretendido de educação para a paz, que vai desde o enfoque dos grandes problemas sociais à transformação do meio escolar. A Educação para a Paz (EP), contudo, em um sentido estrito, só passou a ser uma de suas constantes depois da Primeira Guerra Mundial (González Agapito, 1983; Jares, 1986; Palacios, 1982).

Por outro lado, e em sentido negativo, as críticas da Escola Nova (EN) dirigiam-se à escola tradicional, tanto por seus métodos e propostas didáticas como por sua contribuição à militarização da infância e da juventude, tanto de uma forma expressa como indireta. Neste último sentido, produz-se uma crítica às práticas educativas paramilitares, como os batalhões escolares (apud Otero, 1998a e 1998b). Dessa forma, não apenas se considera a escola como a instituição que pode afastar a guerra da face do planeta, como, ao mesmo tempo, fazia-se dela a responsável pela Primeira Guerra Mundial: "Em todos os países da Europa, a escola esforçou-se para formar a criança para a obediência passiva, mas não fez nada para desenvolver o espírito crítico nem jamais procurou favorecer a ajuda mútua. É fácil ver para onde esse adestramento paciente e contínuo conduziu os povos" (Ferrière, 1926, p. 23).

Logo após a guerra, tanto por seus efeitos devastadores como pelo próprio fato de ter-se produzido na "civilizada" Europa, as mentes mais ativas da educação, historiadores e pensadores em geral, voltaram os olhos para a esco-

28 XESÚS A. JARES

la como instrumento para aplacar e evitar a repetição desses males. Por isso, e como conseqüência da guerra, acentua-se "a atenção para a educação social, como forma de reproduzir na escola uma convivência harmoniosa, base do pacifismo" (González Agapito, 1983, p. 29).

A comoção produzida pela Primeira Guerra Mundial proporciona ao mundo "consciência de uma maior e necessária dependência entre povos e nações e, sobretudo, do fato de que era preciso rever os princípios da educação e suas instituições para que estas se difundissem por toda a parte, com vistas à preservação da paz. Infundiram não apenas nos educadores, mas também nos pensadores sociais, filósofos, políticos e administradores, uma nova fé na escola para que suas técnicas fossem revisadas ou colocadas em condições de desenvolver uma ação social melhor e mais segura. Se o mundo havia chegado àquela luta prolongada, que já não se imaginava possível entre as nações mais adiantadas do Ocidente, era necessário rever os fundamentos e as formas de ação educativa, planejá-la bem e difundi-la" (Filho, 1964, p. 12-13).

Dessa forma, mal termina a guerra, produz-se um vigoroso movimento educativo, caracterizado fundamentalmente pela idéia de evitar o conflito armado e por seu forte componente internacionalista, isto é, de uma perspectiva negativa e outra positiva. As vias concretas para conseguir esses dois objetivos eram, igualmente, duas: a extensão dos serviços públicos de educação, por um lado, e a revisão dos planos e métodos de ensino, por outro. A ligação entre ambos é óbvia; se concordamos em afirmar que, com uma nova educação (revisão de planos e métodos), conseguiremos um mundo em harmonia, obviamente temos de estender esse processo educativo ao conjunto da população escolar. Argumento esse que se reforçava com as contribuições da incipiente psicologia, no sentido de que é nos primeiros anos que se forma a personalidade do futuro adulto.

Essa fase entusiasta vai durar até os anos 30, quando a ascensão das ideologias totalitárias, nazismo e fascismo, mostra novos ventos de guerra. A própria Guerra Civil Espanhola anuncia o prelúdio e dá o primeiro aviso de ruptura da ilusão gerada pelo utopismo pedagógico dos anos precedentes. Vejamos a seguir o múltiplo legado da EN.

A SOCIEDADE DE NAÇÕES E A OFICINA INTERNACIONAL DE EDUCAÇÃO

Em face da concepção tradicional, predominante ainda no século XIX, que entendia a paz e a guerra como processos alternados aparentemente intermináveis (Gaille, 1980), houve a reação dos teóricos que postulam um novo marco de relações internacionais, no qual seja possível controlar e incidir sobre esses processos. As democracias liberais do século XIX, no entanto, já compreende-

EDUCAÇÃO PARA A PAZ **29**

ram o papel da educação em relação ao sistema social, tentando generalizar um sistema educacional público, democrático e não-confessional, mediante o qual é preciso universalizar a instrução, promover as virtudes cívicas e evitar qualquer sectarismo. Essa pretensão de neutralidade do sistema educacional foi uma das razões que "conteve historicamente a formulação de uma teoria e de uma estratégia educacional para a paz" (Sola, 1987, p. 16).

A Sociedade de Nações

No plano político, tentou-se intervir no controle e na prevenção dos processos por meio da Sociedade de Nações (SN), criada em 1919, e na elaboração dos marcos constitucionais democráticos nos diferentes países, incorporando a recusa à guerra e dos ideais da paz e da solidariedade entre os povos.

A Sociedade de Nações era o órgão mais significativo para arbitrar medidas tendentes a solucionar conflitos internacionais e melhorar as relações. Não deu, porém, a devida importância aos assuntos pedagógicos, a não ser para a difusão de seus princípios entre os jovens. Essa despreocupação pelos problemas internacionais da educação é comprovada pela inexistência de uma organização internacional de educação, do mesmo modo que contava em seu seio com a Organização Internacional do Trabalho (OIT). O próprio P. Rosselló, firme defensor da instituição, lamenta a situação educativa dentro da Sociedade de Nações. "Havia, no entanto, uma razão de caráter político bastante poderosa para que a instituição criada por Wilson deixasse de lado, apesar de todos os títulos que possuía para se ocupar dele, o problema da participação da escola na garantia da paz" (Rosselló, s. d., p. 18).

Além disso, a regra da unanimidade imposta na SN significava na prática a impossibilidade de levar adiante determinadas propostas educativas, já que o veto de um único Estado era suficiente para tolher qualquer iniciativa. Não bastasse isso, havia um "movimento abertamente hostil" a qualquer referência educativa, alegando que a educação era uma questão de caráter estritamente nacional. Dessa forma, "a educação constituía a vítima propícia destinada a compensar, pelo menos teoricamente, as concessões que, na prática, os estados viam-se obrigados a fazer no terreno da pretensa intangibilidade de sua soberania" (Rosselló, s. d., p. 19).

Foi preciso esperar até o ano de 1923, no transcurso da quarta reunião de sua assembléia, na qual foi aprovada uma proposição em que se recomendava aos governos dos Estados pertencentes à Liga que tomassem medidas que levassem ao conhecimento das crianças e dos jovens a existência e os fins da SN. No ano seguinte, pede-se não apenas aos Estados-membros, mas a todos, que facilitem o intercâmbio escolar, assim como de professores e cientistas. Dessa forma, estimula-se a que se prossiga o ensino acerca da SN e sua regulação nos sistemas escolares. Nesse sentido, o chefe do Departamento de Educação

30 XESÚS A. JARES

da Liga das Nações, S. Sherman (1926), insiste para que a educação se apóie na vida real e para que sejam incorporados ao currículo escolar os meios necessários para sensibilizar sobre a necessidade de evitar a guerra e estimular a unidade internacional.

No ano de 1925, na sexta assembléia, propõe-se a criação de um subcomitê de peritos encarregados de estudar "os métodos mais adequados para coordenar os esforços oficiais e não-oficiais, destinados a informar a juventude do mundo inteiro sobre os princípios e o trabalho da SN e a habituar as futuras gerações a considerar a cooperação internacional como o método mais adequado para tratar os assuntos do mundo" (Palacio Lis, 1986; Rosselló, s. d.).

No ano seguinte, em julho de 1927, o citado subcomitê expressou as recomendações que seriam anuladas pela Liga em setembro de 1927. Elas abarcam todos os problemas centrais de uma EP: conceitos, fins, integração, recursos, meios, etc. O próprio subcomitê dividia seu trabalho em três seções: meios que deveriam ser utilizados para informar às crianças e aos jovens sobre a SN; recursos a que se deverá apelar para desenvolver o espírito de cooperação internacional; e, em terceiro lugar, a organização dessa ação educativa. Vejamos de forma sintética algumas de suas propostas mais importantes:

1. A educação para a cooperação internacional deve estar adaptada ao desenvolvimento intelectual do aluno.
2. Integração. Expressa-se a recusa para criar uma disciplina, devendo impregnar toda a ação educativa com o espírito desse tipo de educação. "Esse ensino não pode ser dado simplesmente como uma matéria do programa escolar; deve impregnar tudo o que envolve a criança..." (Barnes, 1929, p. 149). Sugeria-se, não obstante, que as noções podiam ser apresentadas à criança em conexão com a geografia e história ou a instrução moral ou cívica (Rosselló, s. d., p. 29).
3. Nessa educação para a compreensão internacional, a aprendizagem da relação patriotismo-internacionalismo ocupa um lugar de destaque. O subcomitê aposta em uma compatibilização de ambos os conceitos.
4. Entre os meios que propõem para levar a cabo esse trabalho educativo, podemos destacar três:
    a) Os professores. Ressalta-se sua importância capital. Por isso, enfatizam a necessidade de sua formação no espírito internacional, tanto em seu período de formação como organizando cursos de reciclagem para os que estão em exercício. "Nosso apelo principal dirige-se ao professor e aos que estão encarregados de sua formação" (Barnes, 1929, p. 150).
    b) Os materiais didáticos devem ser intuitivos. Entre eles, citam tanto os de tipo audiovisual como os impressos, particularmente livros de leitura sobre outros países.

EDUCAÇÃO PARA A PAZ **31**

   c) Revisão dos livros didáticos, particularmente os de história, eliminando todos os tipos de juízo que suponham ódio ao estrangeiro. Nesse sentido, sugere-se tornar efetiva a proposta do espanhol Julio Casares, aprovada no dia 29 de julho de 1925, que inclui a idéia muito presente naquela época de "suprimir ou atenuar os parágrafos dos livros escolares que possam semear, entre a juventude de um país, os germes de uma incompreensão essencial com relação a outros países" como "um dos meios mais eficazes para conseguir a compenetração intelectual dos povos".

5. Entre as atividades citadas para concretizar esse empenho educativo estão:

   – Celebrar um dia por ano em que se inculque nas crianças o amor pelas instituições internacionais.
   – Concurso de redação sobre a SN.
   – Jogos infantis.
   – Quadros e filmes.
   – Conferências.
   – Exposição de objetos estrangeiros.
   – Visitas aos museus de arte e história.
   – Festas e espetáculos.
   – Manifestações interescolares.
   – Intercâmbio de estudantes.

6. Os passos que sugerem para a organização desse projeto são três:

   a) Criação em cada país de uma conferência nacional convocada pelos governos.
   b) Comunicação dessa conferência com a secretaria da SN, que transmitirá informação para as demais conferências nacionais.
   c) Criação de um centro oficial difusor, tanto de recursos materiais como humanos (conferencistas), com claras funções de assessoramento e divulgação.

Sem dúvida, "este documento constitui uma retificação honrosa do critério abstencionista que obrigava a Sociedade a ignorar todo um aspecto importantíssimo, para não dizer básico, da obra de pacificação espiritual que lhe foi atribuída" (Rosselló, s. d., p. 32). Ao mesmo tempo, é preciso levar em conta, em nossa opinião, que tal documento não se limita apenas à educação sobre a SN, mas faz referência à educação para a paz em geral, devido, entre outras coisas, à sua redação imediatamente posterior ao congresso "A paz pela escola", no qual também se havia feito menção ao ensino sobre a SN (Bovet, 1927, p. 21-22).

A Oficina Internacional de Educação

A criação da Oficina Internacional de Educação (daqui por diante OIE) foi possível no início de 1926 graças ao trabalho do movimento pedagógico reunido em torno do instituto genebrino J. J. Rousseau. Em 1929, adquiriu certo caráter oficial ao ser reconhecido pelos governos dos Estados-membros, encarregando-se também de sua sustentação. Em 1931, era composta por representantes de cinco países, um cantão suíço e o Instituto Universitário de Ciências da Educação da Suíça (Rosselló, 1931). Sem sombra de dúvida, a criação da OIE é um elemento decisivo na divulgação e na conceituação da Educação para a Paz, não tanto pelo dinamismo desenvolvido e por sua clara vocação internacionalista, mas também por fazerem parte dela vários dos principais teóricos da EP, como era o caso do francês Pierre Bovet e do catalão Pere Rosselló.

Embora seus objetivos e suas atividades fossem mais amplos que os referentes à EP, o próprio Rosselló relativiza: "Ainda que o programa das atividades da OIE seja múltiplo, um dos objetivos perseguidos na prática com maior afinco foi o de contribuir para a obra de aproximação moral dos povos por meio da escola. Essa tendência já se manifesta de maneira patente em seu manifesto de constituição lançado no início de 1926" (Rosselló, p. 34). O próprio programa de trabalho do novo organismo internacional diz: "A OIE se esforçará, tendo em vista os princípios que seguem, em colaborar na formação do espírito internacional da juventude no sentido do trabalho empreendido pelas associações pró-Sociedade de Nações; recordará que toda verdadeira educação deve tender não apenas ao cultivo das características pessoais do indivíduo, mas ao desenvolvimento de suas virtudes cívicas e também ao florescimento dos sentimentos sociais com relação a toda a humanidade" (Rosselló, p. 35).

Fiel a esses princípios, a OIE, quase recém-constituída, colaborou com a organização das "Jornadas para educadores", realizada pela União Internacional das Associações pró-Sociedade de Nações, "tendo ficado mais especialmente a cargo da OIE a preparação das exposições consagradas aos manuais de história e geografia e à correspondência interescolar" (Rosselló, p. 36). O segundo evento foi seu estudo sobre o patriotismo, bem coerente com o espírito internacionalista com que surgiu.

Depois, a OIE organiza o histórico congresso "A paz pela escola" (1927), a que nos referiremos posteriormente, e "Bilingüismo na educação" (1928); cursos especiais para docentes: "como informar sobre a Sociedade de Nações e desenvolver o espírito de cooperação internacional"; coordena uma exposição permanente sobre "Ensino e paz"; edita um boletim trimestral; com diversas seções (movimento educativo, a Educação para a Paz e a colaboração internacional, educação moral, escola rural...); publica uma coleção de obras sobre debates realizados...

A LIGA INTERNACIONAL DE EDUCAÇÃO NOVA

O enfoque supranacional da renovação pedagógica proposta pelo movimento começa com a criação do Bureau Internacional des Ecoles Nouvelles, por iniciativa de Adolfo Ferrière, o teórico mais preocupado com a organização da "Escola Nova internacional e por uma reforma de alcance ecumênico e, por isso, de um resoluto pacifismo" (Larroyo, 1973, p. 634).

O movimento consolida-se com o I Congresso Internacional de Educação, realizado em 1921 em Calais (França), com a constituição da Liga Internacional de Educação Nova, que chegou a ser implantada em mais de 20 países e a reunir os pedagogos de maior prestígio do campo internacional. Sobre esse congresso, Wallon escreverá, anos mais tarde, que era o resultado do movimento pacifista que se seguira à Primeira Guerra Mundial. "Parecia então que, para assegurar ao mundo um futuro de paz, nada podia ser mais eficaz que desenvolver nas jovens gerações, por meio de uma educação apropriada, o respeito à pessoa humana. Assim, poderiam florescer os sentimentos de solidariedade e fraternidade humanas, os quais são o oposto da guerra e das violências."

Entre os 10 princípios aprovados, além do que se refere à igualdade e à cooperação entre ambos os sexos, há dois relacionados com a Educação para a Paz, entendida em sentido positivo:

– O quinto: toda concorrência egoísta deve ser desterrada da escola e substituída por um espírito de cooperação que oriente a criança a se colocar a serviço da comunidade.
– O sétimo: a nova educação desenvolverá na criança não apenas o futuro cidadão, capaz de cumprir seus deveres com seu próximo, com sua nação e com a humanidade, mas também o homem consciente de sua dignidade como ser humano.

A Liga realiza congressos bianuais para aprofundar as análises do modelo educativo, com base em trabalhos teóricos, experiências e debates, com um espaço para os problemas relacionados com a Educação para a Paz e a cooperação internacional, embora se tendesse ao tratamento de temas gerais monográficos. Na V Conferência Mundial da Escola Nova, celebrada em Elsinor (Dinamarca), em 1929, com as conquistas gerais do movimento do ensino público e a criação de grandes associações de educadores de caráter nacional e internacional, constata-se "a propensão de todas as formas educativas no sentido da paz, dando-se atenção especial também a esse ponto na formação da personalidade dos educadores, princípio e fim inegáveis de toda e qualquer reforma bem-concebida" (Boyd, 1931, p. 14).

34 XESÚS A. JARES

No VI Congresso (1934), encarregado de organizar a seção polonesa da Liga Internacional da Educação Nova, estudou-se como questão especial "o papel da juventude como meio de compreensão entre os povos", entre outras questões, dentro do tema geral: "As forças morais comuns a todos os homens: suas origens e desenvolvimento por meio da educação". O fantasma da guerra se fazia notar cada vez mais forte, razão pela qual formulou-se entre as conclusões: "a educação do tipo humano universal, em face das declarações dos alemães do 'tipo nacional'" (*Revista de Pedagogía*, 1934, p. 566). Isto é, fazia-se referência a um tipo particular de "patriotismo": o nazismo alemão.

MARÍA MONTESSORI

Nesta passagem pela Escola Nova, temos de citar com especial atenção os esforços entusiastas da italiana María Montessori. De fato, assim como Pierre Bovet e Pere Rosselló, María Montessori é uma referência-chave tanto na conceituação da EP como em sua difusão. Sobre o primeiro caso, podemos dizer que a pedagogia montessoriana é em si mesma "irenista" em um triplo sentido. Em primeiro lugar, "fazendo da luta o fator principal do processo educativo. Para progredir em sua educação, o educando deve lutar: lutar contra si mesmo ou contra os outros, contra a velha sociedade ou contra a natureza" (Valitutti, 1957, p. 8). Em segundo lugar, porque faz da paz não apenas o fim, mas também o meio do processo educativo, coincidindo com os princípios nãoviolentos da coerência entre fins e meios. Em terceiro lugar, Montessori concede à educação o privilégio e a esperança de ser a única possibilidade do ser humano para fazer com que a guerra desapareça do planeta, coincidindo, nesse ponto, com o utopismo pedagógico característico da EN.

Firme defensora de um conceito de paz positiva, "o problema da paz não pode ser encarado de um ponto de vista negativo, como a política faz geralmente, no sentido de "evitar a guerra" e de resolver sem violência os conflitos entre as nações. A paz tem em si o conceito positivo de "uma reforma social construtiva" (Montessori, s. d., p. 7), e, em conseqüência, de uma educação para a paz em positivo. Às vezes, essa idéia contradiz outras de suas formulações, mas próprias de um conceito de paz em negativo: "falar de uma educação para a paz em uma época crítica como a nossa, em que a sociedade está constantemente ameaçada pela guerra, poderia parecer fruto de um idealismo ingênuo. Mas acredito, ao contrário, que a preparação da paz por meio da educação é a obra mais eficazmente construtiva contra a guerra, entendendo que as guerras de hoje não se justificam pelas exigências dos povos nem lhes oferecem nenhuma esperança de progresso" (Montessori, s. d., p. 48). Por isso, consideramos que o pensamento montessoriano sobre a EP admite os dois enfoques, embora com prioridade para o positivo.

Em sua segunda fase a que fazíamos referência, seu ativismo leva-a a assistir a congressos, fazer palestras, escrever, etc., tanto em sua dimensão

EDUCAÇÃO PARA A PAZ **35**

contrária à guerra de 1914, a Primeira Guerra Mundial, como posteriormente em favor da paz. Em seu pensamento pedagógico, ainda que em suas primeiras obras já possamos ver referências de sua pedagogia irenista, é sem dúvida nos anos 30, concretamente no período de 1932 a 1938, que construirá um vigoroso discurso em torno da EP por meio de diversas conferências em vários países europeus. Essas conferências foram reunidas em um livro intitulado *Educazione e pace*, publicado na Itália em 1949, e que é, sem dúvida, uma das obras básicas para entender a EP nesse período.

De seu périplo europeu, temos de destacar três trechos históricos na divulgação do pensamento montessoriano sobre a EP. Em primeiro lugar, o Congresso Europeu para a Paz, realizado em Bruxelas em 1936, no qual "falará sobre a paz na Inglaterra, depois da eclosão da Guerra Civil na Espanha, que a obriga a refugiar-se em Londres" (Montessori, s. d., p. 6).

Em segundo lugar, o Congresso Educar para a Paz, realizado em Copenhague em 1937, no qual, ao longo das seis conferências que proferiu, Montessori insiste no utopismo pedagógico, mas em sua forma particular de utopismo, que consiste em afirmar que a infância é que trará a paz para a humanidade: "o que podemos e devemos fazer é ativar a construção do ambiente que ofereça as condições para o desenvolvimento normal. A energia psíquica da criança, uma vez despertada, se desenvolverá segundo suas leis, de tal forma que também terá um reflexo em nós... Esse é o tesouro de que necessitamos hoje: ajudar a criança a tornar-se independente de nós, a agir por si, para receber dela esperança e luz" (Montessori, s. d., p. 73). O pensamento montessoriano, na mais pura linha rousseauniana que inspira a Escola Nova, acredita firmemente que há apenas "um ser puro, neutro, livre e distante de todas as idéias filosóficas e dos partidos políticos, esse ser é a criança" (Montessori, s. d., p. 136).

Outras idéias que desenvolve nesse congresso são suas críticas ao modelo tradicional de escola, por seu culto à competitividade e ao individualismo (p. 40); sua idéia "cósmica" da humanidade (p. 89); sua idéia global da educação, não apenas instrução (p. 61); e a idéia de harmonizar o progresso material do homem com o "espiritual", absolutamente descompensado para o primeiro pólo (Montessori, s. d., p. 55 e 57).

Em terceiro lugar, a participação na World Education Fellowship, associação internacional à qual também pertencia P. Bovet, e que em sua reunião de 1938, em Versalles, proferiu uma conferência sobre "A educação da juventude para a paz" (Ramírez, 1990, p. 24). María Montessori acreditava nas possibilidades da educação em face da propaganda; esta, em sua opinião, vale para a guerra, mas não para a paz. Para esta, ao contrário, é necessária a educação, à medida que, diferentemente daquela, intervêm vários processos, vitais, psíquicos e meramente intelectuais (Valitutti, 1957, p. 6). Do mesmo modo, na educação, diferentemente da propaganda, intervém a vertente afetiva: a guerra não nasce do amor, a educação é fruto do amor pelo outro. Sua confiança na educação e seu utopismo pedagógico ficam claros quando afirma: "construir a paz é obra da educação; a política só pode evitar a guerra" (Montessori, s. d., p. 5).

De forma sintética, podemos resumir o pensamento montessoriano em relação à EP como segue:

1. Critica a educação tradicional, competitiva, individualista, não-solidária e assentada na obediência como obstáculo à consecução da paz. "A obediência a que está sujeita a criança na família e na escola, obediência que não admite razão e justiça, prepara o homem para ser submisso à fatalidade das coisas" (Montessori, s. d., p. 23). Em face dessa situação, propugna a formação de pessoas autônomas, livres e seguras de si mesmas. "Queremos um homem interiormente forte, disse, um homem forte é por si mesmo um homem pacífico" (Valitutti, 1957, p. 24). Nesse sentido, vincula-se ao pensamento nãoviolento e, mais particularmente, ao que foi denominado de educação para a desobediência, que veremos ao estudar os componentes da EP (Capítulo 9).

2. Enorme confiança na infância, mais do que no ser humano, como "ser puro, neutro, igualmente livre e desligado de todas as idéias filosóficas e dos partidos políticos" (Montessori, s. d., p. 136).

3. Também considera a infância como agente de transformação social. Nas palavras de Montessori, "devemos recorrer à infância como a um Messias, a um salvador, a um regenerador da raça e da sociedade" (Montessori, s. d., p. 20); "este é o tesouro de que necessitamos hoje: ajudar a criança a tornar-se independente de nós, a agir por si, para receber dele esperança e luz" (Montessori, s. d., p. 73); "somente a infância poderá nos guiar, à medida que estivermos interiormente preparados para segui-la, e conduzir-nos do zero e do início ao desenvolvimento" (p. 123).

4. Utopismo pedagógico: construir a paz é obra da educação, embora, como mostraremos logo mais, o utopismo montessoriano tenha uma variante que se baseia em outorgar à infância a capacidade de mudar o mundo, dado que nós adultos já estamos contaminados, e o papel que nos cabe é o de facilitar que essa infância, ainda nãocontaminada, possa gerar novas relações sociais das quais desapareça a guerra. "O que podemos e devemos fazer é ativar a construção do ambiente que ofereça as condições para esse desenvolvimento normal. A energia psíquica da infância, uma vez despertada, se desenvolverá segundo suas próprias leis, de tal modo que terá um reflexo também sobre nós" (Montessori, s. d., p. 73). Em outras palavras, "a educação assume hoje, e no momento social particular que atravessamos, uma importância verdadeiramente ilimitada. E essa acentuação de seu valor prático pode expressar-se em uma única frase: a educação é a arma da paz" (Montessori, s. d., p. 39).

5. Importância do trabalho, tanto na educação como na vida social, para conseguir a paz. Assinala até mesmo que, a partir dos 12 anos, as crianças deveriam "participar de uma forma consciente na produção, não para aprender uma profissão, mas sim porque trabalhar significa ter contado com a vida, fazer parte da construção da supernatureza" (Montessori, s. d., p. 88).
6. Universalismo ou concepção cósmica da humanidade, a humanidade como única nação (Montessori, p. 79), "o homem de hoje é o cidadão da grande nação da humanidade" (Montessori, s. d., p. 34).
7. Finalmente, além da educação, advoga a chamada "ciência da paz" para conseguir a paz, como propunha Comenius, séculos atrás, e que expusemos anteriormente no item sobre antecedentes da EP. "A meu ver, essa ciência deveria considerar e explorar, de uma maneira especial, duas realidades. Uma é que há uma infância nova. A outra, que a humanidade constitui, sob muitos aspectos, uma única nação" (Montessori, s. d., p. 79).

A PAZ PELA ESCOLA

Sem dúvida, o histórico congresso realizado em Praga entre os dias 16 e 20 de abril de 1927, tanto por sua clara vocação de fundamentar a Educação para a Paz psicopedagogicamente, como pelo número de experiências que aglutinou, e também por seu impacto na difusão da EP, é considerado um marco fundamental na história de tal dimensão educativa. "A empresa de maior transcendência levada a cabo até hoje pela OIE foi a organização do congresso..." (Rosselló, s. d., p. 37).

O próprio título do congresso, "A paz pela escola", revela de forma transparente as enormes expectativas que os organizadores outorgavam à escola em prol da paz. Como dissemos, foi organizado pela OIE, atuando como presidente P. Bovet, professor da Universidade de Genebra; como diretores adjuntos A. Ferrière e E. Rutten; como secretário-geral M. Butts; e como secretário J. L. Claparède. "O comitê organizador, sob o patrocínio do governo checoslovaco, conseguiu agrupar um total de 20 sociedades pedagógicas e pacifistas que tinham de colaborar de alguma maneira com o êxito da convocatória" (Palacio Lis, 1986, p. 98).

O congresso classificou os trabalhos em três grandes blocos de acordo com sua temática: psicologia, ensino e educação, ainda que a diferença entre as duas últimas tenha sido algo mais que um alarde de malabarismo, resultando na prática uma mesma seção, a não ser que a terceira circunscreva-se, quase monograficamente, à correspondência interescolar e à cooperação internacional.

Sem dúvida, porém, o tema central da conferência foi o psicológico, a cargo de P. Bovet. A teoria do instinto de luta ou combativo, já exposta anterior-

38 XESÚS A. JARES

mente pelo próprio Bovet (1922), teve enorme repercussão, chegando até nossos dias (como é o caso de Vidal, 1985, p. 21-22). Tendência natural, nas palavras de Bovet, constatada muito mais nos meninos que nas meninas (Bovet, 1927, p. 31), "o instinto de luta" terá perigosas repercussões se for reprimido. O educador deve, portanto, canalizá-lo para atividades socialmente úteis. Posteriormente, deteremo-nos com mais detalhe nesse aspecto no ponto 7.

Outros trabalhos psicológicos debatidos na conferência foram: "O estudo científico das atitudes e dos preconceitos das crianças", do professor da Universidade de Harvard, Daniel A. Prescott, e "Uma pesquisa sobre os sentimentos da criança", destinada a revelar-nos os sentimentos das crianças sobre a paz e a guerra, do diretor do ginásio de Brno (Suíça).

Na segunda seção, "Ensino", destacam-se os trabalhos referentes ao ensino da história e à luta contra os manuais belicistas. Também estão incluídas comunicações sobre a educação pacífica nos manuais de ciências naturais; as recomendações e contribuições da SN para a compreensão e educação internacional e, por último, experiências levadas a cabo na Checoslováquia e no País de Gales.

Na terceira seção, "Educação", examinam-se temas como a relação entre autogoverno e paz e, particularmente, o já citado tema dos intercâmbios por meio da correspondência interescolar, com menção especial à aprendizagem do esperanto, e campos internacionais e intercâmbio. Também se relata a experiência da educação internacional no Brasil.

Entre as conclusões mais importantes que podemos destacar do congresso assinalamos as seguintes:

- Ressalta-se a não-contradição entre o fomento do amor à Pátria e o amor à humanidade.
- A educação deve tender a formar pessoas autônomas; por isso, a EP abarca todos os componentes da educação. "A idéia da paz e de cooperação entre os povos pode ser introduzida tanto no ensino das ciências físicas e naturais e nas línguas antigas, como na literatura moderna, na geografia como na história" (Bovet, 1927, p. 45). Conseqüentemente, rechaça-se de forma explícita a criação de uma nova disciplina.
- Destaca-se a importância da formação dos professores e da psicologia em sua formação.
- Necessidade de revisar os livros escolares. "É indispensável que também sejam impregnados pelo espírito de cooperação entre os povos" (Bovet, 1927, p. 145).
- Ênfase na compreensão internacional, mediante o ensino sobre a SN, o intercâmbio de alunos e professores e a aprendizagem do esperanto.
- Celebração do "Dia da Paz" ou "Dia da Boa Esperança", 18 de maio, por coincidir com o aniversário da Primeira Conferência de Paz, realizada em Haia, em 1899.

EDUCAÇÃO PARA A PAZ **39**

– Também se destacou a importância de potencializar a autonomia dos escolares por meio de sistemas organizacionais de autogoverno.
– Finalmente, fazia-se menção à formação da criança fora da instituição escolar, ressaltando a importância da educação familiar e do tempo livre das crianças, que deveriam estar em consonância com esse espírito educativo. Nesse sentido, houve várias intervenções sobre a necessidade de eliminar os brinquedos bélicos.

Um pouco mais de um ano depois, no verão de 1928, a OIE organiza, configurando uma das idéias desse congresso, um "Curso Prático de Ensino da Sociedade de Nações e da Paz", no qual se destacam e desenvolvem as idéias do congresso. Entre elas, a firme negativa de conceber o ensino sobre a SN e a Educação para a Paz em geral como uma nova disciplina, optando por um tipo de ensino que impregne todas as disciplinas e o caráter da escola (nesse sentido, tal posição é um claro antecedente do que hoje denominamos transversalidade).

O ENSINO DA HISTÓRIA

O ensino da história é, como vimos, uma das constantes em todo documento, reunião ou atividade pedagógica da EP desse período. Seu valor não é apenas por ser onipresente, mas pela particular importância que lhe era atribuída em sua contribuição à educação moral (Altamira, 1930) em geral e sobre a paz em particular. Essa centralidade, e quase exclusividade outorgada ao papel da história, foi questionada por alguns autores que, e nisso coincidimos com eles, davam a mesma importância a outros estudos, tanto de tipo socioeconômico como natural. "Em geral acredita-se que o ensino da história tem uma importância especial e quase única para a educação pacifista. Consideramos exagerado esse conceito" (Martínez Torner, 1932, p. 367).

Efetivamente, finalizada a guerra, "o estudo dos problemas relativos ao ensino de história havia sido feito até agora, em primeiro lugar, pelos pedagogos e pelos historiadores; desde a guerra, e particularmente desde 1919, também pelos moralistas, os pacifistas e os defensores da Sociedade de Nações" (Altamira, 1932, p. 60). Sua particular significação era dada não apenas pelo papel de reconstrução do mundo que muitos intelectuais lhe atribuíam (Palacio Lis, 1986, p. 59), mas também, na mesma linha utópica, pelas acusações de que fora objeto por parte de certos pensadores e educadores que viam nela a causa ou uma das causas da contenda bélica.

Entre os primeiros, um dos mais ardorosos defensores de seu valor utilitário foi o espanhol Rafael Altamira, que confiava claramente no valor do ensino de história "para impedir, por um lado, que continuasse servindo – como sempre servira – para fomentar o desprezo mútuo e o ódio entre os povos e, por outro lado, para direcioná-la à produção de idéias e de sentimen-

40 XESÚS A. JARES

tos favoráveis à convivência pacífica e compactuada de todos" (Altamira, 1922, p. 12). Por isso, recomenda modificar os meios e procedimentos de seu ensino em dois sentidos: um negativo, suprimindo "todo elemento suscetível de criar o desprezo. A incompreensão pela animosidade entre os povos ou entre grupos de homens", e outro positivo, introduzindo aspectos favorecedores do que é denominado "o espírito internacional" (Altamira, 1930, p. 495-496).

Dos segundos, podemos citar o professor francês Clémendot que, no Congresso do Sindicato Nacional de Professores Franceses, realizado em Lyon em 1924, sustentava que da história "só se devia ensinar na escola aquilo que pudesse ser aceito pela maioria dos homens razoáveis. A história, contudo, ensina fatos duvidosos ou passíveis de controvérsia e, por isso, os fatos históricos não podem estar ao alcance da mentalidade infantil. A história – dirá – serve para manter vivo em adultos e crianças o espírito de guerra" (Palacio Lis, 1986, p. 67). Sob essa perspectiva, diversos historiadores temiam que, ao utilizar o ensino da história em favor da paz, essa disciplina faltaria com a verdade e perderia rigor histórico por ser "doutrinação pacifista", seja intencionalmente, seja por omissão (o "método do silêncio" não era outra coisa senão omitir dos alunos toda referência bélica). O congresso, no entanto, acabou votando por unanimidade uma moção que, mantendo no currículo escolar o ensino da história, oferecia uma alternativa radical à forma tradicional como vinha sendo dada (Llopis, 1931).

Na Conferência Internacional de Ensino da História em Paris (1932), Rafael Altamira escreve: "O resultado não podia ser mais animador. Os equívocos e receios preexistentes desvaneceram-se. Assim, os historiadores que sempre temeram uma interpretação demasiado estrita de frases como a da utilização da história para a educação moral, ou para o pacifismo, tranqüilizaram-se completamente ao ver que ninguém pede que a história falte com a verdade, nem mesmo com o silêncio, nem que se transforme (saindo de sua esfera própria e essencial) em um relato tendencioso de finalidades que lhe são totalmente alheias. Ao mesmo tempo, os pedagogos, os moralistas e os pacifistas perceberam claramente que as explicações francas dos historiadores, que suas respectivas finalidades terão satisfação, até onde um ensino perfeitamente especializado como o da história possa proporcioná-la, se esta consegue ser tão completa, tão integral em seu conteúdo com relação ao fato complexo da vida social humana, como devia ser sempre, e se a todo momento se ajusta à expressão rigorosa da verdade que, a cada vez, lhe seja possível alcançar cientificamente...

Em outro sentido, e pela imperativa imposição de sua objetividade científica, a história tem forçosamente de rechaçar do campo de seu ensino toda a propaganda, toda a qualificação, toda a utilização de propósitos alheios a ela, que tentem aproveitar-se desse ensino para finalidades que não são as suas; e, com isso, a história colaborará, uma vez mais, sem perder nada de sua auste-

EDUCAÇÃO PARA A PAZ **41**

ridade própria, com os resultados educativos que, com razão, os moralistas e os pacifistas tanto anseiam" (Altamira, 1932, p. 63-64). O próprio Altamira, ao ratificar seu pensamento, vincula-se com a perspectiva atual da EP no sentido de não ocultar os conflitos: "As dificuldades de um problema não se resolvem fazendo o problema desaparecer, mas vendo-o tal como é" (Altamira, 1930, p. 499).

AS PROPOSTAS CURRICULARES

As propostas de Educação para a Paz apresentadas pela Escola Nova assinalam a vertente relacionada primordialmente a fomentar nos estudantes a compreensão internacional e o amor pelas instituições internacionais. Podemos subdividi-las em dois grupos. Em primeiro lugar, aquelas que têm a ver com a criação de projetos ou instituições voltadas a estimular a EP. Por seu alcance internacional, citamos as seguintes:

1. Criação no seio dos organismos internacionais ou nas associações pedagógicas de centros de documentação e informação a serviço das escolas de outros países para que conheçam sua realidade de uma forma mais objetiva (apud. Almendros, 1932, p. 249-251).
2. Museus pedagógicos. Sua coordenação internacional permitiria o intercâmbio de jornais escolares e revistas de ensino; intercâmbio de fichas de documentação sobre o próprio país e seus problemas escolares; fichas explicativas das atividades de renovação realizadas na escola; fichas de documentação sobre materiais de ensino; listas de pontos turísticos, cartões-postais, filmes para o ensino de geografia, história, línguas vivas, etc.; organização de semanas pedagógicas internacionais, com exposições fixas ou itinerantes... A coordenação dos museus pedagógicos facilitaria, em suma, os intercâmbios educativos e culturais entre os países (*Revista de Pedagogía*, 1932, p. 513-515).
3. Cruz Vermelha Juvenil em todas as escolas. A criação desses organismos permite a discussão nas assembléias do comportamento observado por cada membro, que é registrado no caderno individual; a realização de trabalhos em grupos; e as múltiplas formas de inter-relação com associações de outras escolas de todo o mundo (Gras Casasayas, 1932, p. 307-312; Santullano, 1926, p.97).
4. Busca de um idioma universal, o esperanto, como matéria comum, embora reafirmando o direito ao ensino na própria língua.
5. Reuniões de férias; campos internacionais para adolescentes; intercâmbio de professores e alunos (Martínez Torner, 1932, p. 368).

6. Colaboração da escola com instituições políticas e sociais preocupadas com os problemas da paz, o meio ambiente e os problemas internacionais.
7. Utilização da literatura infantil, coordenando os produtos existentes em cada país e recomendando obras para sua tradução.

Em segundo lugar, as propostas curriculares propriamente ditas. Em um plano estritamente acadêmico, a Escola Nova recomendava, entre outras, as seguintes atividades e conteúdos:

1. Ensinar a Constituição e os princípios e fins da Sociedade de Nações, por meio de lições, leituras, concursos de redação e outros meios.
2. Referência às grandes realizações coletivas em favor da paz, às personalidades pacifistas e aos ideais fundamentais acerca da paz e às causas da violência.
3. Correspondência interescolar e intercâmbios com escolas de outras nações. É o que se denominou, nas palavras de Luis Santullano (1926, p. 97 e 100), o "internacionalismo infantil" ou "internacionalismo escolar".
4. Intercâmbio de álbuns, postais, trabalhos escolares, etc. sobre o próprio entorno.
5. Excursões, visitas, viagens a centros de interesse para a paz (museus de arte e história, parques naturais, instituições modelares de funcionamento democrático, cooperativas de trabalhadores, delegações de outros países, Cruz Vermelha...).
6. Estudo crítico e objetivo das notícias internacionais transmitidas pelos meios de comunicação, complementando a informação que nos dão de outros países para evitar visões deformadas que às vezes apresentam.
7. Exposições de materiais alusivos a outros países e comemoração de datas importantes em seu desenvolvimento histórico.
8. Projeção de filmes e mensagens radiofônicas. Experiência pioneira na mensagem radiofônica que todos os anos era enviada pelas crianças do País de Gales no dia 18 de maio, aniversário da abertura da Primeira Conferência de Paz (Rosselló, s. d., p. 48).
9. Jornadas esportivas de jogos coletivos, seções musicais, representações teatrais, etc., com o objetivo de fomentar a convivência.
10. Institucionalização do Dia da Paz.
11. Tradução de obras estrangeiras para crianças.
12. Realização de estudos comparativos das diferentes civilizações.
13. Organização escolar em regime de autogoverno.
14. Jogos infantis, conferências, exposição de bandeiras de países do mundo, etc.

EDUCAÇÃO PARA A PAZ **43**

Como se pode verificar, não são apenas atividades aplicáveis na atualidade, em certos países com as devidas adaptações, mas com algumas delas iniciou-se a fase atual de EP no Estado espanhol.

Todas essas propostas e atividades desenvolvidas nesse período histórico que vimos, contudo, não tinham uma dimensão prática suficiente no ensino público, não eram acompanhadas de recursos didáticos adequados nem de uma conseqüente formação dos professores. Muito pelo contrário, e na direção oposta a esses esforços, ganhava cada vez mais presença desde os anos 30 a educação fascista e nazista, baseada nos postulados do racismo e ultranacionalismo expansionista, na formação de atividades hostis e agressivas, na desconsideração de qualquer idéia de justiça social e na falta de respeito mútuo entre as nações.

AS PROPOSIÇÕES TEÓRICAS. SÍNTESE

As proposições teóricas da EN têm sua matriz na concepção otimista do ser humano como energia ativa e criadora que, educado em sua integridade, pode tomar consciência da realidade e intervir em sua transformação, para isso situando a Educação Nova em face das práticas pedagógicas tradicionais, substituindo as relações distantes e autoritárias pelos interesses e pelas necessidades da infância. Em segundo lugar, esse processo educativo deve ocorrer em um clima de trabalho e atividade livre, colocando os meios em relação aos fins, de forma que a criança vivesse e experimentasse as situações relacionadas com os princípios que se desejava alcançar.

Dessa concepção pedagógica geral, resultam com relação à Educação para a Paz a consideração da escola a serviço da criança e da humanidade, a defesa de seus direitos, o questionamento da função social que cumpria a escola tradicional na perpetuação dos valores dominantes e a busca de outros valores humanos por meio de um novo tipo de educação, criando métodos e procedendo uma profunda revisão curricular.

Junto com esses princípios comuns, desenvolvem-se enfoques diferentes da Educação para a Paz, em função da perspectiva teórica adotada. Em termos concretos, podemos falar de dois tipos de enfoque fundamental: a perspectiva psicologista, que foi a majoritária, e uma segunda, mais próxima das proposições sindicais e políticas, que veremos no ponto seguinte, que é o enfoque sociopedagógico.

A perspectiva psicologista, muito difundida entre os teóricos da Educação Nova, baseia-se na influência de Freud e W. James. Esse enfoque tem em Pierre Bovet um de seus principais representantes. Como vimos, sua contribuição básica à Educação para a Paz é sintetizada na idéia de "canalizar o instinto agressivo", em vez de reprimi-lo ou negar à criança a possibilidade de conhecer de forma objetiva e crítica "as situações sociais de luta e violência".

44 XESÚS A. JARES

De fato, baseando-se no caráter inato do "instinto agressivo", Bovet propõe uma série de ações educativas com o intuito de evitar que esse espírito de luta individual converta-se em um fenômeno de violência coletiva (Bovet, 1922). Em seus trabalhos de 1922, analisa três possibilidades de educação para a paz com certa visão da ótica social, embora às vezes reduzida à sua explicação psicológica onipresente. As três esferas educativas relacionadas são: educação moral, educação militar e educação pacifista. Vejamos sumariamente cada uma delas.

A educação moral desvia as formas perigosas do instinto agressivo para tendências inofensivas (jogos e esportes), sociais (serviço cívico) ou morais (virtudes monásticas e heróicas), ou para a absorção total do instinto agressivo no amor sublimado. O que mais se destaca é a derivação para atitudes de solidariedade e cooperação (González Agapito, 1983). A educação militar costuma substituir a educação cívica nas culturas de guerra, podendo até mesmo englobar a Educação para a Paz ao propiciar uma via armada de defesa (queres a paz, prepara-te para a guerra). Finalmente, considera a educação pacifista que, diferentemente das outras duas, prepara para a sociedade futura e, no geral, realiza-se por três métodos: esgotamento (silêncio ou negação dos conflitos), transtorno (educação antimilitarista que Bovet denomina sublimação fracassada) e derivação, que inclui um programa de educação política democrática, segundo o qual a soberania do povo é o melhor método de educação pacífica dos governantes, os únicos que, na época contemporânea, satisfazem seu instinto agressivo nas guerras (lembro da educação dos príncipes, embora com uma fundamentação democrática).

Depois dessas propostas, faz duas recomendações: a valorização positiva das experiências de Baden-Powell, dentro da educação não-formal, mediante a organização de grupos de exploradores que o próprio autor descreveu em um trabalho apresentado no Congresso de Educação Moral de 1926, com o título "Educação pelo amor em vez de educação pelo temor". Em segundo lugar, a proposta de revisão de livros de história na mesma linha do que foi proposto pelos organismos internacionais.

A segunda perspectiva, o enfoque sociopedagógico, é representada pelo pedagogo norte-americano J. Dewey. Em suas obras, o conceito de paz está vinculado ao caminhar cotidiano para uma sociedade democrática avançada. Não se deve culpar os "idealistas" pelas guerras produzidas, mas aqueles que controlavam a sociedade e "desviaram o processo para seus interesses pessoais e de classe" (Dewey, 1952, 30). A tradição democrática norte-americana e as realizações nos países europeus "não garantiram a liberdade e a igualdade como base dela mesma. E isso porque os processos sociais não seguem de forma natural e espontânea uma direção que pareça lógica, mas devem ser controlados com o mesmo rigor científico que os fatos físicos. A escola pública deve fazer partícipes dessa compreensão dos fatos sociais todos os trabalhadores, a menos que se pretenda que os operários sejam engrenagens cegas dos aparelhos que manejam..." (Dewey, 1930a).

EDUCAÇÃO PARA A PAZ **45**

O que podem fazer então os professores? Diante dessa pergunta, Dewey responde: "Temos de estruturar nossos objetivos sociais fundamentados no conhecimento das forças e das causas dos males que sofremos... Esse método afastará os professores da ilusão de que sua vocação e o interesse profissional são tão diferentes, tão separados dos de outros trabalhadores e assalariados que justifica manterem-se em uma atitude de distanciamento. Todos os grupos são vítimas por igual das forças anti-sociais..." (Dewey, 1933, p. 339). Essas afirmações afastam Dewey consideravelmente do idealismo e significam uma aproximação das posições dos trabalhadores do ensino que veremos no capítulo seguinte.

A importância da escola dessa perspectiva reside em que está prestes a converter-se em uma instituição universal e que depende dos educadores para que seja transmissora de uma preocupação crítica e criativa para os problemas sociais, ou, ao contrário, sirva de sustentação a outras ideologias sob a capa da neutralidade. Para Dewey, o papel da escola não se restringe a "ensinar os horrores da guerra e evitar tudo o que estimula a desconfiança e a inimizade internacional. A ênfase deve ser colocada em tudo o que une as pessoas, em empreendimentos e resultados cooperativos..." (Dewey, 1930b).

Finalmente, vejamos de forma conclusiva as principais características do movimento que deu vida à EP:

1. A idéia motriz é dupla. De um lado, está a crítica às práticas pedagógicas tradicionais e, de outro, a necessidade de desenvolver uma educação para a compreensão internacional que evite a guerra.
2. Mais do que um conceito de paz, parte-se de uma interpretação psicologista da guerra, como resultado da não-realização do "instinto agressivo".
3. Em conseqüência, propugna-se, como proposta educativa, a não-repressão da "primeira das tendências espontâneas da criança", canalizando esse instinto agressivo por meio dos "equivalentes morais da guerra", isto é, atividades socialmente úteis e não-destrutivas.
4. A EP não é um conceito perfeitamente delimitado, havendo três possíveis enfoques:
   – Os que propugnam um enfoque negativo, que é o majoritário e configura a EP como contracorrente de opinião contra a guerra e o militarismo em geral.
   – Os que propugnam um enfoque positivo, mas que em suas recomendações práticas se centram naquelas de tipo negativo.
   – Os que vêem a necessidade de combinar as duas perspectivas.
5. Em qualquer caso, a EP configura-se como um conceito com uma tripla dimensão: educação moral, educação social e educação religiosa (Bovet, 1928, p. 31).
6. O caráter da EP refere-se basicamente à sua dimensão internacionalista, de tal forma que em sua origem a Educação para a Paz é sinô-

nimo do que hoje entendemos como educação para a compreensão internacional em sua acepção estrita. Nesse sentido, e durante toda essa etapa, adquire uma relevância particular, a ponto de ser inevitável sua referência em qualquer reunião ou congresso que se realizasse, a revisão dos programas e manuais de história, evitando os tópicos que fomentem a aversão ou o ódio ao estrangeiro.

7. Utopismo pedagógico, que teve duas variantes. A que se centra na contribuição particular dos educadores, "a salvação política do mundo está nas mãos dos educadores..." (Rosselló, s. d., p. 14). E, em segundo lugar, a que acentua o papel da infância desde a perspectiva de uma nova educação, "a criança, então, promete-nos a redenção da humanidade..." (Montessori, s. d., p. 109).

8. Ligados à característica anterior estão o vitalismo, otimismo e confiança no ser humano como ser que, ao final, superará suas contradições e encontrará o caminho da paz. Otimismo que, não obstante, é necessário lavrar e concretizar na vida diária. Por isso, criticam tanto os idealistas sociais, que acreditam na abolição "natural e espontânea" da guerra, como os fatalistas sociais que, ao contrário, proclamam a inevitabilidade dos confrontos armados.

9. Igualmente vinculada ao utopismo pedagógico, a EN outorga um caráter prioritário ao papel do professor, tanto para atribuir à sua função a responsabilidade da transformação social, como, no caso de Montessori, para desempenhar a responsabilidade de formar a infância para que ela, por meio da nova educação, construa um mundo novo, em face da impossibilidade, segundo Montessori, de que os adultos o façam diretamente.

10. Quanto à extensão ou àquilo que a EP abarca, ocorre certa contradição entre os que a consideram um conceito global que integra ou impregna toda a educação e os que a enquadram na área de geografia-história e/ou na instrução ético-moral. Em todo o caso, era dominante a primeira postura que, como dissemos, é um claro antecedente do que hoje denominamos transversalidade.

2

A Educação para a Paz na Perspectiva Associativa, Sindical e Sociopedagógica

ASSOCIAÇÕES DO MAGISTÉRIO: DA NEUTRALIDADE AO PACIFISMO*

Diferentemente da Escola Nova (EN), as associações do magistério nasceram com pretensões de neutralidade ideológica, com o propósito de melhorar a situação profissional dos docentes e as condições materiais de ensino fundamental. Em momentos políticos favoráveis ao associacionismo, e diante da perspectiva de solucionar algum problema nesse âmbito, incrementavam consideravelmente o número de filiados e mostravam uma certa atividade.

Logo após a Primeira Guerra Mundial não houve uma reação imediata das associações, carentes de um discurso pedagógico estruturado e de uma organização internacional equiparáveis ao da Escola Nova. A coordenação mundial só foi obtida em 1935. Antes disso, constituiu-se uma associação norte-americana em 1923, paradoxalmente chamada de Federação Mundial de Associações de Educação (WFEA), cujo objetivo prioritário era a "aproximação dos povos por meio da educação, uma saudável emulação entre os estados para dar ao homem de amanhã, seja onde for, o que cada nação tem de melhor" (*Revista de Pedagogía*, 1929, p. 81).

---

*Escrito em colaboração com Xosé M. Cid (Prof. na Fac. de Humanidades da Universidade de Vigo).

48   XESÚS A. JARES

Apesar de certos pontos em comum, a Associação Internacional do Magistério Norte-Americano demarcava-se com maior clareza da linha da "escola ativa" e da "escola unificada" e pronunciava-se em favor do "pacifismo, do antiimperialismo e da aliança dos professores com os trabalhadores manuais" durante a I Convenção Internacional de Professores (*Revista de Pedagogía*, 1928, p. 175-182).

Nessa convenção, aprovou-se um código dos Direitos da Criança que, na opinião da revista espanhola, é mais completo que o aprovado em Genebra e recomendado pela V Assembléia da Liga das Nações. Vejamos a formulação do 13º princípio: "Toda criança tem direito a contar com professores vocacionados... que acreditem nos ideais mais difíceis de alcançar, que sintam a responsabilidade que lhes cabe na realização da justiça social".

Diante da falta de referências posteriores, constatamos as dificuldades organizacionais dessa associação internacional. Assim, o primeiro Congresso Americano de Educação foi realizado em 1938, fato que contrasta com os relatos oficiais nos quais havia uma periodicidade de reuniões mais constante.

Por sua vez, a Federação Internacional de Associações de Professores Européia manteve uma grande atividade societária e de educação para a paz. Este era seu programa básico de ação: união do magistério em face dos problemas comuns, colaboração pedagógica e educação para a paz e a cooperação entre os povos. No ano de 1928, contava com 500 mil filiados, sem contar com a presença de espanhóis e italianos (*Revista de Pedagogía*, 1928, n. 77). A sede da Federação era dentro do Instituto Internacional de Cooperação Intelectual e realizava congressos anuais. O número de adesões aumentava, chegando a cerca de 600 mil sócios em 1931, alguns meses antes da adesão da Espanha. Em 1933, houve um revés importante com a exclusão dos professores alemães por 41 votos contra 21 (*Revista de Pedagogía*, 1933, n. 141).

O princípio fundamental das associações integrantes, que consistia na neutralidade ideológica, foi rompido nos estatutos da Federação e nas conclusões dos diferentes congressos em favor da Educação para a Paz e do desarmamento, entendida não no sentido idealista de chegar à paz social pela escola, mas como ação combinada com outros setores, sem "preconceito nem otimismo" (*Revista de Pedagogía*, 1928, p. 129), como possibilidade e mesmo obrigação histórica, "buscando a unidade espiritual do mundo acima dos nacionalismos políticos e econômicos. "O problema – concluem – pertence inteiramente ao campo da política e é quase impossível encontrar dentro da pedagogia uma solução para ele. A educação, contudo, não pode desinteressar-se pela vida social e política da época e por isso é preciso estudá-la, ainda que não se chegue a soluções definitivas" (*Revista de Pedagogía*, 1933, p. 378).

No mesmo sentido de crítica ao utopismo pedagógico da Escola Nova, o professor galego A. Carbajales (1933, p. 3), escrevia: "Convém, pelo bem da paz que propugnamos e pelo prestígio da escola, analisar o que podemos analisar, para não se forjarem ilusões que a realidade de encarregaria de destruir. É necessário separar o realizável, o factível na educação, daquilo que está

EDUCAÇÃO PARA A PAZ **49**

apenas na expectativa de espíritos generosos, porém sonhadores. E é preciso separá-lo para evitar que a um otimismo rápido e bonachão suceda um pessimismo doentio ou mal-intencionado". Mais adiante, concretiza sua intervenção certeira: "E esta educação para a paz deve ser, principalmente, obra de amor. Amor entre os homens e entre os povos, de tal maneira que cada homem veja em outro homem um amigo e cada povo um amigo em outro povo. Tudo isso é o que se pode pedir à escola. Nem mais nem menos. E é necessário que levemos isso em conta para que, depois de vários anos de educação para a paz, não se fale do fracasso da escola e da educação quando surgirem os conflitos armados" (Corbajales, 1933, p. 4).

Embora em 1928 os esforços se centrassem no ensino das finalidades da Sociedade de Nações, na depuração de livros didáticos e na facilitação de dados objetivos sobre o próprio país às escolas das outras nações, em congressos posteriores os objetivos iam se ampliando para entender melhor a realidade política e incrementar das reivindicações aos poderes de cada país. Destacamos particularmente o congresso de 1933 em Santander, no qual se propôs a avaliação dos resultados alcançados no período em relação à educação para a paz, de acordo com objetivos traçados no congresso anterior: educação para o desarmamento na escola, desarmamento moral fora da escola e colaboração com as organizações que trabalham pelo desarmamento material.

Em relação à política do desarmamento ratificaram "a hostilidade irredutível à resolução de diferenças internacionais por meio de armas, condenação a toda a preparação militar escolar e a petição para que os governos aceitem o desarmamento progressivo e recorram obrigatoriamente a uma jurisdição internacional" (*Revista de Pedagogía*, 1933, p. 413).

As propostas metodológicas e curriculares que faziam levavam em conta os âmbitos de atuação semelhantes às iniciativas da Escola Nova.

INICIATIVAS DE PEDAGOGIA POLÍTICA E SINDICAL: OS TRABALHADORES DO ENSINO

Desde finais do século XIX, diante das pretensões de neutralidade da função docente, desenvolvem-se as idéias e estratégias educativas revolucionárias e reformistas promovidas pelo movimento republicano-liberal e pelo movimento operário de caráter anarquista, comunista ou socialista. "Em nome do internacionalismo proletário e da paz, postulou-se uma educação sem fronteiras, sem privilégios de classe, fraternal. Um subsetor, minoritário dentro do estamento docente, aceitou essas proposições e combateu, desde o início do século, a irracionalidade das proposições capitalistas e chauvinistas em guerras entre estados, assim como o imperialismo econômico e cultural imperante. Nos sindicatos, houve tentativas de aplicar essas idéias, com base na criação de escolas alternativas. Essas experiências concitaram uma forte oposição nos governos burgueses, que as reprimiram na Europa Latina e América do Sul"

50 XESÚS A. JARES

(Solá, 1987, p. 17). O pacifismo e o antimilitarismo eram dois princípios básicos desses movimentos.

A evolução nas primeiras décadas do século XX caracterizou-se pela criação de escolas alternativas e pela aproximação de setores minoritários de docentes da escola pública das organizações sindicais. As Seções de Trabalhadores do Ensino constituíam-se nas Casas do Povo e desenvolviam, junto com o trabalho de renovação educativa, uma ação política e sindical dentro da ação conjunta do movimento operário. Sua coordenação internacional surgia não tanto por uma ação conjunta contra a guerra, mas sim pela própria opção educativa: "em face da educação nacional acima das classes sociais, nosso postulado de educação internacional mediante a destruição das classes" (Salgado del Moral, 1933).

Os movimentos dos docentes iniciam-se, tão logo termina a guerra, com o apelo de Anatole France em 1919, em Tours, à colaboração internacional entre os professores, "para preparar juntos um ensino universal e decidir os meios mais adequados para obter a paz e a união dos povos" (Llopis, 1934, p. 131). Um ano mais tarde, a Federação dos Sindicatos do Ensino da França e o Sindicato Magistral Italiano constituíam a Internacional de Trabalhadores do Ensino. "Sua declaração de princípios inclui, entre outros aspectos, a vontade da Internacional de trabalhar em favor do pacifismo e do internacionalismo" (Palacio Lis, 1986, p. 97).

Nessa passagem pela contribuição dos sindicatos, devemos destacar o Congresso Mundial da Federação Sindical Internacional. Nessa ocasião, foi aprovado por unanimidade um texto do francês F. Buisson, no qual se rechaça a força como instrumento de relação entre os povos. "Ao contrário, a escola devia contribuir para conscientizar o homem da obrigação de recorrer à via jurídica, em vez de fazer uso da força bruta ou das armas" (p. 95). A partir desses pressupostos, destacava-se a importância da mulher na educação familiar; o papel dos operários para "despertar em seus lares o espírito pacifista"; e para "estabelecer ao lado do ensino público um ensino dos filhos conforme seu ideal" (Llopis, 1934, p. 134).

Finalmente, recomendava-se uma série de requisitos ou princípios necessários para levar a bom termo a concórdia desejada. A maioria deles coincidia com os já discutidos em outros congressos. Isto é, reforma do ensino da história, insistindo sobre o desenvolvimento econômico e social da humanidade; acabar com as conquistas; necessidade de uma compenetração entre as nações; não ao uso de armas; igualdade das crianças diante da instrução; controle de todos os manuais com vistas a eliminar deles tudo aquilo que tenda a cultivar ou despertar o chauvinismo.

Essas propostas, contudo, eram uma opção arriscada, que a grande maioria do magistério rechaçava, aderindo ao discurso da separação entre pedagogia e política: "perseguem antes objetivos extrapedagógicos, ou melhor, servem-se da educação como meio para seus fins" (*Revista de Pedagogía*, 1931, p. 136).

O Congresso Internacional de Paris adotou diversas conclusões "contra as restrições, o fascismo e a guerra" com o maior protagonismo da seção francesa, que sustentava uma forte polêmica com o Ministério de Instrução Pública, com a recusa dos professores de imprimir "um caráter nacional à educação" e a ceder em seus programas de educação para a paz. Além desse grande objetivo social de uma sociedade futura sem classes, as associações de trabalhadores do ensino eram sensíveis às propostas da Educação Nova e até mesmo às da FIAM, especialmente em seu congresso de Santander, já que entendiam a importância da coordenação de esforços nas frentes únicas do ensino e nas frentes únicas de trabalhadores para avançar na consecução de suas idéias sociais inovadoras. Alternativa que, de uma ótica política diferente, era proposta por Dewey (1933).

Para os trabalhadores do ensino, o tema era fundamentalmente político e, por isso, procuravam aliviar a escola de tanta responsabilidade. Não podia ser, por si só, a panacéia contra todos os conflitos possíveis. "A escola pode desterrar das consciências velhos preconceitos; adubar terrenos onde possam germinar novas idéias; ...jogar por terra os planos maquiavélicos de todas as teocracias... e nada mais" (Carbajales, 1933).

A ESCOLA MODERNA

Assim como o movimento da Escola Nova, os educadores da Escola Moderna, fundada por Célestin Freinet, não insistem em convocatórias específicas sobre Educação para a Paz, mas esta é objeto de análise em algumas seções de certos encontros. Os valores e princípios da pedagogia Freinet, contudo, assim como seu modelo de organização escolar e suas técnicas didáticas, encerram em si mesmo uma escola da paz. No primeiro caso, os princípios freinetianos fazem parte genuinamente de uma cultura e educação para a paz. Entre eles, assinalamos os seguintes: a cooperação, a integração e a aceitação da diversidade, tanto individual como de outras culturas, e o internacionalismo. No segundo caso, a correspondência interescolar; os intercâmbios; a democracia escolar e outras idéias colocadas em prática não apenas na escola, mas também na comunidade educativa, constituem propostas educativas e didáticas próprias de uma EP e nas quais ela se apoiará posteriormente, como explicamos no Capítulo 10.

No papel concedido às forças sociais e políticas da comunidade está a principal diferença com a Escola Nova, já que a ação educativa da Escola Moderna "é voltada a interpretar os interesses e valores populares no sentido de uma educação que não perpetue as estruturas econômicas e sociais baseadas na exploração ou na perpetuação de classes" (Declaração do III Congresso do MCEP, Salamanca, 24 de julho de 1976). O próprio Freinet enfatizava que sua pedagogia era algo mais que a aplicação de um receituário de técnicas didáticas, para afirmar que sua pedagogia apostava na transformação da sociedade em benefício das classes populares. Diferentemente da Escola Nova, porém, entendia que a escola por si só não apenas não fará nada, como vai a reboque das mudanças sociais, econômicas e políticas (Freinet, 1974, p. 15). Por isso, os educadores e a escola popular devem integrar-se na luta do conjunto da sociedade: "todos os educadores do povo juntos, misturados com o povo, em sua luta popular, devem levar a cabo a Escola do Povo" (Freinet, 1974, p. 20).

As referências de Freinet e o movimento cooperativo a favor de uma escola comprometida com a luta pela paz já aparecem em 1957 na reunião de Nantes (França) com delegações de diversos países para constituir a Federação Internacional de Movimento da Escola Moderna (FIMEM). A vida e o ideário de Freinet contra o nazismo e a guerra, seu exemplo de compromisso pela justiça social, etc. são bons exemplos desse comprometimento. O próprio Freinet o manifestava da seguinte forma: "somos essencialmente combatentes do pensamento livre, da democracia e da paz, e desejamos convocar, acima das fronteiras, todos os bons operários dessa causa generosa..." (MCEP, 1979, p. 30).

Na *Carta da Escola Moderna*, aprovada no Congresso de Pau de 1968, e assumida pelos grupos espanhóis no Encontro de Mollet de 1972, faz-se referência explícita à EP nos artigos 2 e 3. Concretamente, afirma-se no segundo: "Pretendemos fazer de nossos alunos adultos conscientes e responsáveis, que edificarão um mundo no qual serão proscritos a guerra, o racismo e todas as formas de discriminação e exploração" (MCEP, 1979, p. 102 e 121). No terceiro, envolve-se com diferentes setores da comunidade educativa para que "as exigências da educação integrem-se no grande esforço dos homens na busca da felicidade, da cultura e da paz", ao mesmo tempo, se critica o utopismo pedagógico, distanciando-se, nesse sentido, da EN: "Rechaçamos a ilusão de uma educação que seja suficiente por si mesma, fora das influências sociais e políticas que a condicionam. A educação é um elemento, mas apenas um de uma revolução social indispensável" (MCEP, 1979, p. 121).

Assim, como dissemos, temos de mencionar o internacionalismo como princípio básico dessa pedagogia. "Desde o início do Movimento da Escola Moderna, Freinet dedicou muita atenção ao seu caráter internacionalista, prestando um apoio entusiasta a professores de outros países, visando a promover uma verdadeira pedagogia popular" (MCEP, 1979, p. 29). Nesse sentido, devemos recordar que o internacionalismo é uma das chaves de seu pensamento: "Nem é preciso dizer que nosso trabalho será decididamente internacional. A pedagogia atual não pode conhecer fronteiras e procuraremos derrubar todos os obstáculos que as línguas exigem entre os professores do povo..." (Freinet, 1928, apud González Monteagudo, 1988). Esse espírito internacionalista ficou consagrado no item 10 da Carta da Escola Moderna: "A pedagogia Freinet é por essência internacional". Exemplos práticos desse sentimento internacionalista são, entre outros, a campanha de solidariedade a favor das escolas Freinet de Barcelona durante a Guerra Civil Espanhola, nos campos de concentração posteriores a ela ou, em terceiro lugar, acolhendo crianças espanholas refugiadas (MCEP, 1979).

EDUCAÇÃO PARA A PAZ   **53**

Do ponto de vista organizacional, o internacionalismo concretiza-se na criação da Federação Internacional de Movimentos da Escola Moderna (FIMEM), e que tem no item 10 da *Carta da Escola Moderna* sua declaração expressa: "Sobre o princípio de equipes cooperativas de trabalho, buscamos desenvolver nossos esforços entusiastas, uma Federação Internacional de Movimentos da Escola Moderna (FIMEM) que não substitui outros movimentos internacionais, mas que trabalha no plano internacional como a ICEM na França, para que se desenvolva a fraternidade de trabalho e de destino que possam ajudar de modo profundo e eficaz todas as obras de paz" (MCEP, 1979, p. 124).

No plano didático, a potencialização desse espírito internacionalista concretiza-se, entre outras técnicas, no uso da correspondência interescolar como meio de fomentar "os sentimentos de amizade, solidariedade e entendimento entre as crianças de todo o mundo" (Alcobé, 1986, p. 4. Ver também Almendros, 1932).

Do mesmo modo, a prática da cooperação e a organização cooperativa da classe vai facilitar condutas próprias de uma ética de paz: ajuda mútua, solidariedade, cooperação. Ressalta-se até mesmo a influência da prática cooperativa na compreensão internacional: "... o hábito de cooperar leva à compreensão profunda daqueles que, aparentemente, nos são mais estranhos e que acreditamos ser muito diferentes de nós, quando na realidade são como nós, seres que pensam e sentem" (Prévot, 1975, p. 33). Freinet ressalta a cooperação, tanto no plano ideológico diante do capitalismo como no pedagógico em face do individualismo da escola tradicional (Pettini, 1977, p. 131-132).

A finalidade educativa e a práxis da cooperação ante o fomento da competitividade da escola tradicional são a chave do pensamento freinetiano. "A competição individual é fonte de conflitos entre as/os indivíduos e engendra rivalidades, nas quais o mais forte vence. Nosso fim não é fazer com que alguém vença, mas conduzir todos os alunos o mais longe possível...; utilizaremos as competências mais diversas das crianças em proveito dos mais desfavorecidos" (Raoux, 1988, p. 89).

À cooperação como característica essencial do movimento Freinet (Pettini, 1977), associada ao internacionalismo, ambos com suas respectivas técnicas didáticas, é preciso acrescentar outra dimensão fundamental na Educação para a Paz: a prática da democracia e a resolução de conflitos que se concretizarão essencialmente na assembléia de sala de aula (Alcobé, 1983; Fernández Cortés, 1975 e 1977; MCEP-CR, 1986). Nas assembléias e nos conselhos de classe, "colocam-se os problemas de sala de aula que é necessário resolver..., momento de comunicação por excelência, permite abordar tanto o balanço, os projetos como os conflitos a resolver" (Raoux, 1988, p. 89). Veja-se no Capítulo 10 um exemplo de resolução de conflitos na assembléia de sala de aula obtido pela minha própria experiência profissional. Além de assembléias, há outros momentos em que os educadores freinetianos introduzem a análise e debate de conflitos, como por meio de "textos livres" dos alunos.

54 XESÚS A. JARES

Fruto dessa história que comentamos e do impacto social da ascensão do pacifismo a partir dos anos 80, a Educação para a Paz ocupará paulatinamente um lugar cada vez mais preferencial nas citações e nos encontros dos educadores e das educadoras da FIMEM. Em seu 14º Encontro realizado em Turim, de 26 de julho a 6 de agosto de 1982, a Educação para a Paz foi o tema que mais despertou interesse entre mais de 600 congressistas de mais de 20 países da Europa, África do Norte e América do Sul (Alcobé, 1983; Peire, 1982). Esse encontro constituiu-se uma sessão de Educação para a Paz, na qual foi aprovado por unanimidade um manifesto pela paz, em que se propõe, entre outras idéias, a de "sensibilizar a escola sobre os problemas da paz e da guerra", como elemento integrante de nossa responsabilidade na implantação de uma pedagogia cooperativa, solidária e crítica, integrada nos movimentos sociais do mundo e capaz de criar condições de ensino e aprendizagem que tenham conseqüências positivas para a vida da humanidade" (Alcobé, 1983, p. 47).

Em 1986, o Movimento de Cooperação Educativa (MCE) italiano e a FIMEM, em colaboração com a Unesco, organizaram em San Marino uma convenção internacional intitulada "Educação, Paz e Mudança". A conjuntura do Ano Internacional da Paz (1986) permitiu ao movimento Freinet refletir em um foro amplo sobre uma realidade socioeducativa que, na prática, tenta compreender e transformar de forma permanente de acordo com os princípios que caracterizam esse movimento. Era a primeira vez que o movimento Freinet internacional se reunia para debater de forma monográfica a EP. Como resultado, é criada uma Comissão Internacional de Educação para a Paz, dentro da FIMEM, que publica o boletim "Conquista da Paz", em italiano e francês. Na Espanha, dentro do MCEP, são constituídos diversos grupos de trabalho e organizados cursos e jornadas sobre a EP.

Ocupar-se da paz para os educadores da Escola Moderna é ser coerente com seu discurso de estar envolvidos na vida social na qual transcorre a ação educativa. Porque, como afirmava Bruno Ciari, "quem não consegue preocupar-se com seu entorno e não vive apaixonadamente os problemas de sua época não é um verdadeiro educador" (1979, p. 39). Entre esses problemas, a democracia e a paz ocupam um lugar preferencial nas finalidades educativas de Freinet e do movimento cooperativo: "Formamos homens que saberão dizer não à autoridade brutal, ao obscurantismo, à exploração, à opressão. Homens que saberão defender sua personalidade e seus ideais, para garantir o êxito definitivo da democracia e da paz" (Freinet em Alfieri, 1975, p. 72; Gimeno Sacristán, 1976, p. 141).

3

A Educação para a Paz na Perspectiva da Unesco: A Segunda Onda

Logo após a Segunda Guerra Mundial, entra-se em uma nova fase de conflitos internacionais: a ameaça de uma nova guerra de destruição total, os problemas derivados da descolonização e o neocolonialismo, a Guerra Fria, a corrida armamentista, a deterioração ambiental, a violação dos direitos humanos, etc. Ao mesmo tempo, e em uma direção contrária, a partir de 1945 tentou-se promover uma política internacional que superasse o sistema estado-nação, embora respeitando a história própria e a diversidade de cada povo.

No plano educativo, com o fim da Segunda Guerra Mundial, tal como havia ocorrido ao finalizar a Primeira Guerra Mundial, políticos, educadores, cidadãos em geral voltam os olhos mais uma vez para o sistema educativo. A necessidade de sua reestruturação, tanto em sua dimensão organizacional como no que se refere aos objetivos a cumprir, coloca-se de forma generalizada. "Continua-se admitindo que a escola tem uma influência poderosa no sentido da preservação da paz, por meio de uma formação humana que minore as tensões internas em cada nação e chegue a compreender melhor as tensões internacionais. Esse resultado, contudo, não pode vir de um livre desenvolvimento da criança por si só, ou de uma concepção autônoma da ação educativa com relação aos sistemas políticos, como se pensou antes... O ideal da convivência pacífica entre os cidadãos e entre os povos somente será alcançado quando as nações se modelarem segundo uma filosofia política que sustente esse ideal e também quando não existirem entre as nações situações de grande tensão determinadas por muitas e diferentes circunstâncias, entre as quais

56 XESÚS A. JARES

a de desenvolvimento social e econômico são de capital importância" (Filho, 1964, p. 18).

É preciso assinalar também que organismos como a OIE continuam com seu trabalho iniciado na etapa anterior, prosseguindo em sua linha de não-especialização em temas relativos à EP, mas com um forte envolvimento no que se refere à "educação internacional". É por isso que, em sua IX Conferência Internacional de 1948, se faz alusão a que "todo ensino contribua para a educação do sentimento e da idéia de solidariedade internacional", além de exortar os ministérios de instrução pública a que facilitem "a formação de uma consciência internacional na juventude e o conhecimento dos organismos internacionais destinados a assegurar a paz do mundo" (OIE, 1960, p. 305-306).

Por outro lado, os trabalhos dos países americanos continuavam enfocando a educação em relação aos problemas da paz e da solidariedade internacional. De fato, a Segunda Guerra Mundial não significou uma ruptura das proposições da "educação internacional". Além da "orientação regional norte-americana", atendia-se à "formação do sentimento de solidariedade internacional" mediante o conhecimento de outros países, de sua interdependência, o fomento de atitudes de compreensão internacional e a informação acerca do funcionamento, da estrutura e das realizações dos diferentes organismos internacionais" (OIE, 1960, p. 306). Tudo isso dentro de um "ambiente escolar que eduque para a paz". Para isso, o primeiro passo continuava sendo a revisão dos livros de textos escolares, esfera em que ainda se denunciavam grandes lacunas nas reuniões de 1954 e 1956 (OIE, 1960, p. 318 e 545). A partir de 1956, os organismos americanos centraram-se na colaboração com o projeto principal da Unesco para a extensão da educação fundamental gratuita e obrigatória na América Latina.

Mas, como dizíamos, da mesma forma como ocorrera em 1919, o primeiro balanço da catástrofe conduz a um esforço internacional para estabelecer novas relações políticas baseadas na paz e na segurança, na colaboração, no respeito mútuo e na interdependência. Seria preciso substituir a Sociedade de Nações por outros organismos mais eficientes que fossem capazes de evitar outra catástrofe. Com esse propósito foi criada, em finais de 1945, a Organização das Nações Unidas (ONU), com uma atenção especial aos problemas educativos por meio da Unesco como organismo especializado.

A ONU E A UNESCO: PRESSUPOSTOS TEÓRICOS E AÇÕES NORMATIVAS

A ONU conta desde o primeiro momento com um organismo especializado em matéria de educação, a Organização para a Ciência, a Cultura e a Educação (Unesco). Apesar disso, em suas assembléias gerais, apresentou com freqüência problemas relativos à compreensão entre os povos, à paz, ao desarmamento e à defesa dos direitos humanos, demandando a formação da juventude nesses ideais. Assim, em sua Resolução 1572 sobre as "Medidas voltadas a fomentar entre a juventude os ideais de paz, respeito mútuo e compreensão

EDUCAÇÃO PARA A PAZ **57**

entre os povos", aprovada pela Assembléia Geral das Nações Unidas em 1960, conclamava a Unesco a estudar "a maneira de intensificar no plano internacional e privado as atividades nesse campo, incluindo a conveniência de preparar um projeto de declaração internacional no qual se estabeleçam os princípios básicos referentes ao fomento entre a juventude dos ideais de paz, respeito mútuo e compreensão entre os povos" (Unesco, 1983b, p. 5-6).

Esses temas constituíram para a Unesco sua preocupação fundamental, colocando a educação, a ciência e a cultura a serviço da paz, já que, segundo a carta de fundação, "a paz estabelecida exclusivamente nos acordos políticos e econômicos dos governos não poderá obter o apoio unânime, sincero e duradouro dos povos e, conseqüentemente, essa paz deverá forjar-se sobre a solidariedade intelectual e moral da humanidade" (Unesco, 1946, apud Larroyo, 1973, p. 763; Monclus, 1987, p. 145). A ênfase ,portanto, era colocada na possibilidade de aprender um novo estilo de relações e cooperação internacional para os organismos internacionais de forma satisfatória para todos os países sem discriminação. Esse trabalho se realiza fundamentalmente nas Conferências Internacionais de Educação Pública, promovidas desde 1947 pela Unesco e pela OIE, e nas conferências e reuniões internacionais específicas sobre educação para a compreensão internacional, além de outras ações e publicações.

A Educação para a Paz na perspectiva da Unesco centrava-se, na primeira fase, basicamente em três aspectos:

- – Compreensão internacional e consciência supranacional.
- – Ensino relativo ao sistema de Nações Unidas e organismos internacionais.
- – Ensino relativo aos direitos humanos (Unesco, 1983b).

Tais aspectos são integráveis e estão integrados pela própria Unesco na formulação genérica de educar para a compreensão internacional. Estes três aspectos foram perfeitamente associados no artigo 26, parágrafo segundo, da Declaração Universal dos Direitos Humanos, aprovada em 10 de dezembro de 1948: "A educação terá como objeto o pleno desenvolvimento da personalidade humana e o fortalecimento do respeito aos direitos humanos e às liberdades fundamentais; favorecerá a compreensão, a tolerância e a amizade entre todas as nações e todos os grupos étnicos ou religiosos; e promoverá o desenvolvimento das atividades das Nações Unidas para a manutenção da paz." Vejamos a seguir cada uma dessas três dimensões.

A educação para a compreensão internacional

A educação para a compreensão internacional foi definida na Conferência Geral de 1947 como objetivo da organização e como complemento da

58 XESÚS A. JARES

preocupação inicial centrada na paz e na segurança. Para concretizar e divulgar essa idéia, realizaram-se diversos cursos de formação e reuniões de debate dirigidos especialmente aos professores. Assim, começando pelo cursinho de estudos práticos sobre a educação para o desenvolvimento da compreensão internacional, organizado em 1947 em Sèvres (França), sucederam-se outros sobre a mesma problemática; também sobre a participação do ensino da história e das línguas vivas, como meios para fomentar a compreensão internacional, etc. (Unesco, 1983b, Monclús, 1987).

Como continuadora do trabalho, a Unesco retoma a preocupação iniciada em princípios do século a respeito da importância dos manuais escolares, especialmente os de história. Assim, na primeira reunião de sua Conferência Geral em 1946 é aprovado um programa no qual, entre outras coisas, afirma-se: "a Unesco estimulará os estados membros a assinar acordos bilaterais ou regionais relacionados com os manuais de ensino" (Unesco, 1983b, p. 4). Posteriormente, em 1950, a Unesco organiza o primeiro curso internacional realizado em Bruxelas para estudar as formas de melhorar os manuais escolares, especialmente os de história. Realizaram-se outras consultas sobre a revisão dos manuais de diversas disciplinas. Nesse sentido, vale recordar a reunião de especialistas sobre a visão do Ocidente nos manuais e materiais didáticos dos países da Ásia Meridional e Oriental, organizado em Tóquio em 1958, no marco do Projeto Principal para a apreciação mútua dos valores culturais do Oriente e do Ocidente.

A preocupação básica era o conhecimento mútuo entre os indivíduos de povos distintos e o sentimento de cidadania mundial (François, 1969). Na precisão do conceito de ensino para a compreensão internacional, destacavam-se os seguintes aspectos:

1. Ensinar como viveram e vivem os outros povos.
2. Reconhecer a contribuição de cada nação ao patrimônio comum da humanidade.
3. Como um mundo dividido pode chegar a ser cada vez mais solidário.
4. Inculcar a convicção de que as nações devem cooperar nas organizações internacionais.
5. Organizar os estabelecimentos escolares para a aprendizagem da democracia, liberdade, igualdade e fraternidade, mediante a experiência vivida.

Por outro lado, a elaboração de instrumentos internacionais necessários para o fomento da compreensão internacional foi iniciada apenas em 1968. Antes disso, em 1965, mencionava-se a necessidade da educação para a compreensão internacional na declaração sobre o fomento, entre a juventude, dos ideais de paz, respeito mútuo e compreensão entre os homens, proclamada pela Assembléia Geral da ONU em 7 de novembro de 1965. O aspecto culmi-

EDUCAÇÃO PARA A PAZ **59**

nante desse desenvolvimento normativo é a 18ª reunião, realizada em 19 de novembro de 1974 em Paris. De fato, na Conferência Geral de 1968 abriu-se o processo de elaboração de normas mais precisas, aprovando-se em 1974 a histórica Recomendação sobre a Educação para a Compreensão, a Cooperação e a Paz Internacional e a Educação Relativa aos Direitos Humanos e às Liberdades Fundamentais, que marcou o ponto preciso de mudança e referência ao proporcionar uma "legitimação inexistente até então para a educação internacional" (FMANU, 1986).

A educação para a compreensão internacional que se propõe responde a um enfoque global e interdisciplinar das realidades do mundo contemporâneo, orientada para a solução e compreensão dos problemas fundamentais. "A paz, a compreensão e a cooperação internacionais, assim como os direitos humanos e as liberdades fundamentais, têm de ser aplicadas, e isso deve ser feito dentro do contexto dos problemas da humanidade" (Unesco, 1984a). Tendo como ponto de partida a Recomendação de 1974, ocorreram diversos congressos, reuniões de especialistas e outros atos promovidos pela Unesco; em outras ocasiões, promovidos em conjunto com organizações não-governamentais (Paris, 1976; Krokkleiva-Noruega, 1982; etc.). O complemento mais destacado da Recomendação de 1974 são os acordos da "Conferência Intergovernamental de 1983", realizada em Paris de 15 a 20 de abril, entre os quais figura o respaldo do "Plano 1984-89" centrado na "análise do conjunto dos temas fundamentais, mediante a colaboração entre educação-cultura-ciência-tecnologia". A paz como "valor supremo da humanidade" e objetivo principal do plano pressupõe um "processo de progressos com tendência para construir uma sociedade internacional baseada na justiça, na solidariedade e no respeito mútuo entre os povos" (Unesco, 1983b, p. 21).

Nessa Conferência Intergovernamental de 1983, contudo, verifica-se uma série de obstáculos e problemas em que se esbarra no momento de aplicar a Recomendação de 1974. Vale a pena citar, entre outras coisas por sua plena vigência, os obstáculos que se constatam (Unesco, 1983b, p. 15):

1. De tipo psicológico, assinalados como singularmente importantes. Referem-se fundamentalmente à falta ou à insuficiência de motivação em alguns responsáveis pela educação e professores.
2. Relativos aos meios que é preciso utilizar. São os que se mencionam com mais freqüência. "Considera-se com toda a razão que a preparação incompleta dos professores para essa tarefa e a ausência ou inadequação do material pedagógico e dos locais escolares são lastros que explicam a mediocridade dos resultados obtidos" (ibidem, p. 16).
3. Ausência quase total de avaliação das ações desenvolvidas.
4. Poucas ações dirigidas à população adulta.
5. Considera-se também que se utilizou pouco os meios de comunicação para levar adiante esse tipo de educação.

60 XESÚS A. JARES

6. Pouco envolvimento dos Estados-membros, razão pela qual se considera necessária uma ação de "política nacional" com relação a essa educação, assim como um maior "interesse de realizar esforços sistemáticos e perseverantes para pôr em prática essa política. Os resultados positivos observados devem-se muitas vezes, como se afirma em um dos informes, à iniciativa e ao entusiasmo individuais" (Unesco, p. 16).

Posteriormente, podemos destacar o Seminário Internacional sobre "Educação para a Compreensão Internacional, a Paz e os Direitos Humanos na América Latina", realizado em Mar del Plata (Argentina), de 23 a 28 de junho de 1985, e, na Espanha, o simpósio Internacional "Educação para a Compreensão Internacional e a Paz", realizado em Barcelona de 7 a 11 de julho de 1986. Estes dois últimos eventos foram organizados pela Federação Mundial de Associações para as Nações Unidas (FMANU), organização não-governamental dedicada a trabalhar em prol das Nações Unidas e seus organismos especializados.

A educação acerca das Nações Unidas e de outros organismos internacionais

Imediatamente depois da guerra, as recomendações do ensino acerca das Nações Unidas e de outros organismos internacionais foram muito intensas, retomando a principal atividade educativa que caracterizara a Sociedade de Nações na etapa anterior. Nas Conferências da Unesco de 1950, 1951, 1954, 1956 e 1958 reforçam-se as recomendações sobre o ensino acerca do sistema das Nações Unidas, incorporando progressivamente contribuições metodológicas e de recursos. Os conteúdos a incluir nesse tipo de ensino foram resumidos em cinco grandes temas:

1. Antecedentes e evolução da ação cooperativa mundial e importância desse conceito para a segurança do mundo moderno.
2. Estrutura das Nações Unidas.
3. Funcionamento dos organismos das Nações Unidas.
4. Conceitos e valores característicos das diversas culturas e Estados-membros.
5. Conceitos fundamentais de liberdade humana, dignidade, valor e responsabilidade do indivíduo como eixo de uma educação cívica, nacional e internacionalmente considerada.

Esse ensino afetaria todos os níveis educativos, até mesmo a educação informal. Nesse sentido, são de interesse as propostas de "criação de círculos de relações internacionais e de amigos da Unesco nas escolas e organizações

EDUCAÇÃO PARA A PAZ **61**

juvenis" (Conferência Geral, 1951), e a recomendação de múltiplas atividades extra-escolares.

O ensino iria melhorando com o uso de novos materiais audiovisuais e de outros tipos, elaborados pelos organismos internacionais, com a ajuda de especialistas e bolsistas, e de novos procedimentos, como recomenda L. François:

1. Praticar a compreensão internacional.
2. Não utilizar um manual e um método puramente informativos.
3. Tomar como ponto de partida os acontecimentos diários.
4. Explicar a função e o lugar dos diversos órgãos.
5. Explicar suas atividades dia a dia: paz, desenvolvimento, desarmamento, cooperação internacional.
6. Situar as Nações Unidas na história recente.
7. Não dissimular as lacunas nem os erros e os fracassos (Unesco, 1969), tal como entendeu a equipe presidida por E. Faure: "nem fundar na instituição esperanças absurdas", "nem pensar que não pode sair nada de bom de uma instituição submetida politicamente, condenada à ineficácia pelo jogo de forças contrárias..." (Faure e outros, 1973, p. 339).

Educação em direitos humanos

A educação para os direitos humanos se inicia oficialmente com a proclamação da Carta das Nações Unidas. "Os fundadores da organização perceberam que a violação dos direitos humanos tinha sido uma das causas da Segunda Guerra Mundial e chegaram à conclusão que não se conseguiria um mundo pacífico sem uma proteção internacional dos direitos humanos eficaz" (Unesco, 1969, p. 9).

Em 1948, com a aprovação, em 10 de dezembro, da Declaração Universal dos Direitos Humanos, com sua forte bagagem educativa, o ensino acerca dos direitos humanos recebe um forte impulso, tanto pelo que representa em si mesmo como por sua vocação pedagógica ao tentar fazer das Nações Unidas um instrumento de trabalho e tomada de consciência verdadeiramente popular e universal: "A Assembléia recomendou aos governos dos Estados membros que manifestassem sua fidelidade ao artigo 56 da Carta das Nações Unidas, valendo-se de todos os meios a seu alcance para publicar solenemente o texto da Declaração e, depois, de modo que fosse distribuído, exposto, lido e comentado nas escolas e outros estabelecimentos de ensino sem distinção, fundada na condição política dos países ou territórios" (Nações Unidas, 1986, p. 389).

Posteriormente, essa declaração universal foi sendo complementada com novas declarações: Convenção sobre Prevenção e Punição do Genocídio (1948); Convenção sobre Direitos Políticos da Mulher (1952); Declaração dos Direitos da Criança (1959); Convenção Relativa à Luta Contra as Discriminações na

62 XESÚS A. JARES

Esfera do Ensino (1960); Declaração Sobre a Eliminação das Formas de Discriminação Racial (1966); Declaração das Nações Unidas Sobre a Eliminação da Discriminação da Mulher (1967); Convenção Sobre Prevenção e Castigo do Crime do Apartheid (1973); Declaração Sobre a Proteção de Todas as Pessoas Contra a Tortura e Outros Tratos ou Penas Cruéis, Desumanas e Degradantes (1975); Declaração Sobre o Direito dos Povos à Paz (1984); Declaração Sobre o Direito ao Desenvolvimento (1986); Declaração do Rio Sobre Meio Ambiente e Desenvolvimento (1992), etc.

Assim como nos casos anteriores – educação para a compreensão internacional e educação acerca das Nações Unidas –, as conferências quinta (1950), sexta (1951) e sétima (1954) da Unesco emitiram recomendações no sentido do ensino dos direitos humanos, tanto teórico como prático, e para todos os níveis educativos, desde os elementares até o ensino superior; inclusive na educação de adultos e movimentos de juventude.

Mais tarde, a histórica "Recomendação Sobre a Educação para a Compreensão, a Cooperação e a Paz Internacionais e a Educação Relativa aos Direitos Humanos e às Liberdades Fundamentais", de 1974, a que nos referimos, vincula a educação para a compreensão internacional e os direitos humanos como um todo. Igualmente, nos princípios diretivos da Recomendação, afirma-se que "a educação deveria basear-se nos fins e propósitos da Carta das Nações Unidas, na Constituição da Unesco e na Declaração Universal dos Direitos Humanos", com o que esta relação fica clara. Além disso, em outros itens da Recomendação se faz referência a essa relação, como no item quarto sobre política, planejamento e administração nacionais, e no item sétimo sobre preparação dos educadores.

Apesar dos avanços normativos, no entanto, a distância entre a teoria e a prática motivou a busca de novos métodos em matéria de proteção dos direitos humanos, o incremento das pesquisas científicas, particularmente no âmbito das ciências sociais, e a preocupação em intensificar a educação e a informação sobre direitos humanos (Unesco, 1978). A problemática educativa foi tratada com profundidade no Congresso para o Ensino dos Direitos Humanos de 1978, realizado em Viena de 12 a 16 de setembro, por iniciativa conjunta da Unesco e da República da Áustria. O documento final do congresso consta de duas partes e de um anexo que contém as recomendações e propostas formuladas pelos relatores com base nas propostas dos participantes e observadores.

Na primeira parte, depois de referir-se à Recomendação de 1974, enunciam-se os princípios e as considerações que devem reger o ensino dos direitos humanos. Na segunda parte, sugere-se:

a) A preparação de um plano de seis anos para a educação relativa aos direitos humanos.

b) O estabelecimento de um fundo voluntário para o desenvolvimento dos conhecimentos dos direitos humanos mediante o ensino e a informação.

EDUCAÇÃO PARA A PAZ **63**

c) A realização de um estudo preliminar com vistas à preparação de uma convenção sobre o ensino e a educação na esfera dos direitos humanos.

Em sua colaboração com o Instituto Internacional de Direitos Humanos de Estrasburgo, a Unesco organizou uma reunião de especialistas que, entre outras coisas, recomendou:

a) O ensino dos direitos humanos se baseará e se apoiará na pesquisa; essa pesquisa deve ser multidisciplinar e voltada a uma melhor compreensão dos fatores que determinam a violação destes direitos, e à determinação das políticas e mecanismos institucionais necessários para garanti-los.

b) Serão estimulados a pesquisa e o ensino sobre questões de ensino crítico para os direitos humanos na comunidade internacional em geral, particularmente sobre os seguintes temas:

– O *apartheid* e as conseqüências do colonialismo, do neocolonialismo e de todos os tipos de racismo.

– Os conflitos armados internacionais e internos e a corrida armamentista, que têm graves repercussões socioeconômicas e ameaçam a sobrevivência da humanidade.

– A tortura, os desaparecimentos, o terrorismo de Estado e de outros tipos, e as execuções, em particular as de caráter arbitrário ou sumário.

– A pobreza e a fome.

– A constante corrente de refugiados.

– A proteção das minorias.

– O direito à liberdade e segurança da pessoa.

– O direito a uma administração adequada da justiça.

– A liberdade de pensamento, de consciência e de religião.

Outras reuniões congressuais tiveram lugar em Nova Délhi, em outubro de 1982, sobre enfoques dos direitos humanos na Ásia. Nessa oportunidade, insistiu-se na importância da educação, da informação e das pesquisas como esferas prioritárias para a cooperação regional na Ásia em matéria de promoção dos direitos humanos. Em fevereiro de 1983, realizou-se em San José, Costa Rica, em colaboração com o Instituto Interamericano de Direitos Humanos, um seminário regional para a América Latina a fim de estimular a realização de pesquisas multidisciplinares em matéria de direitos humanos, como base para uma melhor estratégia da educação nesse aspecto. Em abril de 1983, a Conferência Intergovernamental de Paris, também organizada pela Unesco, voltou a destacar a importância da educação para a paz, a compreensão internacional, os direitos dos povos e as liberdades fundamentais, considerando a

64   XESÚS A. JARES

educação para a compreensão internacional e os direitos humanos como um todo indivisível.

Em 1988, no marco do 40º aniversário da Declaração Universal, ocorre em Genebra um seminário internacional sobre o ensino dos direitos humanos. Mais recentemente, em março de 1993, realizou-se em Montreal outro congresso internacional sobre a educação em direitos humanos e em democracia, organizado pela Unesco, pelo Centro das Nações Unidas para os Direitos Humanos e pela Comissão Canadense para a Unesco, e que, sem dúvida, tem uma transcendência equiparável à de 1978, de Viena. Nesse congresso, em sua própria denominação já aparece a relação entre direitos humanos e democracia, e que é mencionada na declaração final do congresso, junto com a relação de ambos com os conceitos de paz e desenvolvimento:

> "– Os valores democráticos são um requisito para o exercício efetivo dos direitos humanos e das liberdades fundamentais. É conveniente, portanto, dar atenção particular à educação em direitos humanos e em democracia.
> – A educação em direitos humanos e em democracia é em si um direito fundamental e uma condição essencial para o pleno desenvolvimento da justiça social, da paz e do desenvolvimento..."

A atividade normativa das Nações Unidas, e muito particularmente da Unesco, continua viva até nossos dias, sendo um dos últimos textos aprovados na Declaração sobre a Educação para a Paz, dos Direitos Humanos e a Democracia, aprovada na 44ª reunião da Conferência Internacional da Educação, em outubro da 1994, e ratificada pela Conferência Geral da Unesco, em novembro de 1995, na qual também foi aprovado o Plano de Ação Integrado sobre Educação para a Paz, os Direitos Humanos e a Democracia. Em ambos os documentos, faz-se referência explícita às íntimas conexões entre paz, direitos humanos e democracia (Jares, 1999), traçando as linhas gerais sobre os diversos elementos de um plano de ação: finalidades, estratégias, políticas e linhas de ação – no que se inclui um item dedicado às atividades destinadas às populações vulneráveis. Também se faz referência à inclusão dessas temáticas no ensino superior e a necessária coordenação entre as propostas da educação formal e da não-formal (Unesco, 1986).

Além das Nações Unidas e da Unesco, temos de mencionar, na Europa, a atividade normativa do Conselho da Europa, criado em 1949, e que tem entre suas finalidades a "salvaguarda e o desenvolvimento dos direitos humanos e das liberdades fundamentais" (art. 1). No plano educacional, reunindo as exortações da Unesco, não podemos deixar de mencionar a Recomendação do Comitê de Ministros do Conselho da Europa sobre o ensino-aprendizagem dos direitos humanos nas escolas, realizada em 14 de maio de 1985. Nessa Recomendação, insiste-se na importância de incluir esse tipo de ensino desde os primeiros anos de escolaridade, ressaltando aspectos que vão desde a aprendizagem da resolução nãoviolenta dos conflitos, o estudo de diversos conteúdos em torno da história e do significado dos direitos humanos, a importância do clima da escola no sentido de que seja de democracia e de participação, a combinação dos enfoques positivos e negativos, até a formação dos professores.

Em seu ponto 3.3 diz: "O estudo dos direitos do homem na escola tem como objetivo levar os alunos a compreender e a aceitar as noções de justiça, igualdade, liberdade, paz, dignidade, direitos e democracia. Essa compreensão deve ser ao mesmo tempo intelectual e de acordo com referências vividas e de afetividade. É importante, portanto, que as escolas ofereçam as possibilidades de conhecer uma implicação afetiva nos direitos do homem e expressar seus sentimentos indiretamente por meio do teatro, da arte, da música, da criação ou dos meios audiovisuais". A partir dela, alguns ministérios de Educação, como o francês, promoveram sua aplicação por uma série de proposições e circulares (Ramírez, 1990, p. 27).

A educação para o desarmamento

Além da educação para os direitos humanos que acabamos de ver, a Unesco introduz um novo componente (deixamos de lado aqui a introdução da educação ambiental a partir dos acordos sobre "educação para o meio ambiente" de 1977) e que terá um desenvolvimento significativo em plena corrida armamentista, particularmente nas décadas de 70 e 80: a educação para o desarmamento. Esse componente tem suas origens nas atividades das Nações Unidas em torno das décadas do desarmamento e da própria Unesco, que o incorporará de maneira significativa em finais dos anos 70. A própria Recomendação de 1974 (Unesco, 1986, p. 209-221) é também um antecedente da educação para o desarmamento. De fato, no ponto 18 referente ao "estudo dos principais problemas da humanidade", sobre os quais deveria versar a educação, o item "b" reúne o que poderíamos considerar os conteúdos fundamentais desse componente: "A manutenção da paz; os diferentes tipos de guerra e suas causas e efeitos; o desarmamento; a não-admissão do uso da ciência e da tecnologia com fins bélicos e sua utilização com fins de paz e de progresso; ..."

Do mesmo modo, tem um significado especial nos dias de hoje recordar o ponto 6 do item terceiro sobre os princípios diretivos da educação da Recomendação: "A educação deveria enfatizar que a guerra de expansão, de agressão e de dominação, e o emprego da força, da violência e da repressão são inadmissíveis, e deveria induzir cada pessoa a compreender e assumir as obrigações que lhe cabem para a manutenção da paz. Deveria contribuir para a compreensão internacional e o fortalecimento da paz mundial. Deveria incentivar as atividades de luta contra o colonialismo e o neocolonialismo em todas as suas formas e manifestações, e contra todas as formas e variedades do racismo, fascismo e *apartheid*, como também de outras ideologias que inspiram o ódio nacional ou racial e que são contrárias ao espírito dessa Recomendação" (Unesco, 1983a, p. 138).

66 XESÚS A. JARES

Posteriormente, em abril de 1978, "como preparação para a X Seção Especial da Assembléia Geral, dedicada ao desarmamento, a Unesco organizou, entre os dias 3 e 7 de abril de 1978, uma reunião de especialistas sob o título "Obstáculos para o desarmamento e formas de superá-los" (Marks, 1984, p. 326). Dois anos mais tarde, após a reunião preparatória feita em Praga em junho de 1979, realiza-se em Paris, de 9 a 13 de junho, o Congresso Mundial de Educação para o Desarmamento, sem dúvida o marco mais importante na consolidação e divulgação desse compromisso da EP. Segundo J. Martenson, então secretário-geral adjunto das Nações Unidas, "o congresso era a primeira ocasião em que se examinaria sistematicamente a questão de vincular a educação com os objetivos do desarmamento e da paz" (Martenson, 1980, p. 2). Nesse congresso, foram feitas quatro petições concretas ao diretor da Unesco no sentido de:

1. Incluir a educação para o desarmamento como um dos meios vitais para os objetivos da Unesco.
2. Destinar um mil avos dos gastos militares a favor do desarmamento.
3. Reforçar a pesquisa científico-social acerca do desarmamento, da paz e das relações internacionais.
4. Instalar uma emissora da rádio da Unesco que informe e promova os objetivos das Nações Unidas sobre o desarmamento, os direitos humanos e o desenvolvimento (Unesco, 1980).

Depois do Congresso de Paris, e como conseqüência dele, realizou-se na mesma cidade, de 19 a 21 de agosto de 1981, uma consulta da Unesco sobre Educação para o Desarmamento, "para rever as modalidades de implementação das recomendações do congresso e para propor um plano, estruturado em fases, para 1984-1989" (Unesco, 1986, p. 273). Alguns meses mais tarde, exatamente de 13 a 17 de outubro, acontece em Caracas o Seminário Regional de Aperfeiçoamento de Professores em matéria de desarmamento (FMANU, 1986; Unesco, 1986).

Além desses eventos propriamente educativos, não devemos esquecer outros que, mesmo não o sendo, tiveram um impacto significativo na EP. Refiro-me, por exemplo, à constituição, em 1946, da Federação Mundial de Trabalhadores Científicos (FMTC), muito crítica desde seu início quanto à utilização da ciência para fins militares. E, muito particularmente, o histórico manifesto Russel-Einstein de 1955, "no qual se expressa o perigo que a humanidade está correndo e se apela à razão, como forma de superá-lo: 'temos de aprender a pensar de maneira nova', afirmação que encerra uma decisiva importância educativa" (Jares, 1983, p. 69-70).

A educação para o desarmamento foi incorporada como um dos componentes principais da Educação para a Paz a que nos referimos mais detidamente no Capítulo 9.

O PLANO DE ESCOLAS ASSOCIADAS À UNESCO

Nesse projeto, pôde-se experimentar, desde sua criação, a evolução da alternativa de "educação para a compreensão internacional e a paz" elaborada pela Unesco. Isto é, desde as recomendações iniciais sobre o ensino acerca das Nações Unidas até o ensino interdisciplinar dos grandes problemas mundiais (Unesco, 1983a). A histórica Recomendação de 1974 mencionava a importância do papel que pode desempenhar o Plano de Escolas Associadas: "Os Estados-membros deveriam aproveitar a experiência das Escolas Associadas, que aplicam, com a ajuda da Unesco, programas de educação para a compreensão internacional. Os que se ocupam das Escolas Associadas já existentes nos Estados-membros deveriam intensificar e renovar seus esforços para estender o programa a outras instituições educacionais e trabalhar pela aplicação geral de seus resultados. Nos demais Estados-membros se deveria empreender o mais rapidamente possível uma ação análoga" (Unesco, 1986).

O Plano foi criado pela Conferência Geral da Unesco em 1953. Sua implementação responde a dois objetivos fundamentais: levar a cabo trabalhos experimentais e programas especiais a fim de estabelecer novos métodos, técnicas e materiais de ensino destinados à educação para a compreensão internacional (Unesco, 1985a). Em segundo lugar, "facilitar intercâmbios de informação, correspondência, materiais didáticos, estudantes e pessoal docente entre escolas de diferentes países" (Monclús, 1988, p. 24).

O Plano constitui, sem dúvida, a ação direta de maior importância entre as empreendidas pelos organismos internacionais. Em 1953, envolveram-se 33 instituições educativas de 15 Estados membros. Em 1978, haviam aderido mais de mil escolas de 63 países, assim como cerca de dois mil Clubes de Amigos da Unesco pertencentes a 67 países (Unesco, 1978). Em 1994, eram mais de 3 mil escolas de 103 países. Atualmente, há 4.600 instituições educativas de 174 países. Na Espanha, em 1988, existiam 45 Escolas Associadas de todos os níveis educativos. Em 1991, a cifra chegava a 83, das quais sete eram da Galícia (Fondevila, 1994); atualmente, na Espanha, são 124 escolas de todos os níveis educativos, sendo 12 galegos (Fondevila, 1999).

Embora as atividades a concretizar sejam competência de cada escola, recomenda-se que girem em torno de quatro grandes temas a partir do Plano:

- Os problemas mundiais e a função do sistema das Nações Unidas.
- Os direitos humanos (mulher, autodeterminação, minorias, imigrantes, emprego e desemprego...).
- Outros países e culturas (compreensão internacional, direito a ser diferentes, intercâmbios).
- O homem e seu meio (Unesco, 1986).

68 XESÚS A. JARES

A incorporação desses temas ao currículo ocorre no marco das classes existentes, sem sobrecarregar ou desorganizar o plano de estudos. As Escolas Associadas não constituem centros docentes especiais, mas são as próprias escolas de cada país que requerem sua incorporação a esse programa, mediante a solicitação correspondente, que é acompanhada do projeto educativo da escola com dedicação especial às atividades próprias do Plano. Os que se incorporam "assumem a responsabilidade de oferecer esse ensino, tanto por seus meios como em colaboração com outros participantes do Plano" (Monclús, 1988, p. 25). O organismo que catalisa e analisa as solicitações que são feitas para a secretaria da Unesco, em Paris, é a Comissão Nacional para a Unesco, uma intermediária entre a Unesco e as Escolas Associadas, e também com as autoridades educativas do país.

Do ponto de vista metodológico recomenda-se, a partir de 1982, a utilização do método socioafetivo, que desenvolveremos no Capítulo 11, o qual se fundamenta na combinação dos elementos afetivos e intelectuais do processo de aprender. As atividades que se realizam constituem uma sistematização das práticas recomendadas pelo movimento da Escola Nova.

Desde 1988, as escolas pertencentes a esse Plano no Estado espanhol promovem um encontro anual para abordar os temas ligados ao ensino dos direitos humanos, à paz e à compreensão internacional. O primeiro contato ocorreu no transcurso do I Congresso Estatal de Educadores para a Paz, realizado em Madri em dezembro de 1986. Já o primeiro específico das Escolas Associadas do Estado espanhol se realizou igualmente em Madri, de 17 a 19 de novembro de 1988.

Os materiais da Unesco que as Escolas Associadas recebem gratuitamente são: *O Correio da Unesco*, publicação mensal que constitui uma boa fonte de material didático, mas que é preciso "processar didaticamente"; e a revista semestral específica para o Plano, *A Compreensão Internacional da Escola*.

Pessoas e centros educativos interessados em obter mais informações sobre esta iniciativa podem dirigir-se a:

Comisión Unesco-Escolas Associadas,
C/ Juan XXIII, 5. 28040 Madrid.

4

A Educação para a Paz
a Partir da Nãoviolência:
A Terceira Onda

Talvez convenha esclarecer previamente o motivo de transcrever o termo nãoviolência (*noviolencia*) como uma única palavra e não com hífen (não-violência – *no-violencia*) ou com as palavras separadas, não violência (*no violencia*), tal como se representa tradicionalmente. "Não se trata de um capricho. Em italiano, em castelhano e até mesmo em francês, encontramos uma única palavra. Isso se deve a exigências de expressão. Sempre afirmamos que a *noviolencia* não se define pela pura negação da violência – e menos ainda do conteúdo mais vulgar de violência –, mas traz consigo um programa construtivo de ação, um pensamento novo, uma nova concepção do homem e do mundo. Da forma como aparece nesta obra, a *noviolencia* é mais um desafio à passividade do que à violência. Tudo isso nos obriga a utilizá-la como uma única palavra, com conteúdo próprio, recorrendo a esse dinamismo criador da linguagem, que é capaz de definir o todo nomeando uma parte, que é capaz de dar à palavra um conteúdo semântico muito mais amplo do que se poderia depreender de sua mera origem etimológica, como ocorre com muitas palavras" (CAN, 1983, p. 8).

Vejamos em primeiro lugar as características do pensamento educativo da pessoa que simboliza a nãoviolência.

IDEOLOGIA NÃOVIOLENTA E EDUCAÇÃO EM GANDHI

Mohandas Karamanchand Gandhi nasceu em 2 de outubro de 1869. Assim como os mestres nãoviolentos que o precederam, sua obra se realiza a

70 XESÚS A. JARES

partir de uma firme convicção religiosa, baseando-se nas religiões orientais e no cristianismo para formular sua filosofia nãoviolenta. Embora ocasionalmente tenha exercido a atividade escolar, sua influência educativa se dará basicamente por meio de sua vida e seu pensamento, excetuando sua proposta educativa do Nai Talim, ou educação por meio do trabalho manual. Gandhi propugnava a "centralidade, no âmbito de uma educação nãoviolenta, do trabalho manual e de uma vida simples" (Pontara, 1987, p. 10). Sua forma de atuar e suas reflexões serão condicionadas pelos dois princípios centrais de sua filosofia, o *satygraha* e o *ainsa*, isto é, a "firmeza na verdade" e a "ação sem violência". Ambos os princípios estão tão estreitamente unidos, no dizer de Gandhi, que são "como as duas faces de uma moeda, impossível de separar um do outro" (Gandhi, 1988, p. 121).

As duas principais técnicas que desenvolveu na campanha *satyagraha* na Índia foram a não-cooperação e a desobediência civil. A não-cooperação traduz-se em técnicas como o boicote, a greve, etc. A desobediência civil consiste em romper ou não fazer caso das leis que representam a injustiça ou que a sustentam. Tais propostas têm repercussões na educação, já que se trata de "ensinar o povo a valer-se de si mesmo".

Essa ênfase na autonomia tem três fins que Vinoba explica: "O primeiro é o de bastar-se a si mesmo para as necessidades materiais. O segundo é a aptidão individual no conhecimento: a servidão do espírito é tão desastrosa como a dependência material. Ninguém pode pretender ser livre se não desenvolver suas aptidões com um pensamento independente. O terceiro é a força individual que permite dominar os sentidos, visto que para ser realmente livre é preciso dominar os sentidos e o espírito, e a educação deverá, portanto, tender a desenvolver a aptidão no domínio de si e a disposição a servir livremente a seus semelhantes. Eis aqui os objetivos da educação". Trata-se, pois, de "ensinar as crianças a governarem-se e a serem suficientes, com um mínimo de dependência e mínima hierarquia. Enfim, harmonizar as quatro dimensões do ser da criança: seu corpo, seu intelecto, sua sensibilidade, seu espírito" (Weyer, 1988, p. 100).

Como se pode verificar, há uma constante educativa no pensamento de Gandhi que é definida pela autonomia e pela afirmação pessoal, como primeiro passo para conseguir a liberdade. Aspectos que não implicam recusa ou menosprezo à relação com os outros, que propugna explicitamente, mas sim, a partir do autocontrole e da auto-suficiência, o *swadeshi* (Galtung, 1987, p. 30).

Para alcançar esse objetivo, era necessária a criação de instituições educativas. Em primeiro lugar, para a formação do magistério criou a Satyagrah Ashram, "com um caráter de seminário sacerdotal" (Onieva, 1925, p. 362); é um centro disciplinado para o exercício de um apostolado ideologicamente definido para a observação dos votos: da verdade, do não-matar, do celibato, da sobriedade, do não-roubar e da pobreza.

Gandhi, consciente das violências externas, propugna uma aprendizagem explícita desde pequenos das técnicas nãoviolentas, isto é, manifestações

EDUCAÇÃO PARA A PAZ **71**

e ações nãoviolentas, práticas dos métodos de resistência civil e não-cooperação com a injustiça organizada ..." (Weyer, 1988, p. 100), que favoreçam a força interior necessária de cada pessoa. A nãoviolência, nas palavras do próprio Gandhi (1988, p. 142) "não tem nada de passiva". Por outro lado, esse processo educativo da criança deve começar "já no dia de sua concepção" (Gandhi, 1988, p. 44), devendo estar baseado no respeito à sua integridade (Pontara, 1987, p. 9).

Nessa preparação nãoviolenta, Gandhi ressalta, ou melhor, coloca como condição imprescindível a comunhão ou coerência que deve existir entre os fins a perseguir e os meios a empregar. "O fim está nos meios, como a árvore na semente", era uma frase que costumava repetir e que terá uma profunda repercussão social e educativa na história do pensamento nãoviolento. Assim, foi destacada por todos os autores nãoviolentos – Vinoba, Lanza del Vasto, Luther King, J. M. Muller, J. Sémelin, etc. – como uma das características centrais do pensamento nãoviolento. Como assinalou J. P. Lederach, "a nãoviolência é enfocada como a forma de lutar contra a injustiça, sem que essa luta implique um agravo ou dano à pessoa que cria ou apóia essa injustiça" (1984, p. 72). Como decorrência pedagógica de tal princípio, desaparecem os castigos corporais (Gandhi, 1988, p. 57) e todo o tipo de violência, tanto física como psíquica.

Essa reflexão sobre os fins e os meios nos leva a outro aspecto de suma importância e transcendência, tanto no plano social como no educativo; trata-se da teoria gandhiana do conflito e da forma nãoviolenta de resolvê-lo. Galtung diz que a idéia básica de Gandhi com relação ao conflito é que "longe de separar as duas partes, o conflito deveria uni-las, precisamente porque têm sua incompatibilidade em comum. A incompatibilidade deveria ser enfocada como um laço, ligando-as, juntando-as porque seus destinos são aceitáveis. Por terem sua incompatibilidade em comum, deveriam esforçar-se para chegar juntos a uma solução ..." (Galtung, 1978, p. 501).

Em outras palavras, a realização de uma pessoa não é possível quando se nega a das demais. Por isso, "para Gandhi e seus seguidores, ao tratar o conflito, se vêem forçados a pôr a ênfase na confiança, na amizade, na confraternização, na cooperação limitada, nas tentativas de compreender os pontos de vista do adversário e na aplicação de normas éticas iguais ao antagonista e a si mesmo" (Boserup e Mack, 1985, p. 16). Sobre essa questão, deteremo-nos mais detalhadamente no Capítulo 7.

Por último, devemos destacar no pensamento educativo de Gandhi seu conceito comunitário de educação. Para ele, não apenas a escola deve estar aberta e integrada a seu meio como a educação não pode ser responsabilidade exclusiva da escola; toda a comunidade deve participar dela. "A comunidade está aí e é nela que a escola se enraíza, se nutre, se amplia, encontrando nela a imagem vivificante de seu desejo de conhecimento. A educação não é obra de uma única pessoa, mas de todas, assim como a coerência entre o que vivem as crianças e os adultos" (Weyer, 1988, p. 100).

REALIZAÇÕES

Entre as realizações educativas levadas a cabo e/ou que estão sendo implementadas com a marca inequívoca da nãoviolência como eixo condutor de suas práticas, destacamos – além das já citadas de Tolstói, Tagore e Gandhi – as seguintes:

Os Quacres

Os quacres ou Sociedade dos Amigos é uma doutrina protestante fundada na Inglaterra no século XVII por George Fox (1624-1690), caracterizada por sua simplicidade de culto, seu rigor moral e pela nãoviolência, o que os leva a condenar todo tipo de luxos e de violência. Os quacres e seu fundador destacaram-se especialmente por sua prática radical nãoviolenta, aplicando os princípios cristãos. Sua doutrina pacifista é sintetizada como segue: "amar-se uns aos outros; amar os inimigos; jamais fazer uso de armas, nem defender-se de uma agressão" (Fronsac e outros, 1964, p. 15). E isso por respeitar o ser humano ou, nas palavras de G. Fox, "pelo que há de Deus em cada um de nós" (Vidal, 1971, p. 108). No plano educativo, os princípios que os guiavam eram os da sinceridade, da liberdade de consciência e da negação a recorrer à violência.

Atualmente, os membros dessa confissão religiosa continuam desenvolvendo seu trabalho educativo com os mesmos princípios e a mesma firmeza que descrevemos. No essencial, as experiências educativas dos quacres situam-se nos Estados Unidos. Concretamente, deve-se ressaltar o programa "Nãoviolência e infância", iniciado em 1969 por "um pequeno grupo de quacres no qual crianças, pais e professores desenvolvem atitudes e condutas nãoviolentas, sob os auspícios do Friends Peace Commitee of Philadelphia Yearle Meeting, a organização local dos quacres" (Judson e outros, 1986, p. 23). O programa ampliou-se entre os anos de 1973 a 1976; alguns de seus membros desenvolveram o projeto em escolas, a partir desse ano, com professores, pais e grupos intergeracionais. "Seu trabalho, coerente com os fins últimos, acabou gerando um coletivo no qual as responsabilidades e a direção do programa eram compartilhadas" (Grasa, 1986, p. 15). Outro projeto semelhante ao que comentamos é o Children's Creative Response to Conflict Program do Cuaker Project on Community Conflict de Nova York.

As experiências educativas desses grupos quacres são orientadas fundamentalmente para o trabalho das relações interpessoais e, mais concretamente, para o desenvolvimento das capacidades para resolver conflitos de forma nãoviolenta. As estratégias e técnicas que usam – potencialização da autonomia e auto-afirmação pessoal por meio de jogos cooperativos e técnicas nãoviolentas de resolução de conflitos – encontram-se entre as que vamos propor na terceira parte deste livro. Portanto, remetemo-nos a elas.

EDUCAÇÃO PARA A PAZ **73**

A escola do Arca

A comunidade do Arca foi fundada em 1948 por Lanza del Vasto, discípulo de Gandhi, em Occitânia (França) (Lanza del Vasto, 1981 e 1988). É uma comunidade orientada para a nãoviolência que se esforça por viver do próprio trabalho. Homens e mulheres se dividem nas tarefas cotidianas, nos serviços comunitários, trabalhando na terra ou nas oficinas, e estão comprometidos em ações nãoviolentas no exterior. As pessoas que permanecem na comunidade vivem a busca nãoviolenta, aplicando os princípios gandhianos em todos os planos da vida. Jo Pyronnet (1978, p. 4) define-a como "uma sociedade em que todos os domínios da vida pessoal e social são organizados segundo os princípios e os métodos nãoviolentos. Por essa ação permanente, constitui um centro de formação e de ensino que se irradia no mundo inteiro".

A comunidade incumbe-se da "escolaridade" das crianças até o quarto nível do sistema educacional francês. "As crianças de sexto e de quinto níveis são inscritas em um curso por correspondência (até o momento não encontramos uma solução melhor). Depois, se as crianças desejarem, podem ir para colégios e institutos. É o que ocorre freqüentemente" (Weyer, 1988, p. 99). A comunidade baseia-se nos princípios gandhianos que já vimos. Em suma, trata-se de fazer da escola um viveiro de "servidores nãoviolentos" como queria Gandhi. As crianças da comunidade se autofinanciam publicando sua revista *La Vallée Enchantée* e outras. Semanalmente, ou quando a situação exige, realiza-se um conselho de escola, integrado por todos os alunos e o professor, no qual são analisados o trabalho e a convivência da semana.

No trabalho escolar, parte-se da iniciativa da criança, enquanto a outra parte é coletiva e dirigida pelo professor; "um ponto importante é que cada criança trabalha no seu ritmo, existe a ajuda mútua e, inclusive, é um dever explicar aquilo que se compreende" (Weyer, 1988, p. 101). As crianças, assim como os maiores, aprendem a "fazer silêncio", a manter-se imóveis na vertical, a respirar, a concentrar o pensamento e a relaxar na imobilidade, em uma introdução progressiva à ioga da meditação (Vidal, 1985, p. 127). Eliminaram-se os elementos de competitividade – exames, prêmios, classificações –, estimulando o trabalho por seu valor. As crianças têm também o "dever de desobedecer, e são obrigadas a fazê-lo diante das ordens injustas ou desrespeitosas" (Weyer, 1988, p. 101). As crianças, do mesmo modo, participam nas ações nãoviolentas com os adultos, ou sozinhas, mas sempre pela própria iniciativa.

Como ocorre com outras experiências de educação nãoviolenta, na escola do Arca, além do componente essencial da nãoviolência, realiza-se uma simbiose no plano didático com as técnicas da Escola Nova, fundamentalmente de María Montessori, e da Escola Moderna, de Célestin Freinet.

A nãoviolência educativa na Itália

No país transalpino ocorrem três experiências pedagógicas extraordinárias, conformadas pelo compromisso da nãoviolência. As três, fiéis à ação nãoviolenta, vão desenvolver um dos componentes atuais e fundamentais da EP: a educação para o conflito e a desobediência. Referimo-nos ao trabalho pedagógico e social de três grandes pedagogos: Lorenzo Milani, Danilo Dolci e Aldo Capitini.

Embora sem ter feito da paz uma referência concreta de suas aulas, nem ter refletido especificamente sobre a EP, e por mais paradoxal que seja, a prática educativa do padre-professor Lorenzo Milani em São Donato, e posteriormente em Barbiana, converteu-se em um dos referenciais e uma das experiências mais genuínos de educação para a nãoviolência e, em particular, de educação para a desobediência. Prova do que dissemos é a enorme influência de Milani no movimento italiano de educadores para a paz, sendo motivo de estudo para educadores e pesquisadores para a paz de todo o mundo no congresso realizado por ocasião do 20º aniversário de sua passagem por Vicchio (Administração de Barbiana) e sob o título significativo de "Don Milani e a pedagogia da educação para a paz" (Corzo, 1987, p. 87).

Em sua famosa carta aos capelães castrenses toscanos (Martí, 1972; Milani, 1976), desenvolve sua não menos célebre argumentação, na qual fundamenta seus princípios educativo e ideológico da objeção e, conseqüentemente, na possibilidade de desobedecer às ordens ou leis que sejam injustas: "... não posso dizer a meus alunos que a única maneira de amar a lei é obedecê-la. Só posso lhes dizer que devem honrar a lei dos homens de forma que as cumpram quando sejam justas (isto é, quando são a força do fraco); quando virem, ao contrário, que não são justas (isto é, quando sancionam o abuso do forte), terão de lutar para mudá-la..." (Milani, 1976, p. 17). Como conseqüência, nessa mesma carta deduz o princípio educativo da soberania individual, a necessidade de fomentar a autonomia individual em vez da obediência cega, de tal forma que "cada um se sinta responsável por tudo".

Fruto de seu trabalho, os alunos da escola de Barbiana publicam em 1967 o livro *Carta a una maestra*, documento que teve grande repercussão social e pedagógica, antecipando-se ao maio de 1968 francês em sua crítica ao autoritarismo, ao conformismo e à função segregacionista do sistema escolar (Alumnos de la Escuela de Barbiana, 1970, p. 100). Em suas páginas, está presente a assunção da desobediência: "Mas não vai me levar a matar camponeses no exterior". Posteriormente, aparece outra publicação desses alunos, na qual mais uma vez expõem suas críticas à escola classista, "que aprova os ricos e suspende os pobres" (Martí, 1982, p. 6), e renovam seus ataques ao autoritarismo e ao conformismo: "querem homens dóceis e resignados, mais do que homens que pensam e são livres" (Alumnos de la Escuela de Barbiana, 1973, p. 53).

Uma segunda experiência, semelhante à anterior, é a que realiza Danilo Dolci na "zona de maior banditismo siciliano", nas localidades Partinico,

EDUCAÇÃO PARA A PAZ **75**

Trapetto e Montelepre nos anos 50. "É uma experiência de educação para a paz global entendida como esforço de autoliberação de uma determinada zona (a Sicília ocidental) da violência estrutural, na qual está imersa para pôr em marcha um desenvolvimento diferente" (Novara, 1989b, p. 16). Por conseguinte, trata-se de um trabalho que é ao mesmo tempo político e educativo, visto que pretende "renovar radicalmente esquemas psicológicos, estruturas sociopolíticas, sistemas de valores, ..." (Zangrilli, 1973, p. 82).

A ação educativa de Dolci pode ser sintetizada em três princípios fundamentais:

a) A relação íntima que deve existir entre o que se diz e o que se faz, isto é, entre teoria e prática.

b) A tomada de partido "ao lado dos perseguidos e contra os poderosos" (Bobbio, 1963, p. 15).

c) A educação para a desobediência: "Não obedeceremos a nenhuma polícia e a nenhum prefeito quando suas ordens forem contrárias à lei de Deus" (Dolci, 1963, p. 290).

Aldo Capitini nasceu em Perugia em 1899. Foi um dos primeiros autores a divulgar a nãoviolência gandhiana na Itália. Em sua vida, a ação e a educação nãoviolenta tiveram uma íntima relação (Novara, 1989b, p. 14), esta última implementada na escola de magistério de Perugia. Para Capitini, "a educação deve ter o significado de uma tensão, de uma insatisfação, um elemento de tensão que discrimina o passado e demanda o futuro" (Capitini, 1967, p. 3). Por isso, afirma que a escola não pode renunciar a seus "poderes" na construção da paz.

Os três princípios fundamentais que resumem o pensamento pedagógico de Capitini em relação à paz são (Capitini, 1967, p. 277-284):

a) Educar no respeito à diversidade, preocupação maior de Capitini (Novara, 1989b, p. 15), e que é o conceito no qual se fundamenta o que hoje entendemos como educação multicultural. Para Capitini, "uma escola ideologicamente uniforme e fechada pode levar mais facilmente à hostilidade e à guerra: porque educa na consideração da diversidade como não-natural, doentia, diabólica, contraproducente e monstruosa, a eliminar" (Capitini, 1967).

b) Educar na desobediência e no espírito crítico.

c) Educar na nãoviolência: "Todos os adolescentes e todos os adultos devem conhecer as técnicas do método nãoviolento, porque só através deste, no uso do consenso e dissenso, a sociedade irá se convertendo paulatinamente em sociedade de todos" (Capitini, 1967). A didática dessa educação nãoviolenta se apoiará, segundo Capitini, no fomento do espírito crítico e na organização da escola como uma comunidade democrática.

76 XESÚS A. JARES

Em suma, o pensamento educativo dos três autores, Milano, Dolci e Capitini, fundamenta-se na prática da luta nãoviolenta, na qual a objeção de consciência ocupa um lugar preferencial.

A escola Martin Luther King

Essa experiência educativa inspirada na nãoviolência é desenvolvida em Atlanta (Estados Unidos). Na descrição dessa escola, seguimos o trabalho de Bayada e outros (1985). A Escola Martin Luther King foi fundada em 1968, perto do local onde King nasceu, para preservar e continuar sua obra. Numerosas atividades educativas e culturais mostram o empenho permanente da escola em favor dos direitos civis e da luta social.

Entre os projetos e programas propostos, apresentamos, a título de exemplo, os dois seguintes:

- O Centro de Educação para a Idade Pré-Escolar (Early Learning Center), igualmente destinado aos pais e às crianças de meios muito pobres. Seu objetivo é "desenvolver pessoas de caráter forte" aptas para defender os valores necessários para uma sociedade democrática. Leva em conta as necessidades individuais e zela pelo ensino das idéias de Luther King. Junto com o trabalho pedagógico, aconselha e ajuda os pais em seus problemas particulares e os põe em contato com os serviços de ajuda aos desempregados, as instituições de formação contínua, de ajuda familiar, etc.
- A Escola de Ensino dos Conhecimentos Fundamentais (Basic Skills Academy) destina-se aos jovens a partir dos 16 anos e aos adultos que desejam superar suas deficiências relacionadas à escrita e ao cálculo. Antes de mais nada, importa ajudar os participantes a vencer seus sentimentos de frustração e desesperança para que reencontrem a confiança em si mesmos. A partir daí, poderão começar a transformar sua condição de vida. Por outro lado, a escola mantém contatos com várias universidades, fundamentalmente para coordenar a pesquisa sobre a nãoviolência e para promover seu ensino.

O Dia Escolar da Não-Violência e da Paz (DENP)

O DENP foi fundado em 1964 pelo inspetor de ensino básico maiorquino Lorenzo Vidal (Vidal, 1971; 1972; 1973; 1977; 1979; 1985), a partir de um apelo aos professores de Cádiz e posteriormente publicado na revista literária *Ponent*, de Palma de Maiorca. Nas palavras de seu fundador, o DENP nasceu com um triplo propósito (Vidal, 1985):

1. Ser um apelo para cada um de nós (especialmente aos que são e aos que se sentem jovens) para que nos auto-eduquemos no amor universal, na não-violência e na paz, já que, para poder educar os outros, primeiro temos de nos educar a nós mesmos.
2. Ser um apelo aos educadores de todas as ideologias para que em suas escolas pratique-se anualmente a jornada e se eduque de uma maneira contínua no amor universal, na não-violência e na paz.
3. Ser um apelo às famílias e à sociedade para que, superando velhos preconceitos, transformem-se em escolas de educação permanente no amor universal, na não-violência e na paz.

Definida como uma "jornada secular educativa de pacificação" (Vidal, 1972), com a finalidade de levar os educandos, por meio da reflexão pessoal, à descoberta da mensagem fundamental de que "o amor é melhor que o ódio, a não-violência é melhor que a violência, e a paz é melhor que a guerra" (Vidal, 1972, p. 14). A data escolhida para celebrá-lo anualmente é 30 de janeiro, em comemoração à morte de Gandhi.

Paralelamente ao nascimento do DENP, criaram-se os Grupos de Amigos da Não-Violência e da Paz (GANP), entendidos como atividade extra-escolar e/ou de tempo livre para promover entre os jovens a idéia da nãoviolência. Os princípios que compõem sua declaração de constituição reforçam o que foi expressado anteriormente com relação ao seu caráter acentuadamente intimista e espiritualista: Deus como Pai de todos os homens e a oração como meio "para que acabem as violências, as lutas e as guerras e para que nos dê a paz" (Vidal, 1971, p. 180).

O DENP foi reconhecido pelo MEC mediante a Ordem Ministerial de 29 de novembro de 1976. Pelos princípios em que se fundamenta, o DENP é, sem dúvida, a representação mais genuína da orientação espiritualista nãoviolenta no Estado espanhol. Contudo, como já mencionamos, é preciso dizer – contrariando alguma outra afirmação em sentido contrário (Díaz del Corral, 1984; Vidal, 1985) – que a idéia não é original nem pioneira. Vejamos alguns de seus antecedentes:

– Em 1925, por indicação da Associação dos Professores para a Paz, o Ministério da Educação checo ordena a celebração nas escolas de um dia por ano dedicado à Sociedade de Nações, no mês de setembro, no dia da abertura da Assembléia (Bovet, 1927, p. 21).
– Entre as Recomendações do Congresso de Praga de 1927, está a celebração do "Dia da Paz" ou "Dia da Boa Vontade" (*Goodwill day*), como um novo motivo para exaltar o ideal de fraternidade humana entre os estudantes. A data escolhida foi 18 de maio por coincidir com o aniversário da Primeira Conferência de Paz, celebrada em Haia na data citada em 1899 (Llopis, 1934, p. 177; Palacio Lis, 1986, p. 110-111).

78 XESÚS A. JARES

- Entre as recomendações do subcomitê de especialistas para o ensino às crianças e à juventude da existência e das finalidades da Sociedade de Nações, julho de 1927, propõem a celebração de um dia por ano para "inculcar nos alunos o amor pelas instituições internacionais" (Rosselló, s. d., p. 26).
- Das numerosas datas indicadas pelas Nações Unidas para sua celebração com a finalidade de conscientização, destacamos, por suas profundas repercussões sociais e educativas, a celebração do 10 de dezembro como Dia dos Direitos Humanos, aprovada em sua resolução 423 (V) de 4 de dezembro de 1950, pela Assembléia Geral, quando foi aprovada a Declaração Universal dos Direitos Humanos (Nações Unidas, 1986, p. 396).

O MOC e outros grupos nãoviolentos

Outra experiência, um legado da EP a partir da nãoviolência, é a que nos proporciona o Movimento dos Opositores de Consciência (MOC) e outros grupos nãoviolentos. Embora sua finalidade original não seja estritamente educativa, muitos desses coletivos foram incorporando paulatinamente em suas ações e reflexões o tema educativo a partir da nãoviolência. Não podia ser de outra forma, visto que, tal como ocorre com muitos deles, se defende a nãoviolência como alternativa global para a sociedade. Ao mesmo tempo, e de um ponto de vista tático, os grupos nãoviolentos viram a necessidade de reorientar suas campanhas e de atuar positivamente, oferecendo alternativas concretas de trabalho. Isso explica sua paulatina imersão no mundo educativo. Nesse ponto, mencionaremos os grupos que trabalharam explicitamente o educativo. Para uma história da nãoviolência na Espanha, podem-se consultar os trabalhos de Fisas (1985a); Lederach (1983); Lemkow (1984); e Rius (1989).

Por outro lado, não podemos esquecer que suas propostas e formulações referentes à objeção de consciência em particular e à nãoviolência em geral são consideradas como "conteúdos" indispensáveis de uma educação para a paz. "Deve-se conceder um lugar apropriado nesse ensino ao direito de todo ser humano a negar-se ao serviço militar na qualidade de opositor de consciência, assim como o direito a opor-se à obrigação de fazer a guerra e de matar" (Unesco, 1980).

Por tudo isso, e restringindo-nos ao caso espanhol, determinados grupos de objeção e nãoviolência começaram a realizar determinadas experiências em favor de uma EP entendida como parte de uma educação nãoviolenta global (CAN, 1981 e 1985). Uma das atividades pioneiras que desenvolveram, se não a primeira, são as campanhas no mês de dezembro contra os brinquedos bélicos a partir de finais dos anos 70. A crítica a esse tipo de brinquedo sustenta-se em dois motivos fundamentais:

EDUCAÇÃO PARA A PAZ **79**

– A ideológica, já que "os brinquedos bélicos supõem uma iniciação no esquema machista-militarista da sociedade", assim como por seu "papel legitimador das instituições repressivas" (CAN, 1981, p. 13-14).
– A pedagógica, pois, por meio deles, a criança não capta a realidade da violência bélica, estereotipando a realidade em bons e maus, além de reproduzir os esquemas de comportamento violentos.

Panfletos, boletins, conferências, encartes em jornais e revistas, manifestações, coleta de assinaturas, etc. são alguns dos instrumentos utilizados para levar a cabo este tipo de campanha.

Seguindo em sua "imersão" no mundo educativo, o objetivo seguinte desses grupos foram os próprios jogos. Nesse sentido, ressaltam e entronizam o jogo como um fator-chave em todo projeto educativo, ao mesmo tempo que assinalam a necessidade de que sejam jogos que fomentem a cooperação e resolução nãoviolenta dos conflitos, em vez da competição e da violência. Por isso, não é casual que sejam os opositores nãoviolentos a introduzirem na Espanha os jogos cooperativos. Entre eles, devemos citar o Grupo de "Oinez", de Bilbao; o Coletivo de "Educar para a Paz", de Torrelavega; e o "Grupo de Ação Nãoviolenta", de Málaga. Todos esses coletivos ou integrantes deles publicaram folhetos e livros de jogos cooperativos (Ver Referências Bibliográficas).

Outro ponto de inflexão importante desses grupos foi a celebração do 30 de janeiro (DENP), que analisamos no ponto anterior, mas que, embora se definindo no mesmo campo ideológico – a nãoviolência –, desde o começo manifestaram suas reservas e suas críticas à proposta do DENP (apud *Oveja Negra*, número 9, 1981). Assim, desde o início, tentou-se dar-lhe uma dimensão mais ampla, não circunscrita a um único dia, com um enfoque interdisciplinar e desligando-se de enfoques e propostas de corte moralista (CAN, 1983 e 1984).

Além de cursos e outras atividades de conscientização, os grupos nãoviolentos começaram a realizar, a partir do verão de 1983, os "Encontros de educadores para a nãoviolência e a paz", especificamente informados a partir dos pressupostos desta ideologia ou concepção do mundo. Pressupostos entre os quais vale destacar sua ênfase na resolução nãoviolenta dos conflitos e na educação para a desobediência: "... que o jovem saia da escola sabendo em que situações a desobediência é a única conduta adequada e responsável" (García Moya, 1984, p. 4).

5

A Educação para a Paz a Partir da Pesquisa para a Paz: A Quarta Onda

A PESQUISA PARA A PAZ (PP)

No final da década de 50 (Gatung, 1981b, p. 7) nasce uma nova disciplina, a Pesquisa para a Paz (PP) (*Peace Research*), que modificará substancialmente a concepção dos estudos sobre a paz e os conflitos e, portanto, as próprias formulações da Educação para a Paz (EP). Seus desencadeantes são, também nesse caso, negativos e sociais: as trágicas conseqüências da Segunda Guerra Mundial. "Assim, a Pesquisa para a Paz pode ser considerada um produto da Segunda Guerra Mundial" (Cobalti, 1985, p. 12).

O movimento da Pesquisa para a Paz nasce nos Estados Unidos, quando em 1957 aparece a revista *Journal of Conflict Resolution* e, posteriormente, em 1959, constitui-se junto à Universidade de Michigan, por obra de Angell e K. Boulding, o "Center for Research on Conflict Resolution". Mas é na Europa que a Pesquisa para a Paz desenvolverá suas propostas, seus estudos e seus autores mais influentes, particularmente na Suécia e na Noruega. Em Oslo, constitui-se em 1959, no Instituto de Pesquisa Social, um departamento de pesquisa sobre os conflitos dirigido por Johan Galtung, autor que logo se converterá em referência obrigatória quando se fala de Pesquisa para a Paz. Em 1964, lança o *Journal of Peace Research*, transformando-o em 1966 em "International Peace Research Institute Oslo" (PRIO). O Instituto, além do *Journal*, publica o *Bulletin of Peace Proposals*.

No editorial do primeiro número do *Journal*, em 1964, Galtung se propõe a oferecer uma definição formal da Pesquisa para a Paz que evidenciasse sua especificidade. Ela é dada pelo estudo das condições que permitem à sociedade passar de uma situação caracterizada pela instituição social guerra a uma situação de paz. O pesquisador sobre a paz é definido como um indivíduo que traz uma contribuição de ordem cognoscitiva à obtenção da paz. Dessa forma, rechaça-se a teorização abstrata para ter sempre presente que as contribuições teóricas devem servir para realizar uma mudança social.

Além de reivindicar-se como normativa, isto é, "uma disciplina com um alto conteúdo de juízos de valor" (Fisas, 1987a, p. 17), não-neutra, aberta e dinâmica (Thee, 1983, p. 202-204), interdisciplinar (Galtung, 1981a, p. 10) e com uma clara intencionalidade de intervenção social, a Pesquisa para a Paz traz a reformulação de uma série de conceitos, entre os quais destaca-se, em primeiro lugar, o próprio conceito de paz e, associado a ele, o de violência. A título meramente indicativo, já que desenvolveremos essa questão no Capítulo 7. Ao estudarmos o suporte intelectual da EP, Galtung estabelece uma diferença que marcará os estudos posteriores, tanto do próprio conceito de paz como da Pesquisa para a Paz enquanto disciplina. Referimo-nos à distinção entre paz positiva e paz negativa, definidas ambas em sentido negativo: a primeira seria a ausência de violência estrutural e a segunda, a ausência de violência direta. A importância dessa distinção será tal que chegará até mesmo a provocar uma certa divisão no seio da Pesquisa para a Paz, com posições diferenciadas entre os que consideraram significativa essa distinção e os que a rechaçaram.

Em outro país nórdico, a Suécia, funda-se em 1966 outro centro de pesquisa que também gozará de um enorme prestígio internacional, o Stockholm International Peace Research Institute (SIPRI). O SIPRI tem a particularidade de ser financiado pelo Parlamento sueco. Seus informes e publicações – especialmente seu *World Armaments and Disarmament SIPRI Yearbook* – gozam de grande prestígio em todo o mundo, sendo fonte constante de referência para todo trabalho ou documento que trate de corrida armamentista e das conseqüências ecológicas das armas e práticas militares.

Dois anos antes, em 1964, realiza-se um importante evento para a vida da Pesquisa para a Paz: a constituição do International Peace Research Association (IPRA), com a finalidade de coordenar as diversas iniciativas de estudo. O IPRA não rechaça a implicação política de seus estudos e propostas, nem se apóia unicamente na iniciativa da pesquisa científica. Desde o início, proclamou-se a unidade e interação mútua que deve existir entre pesquisa, ação e educação para a paz.

Em 1981, o Repertório da Unesco contabiliza 310 instituições dedicadas à Pesquisa para a Paz no mundo, com infra-estrutura e recursos econômicos muito desiguais. Justamente a relação entre gastos destinados à Pesquisa para a Paz e os gastos de cada país em pesquisa e desenvolvimento de projetos militares é brutalmente desigual, lamentavelmente em favor do segundo. "Os

EDUCAÇÃO PARA A PAZ **83**

recursos para as pesquisas sobre a paz representam menos de 5% daqueles destinados para fins militares" (Unesco, 1981, p. 25). Além disso, há uma maioria de países nos quais não se empreende nenhum esforço nesse sentido. No Estado espanhol, deve-se destacar o processo de militarização da pesquisa que se acelerou nos últimos anos. Os dados não dão margem a dúvidas. Segundo os estudos da Cátedra Unesco da Universidade Autônoma de Barcelona, e que foram publicados, entre outros, no jornal *El País*, de 9 de maio de 1999, do total do gasto público, em 1999, em pesquisa e desenvolvimento (P+D), 54% são para fins militares. Assim, passou-se de 48.465 milhões de pesetas em 1995 para 248.469 milhões em pesetas em 1999.

No citado Repertório (Unesco, 1981), não figura nenhum centro ou instituição dedicada à Pesquisa para a Paz na Espanha, dado que a Pesquisa para a Paz nesse país se produz com pouca intensidade a partir dos anos 80. Contudo, é preciso mencionar a constituição em Barcelona, em 1972, do Institut Víctor Seix de Polemología, por iniciativa de Frederic Roda, de "atividade mais escassa" (Fisas, 1985a, p. 7), já desaparecido e que centrou seu trabalho na organização da Universitat Internacional de la Pau de Sant Cugat (Barcelona). A segunda exceção é a criação do Centre d'Analisi de Conflictes (CAC), por iniciativa do também catalão Vicenç Fisas, em 1974, fechado por falta de ajuda dois anos depois. Tais iniciativas, no entanto, não deixam de ser muito frágeis e de alcance limitado.

Somente nos anos 80 é que a Pesquisa para a Paz, junto com o Movimento pela Paz e a EP, alçará vôo. Sem dúvida, a criação do grupo de Información sobre el Desarme y la Paz da Asociación Pro Derechos Humanos (APDH) de Madri; a criação em 1984 da Secció d'Estudis sobre Pau i Conflictes do Centro Internacional de Documentación de Barcelona (CIDOB), também impulsionado por V. Fisas; e o Centro de Investigación para la Paz (CIP) de Madri em novembro do mesmo ano, patrocinado pela Fundación Hogar del Empleado (FUHEM) e impulsionado por Mariano Aguirre, terão um papel mais relevante na difusão e edição de materiais de pesquisa para a paz na Espanha. Os três terão seus meios de expressão. O primeiro pela revista da Associação, *Derechos Humanos*, grupo e revista que desapareceram há alguns anos; e o segundo com a publicação bimestral do "pacote de dados" sobre Pau/Paz, infelizmente também desaparecido há muitos anos; e o terceiro com a publicação mensal do boletim *Papeles para la Paz*, posteriormente transformada em revista trimestral, e que há alguns anos mudou de nome e formato, passando a chamarse *Papeles de Cuestiones Internacionales*.

Também devemos incluir alguns grupos relacionados com o Movimento para a Paz e, em menor medida, os que se preocupam fundamentalmente com a EP. Em 1995, havia no total "uns 20 pontos com documentação e informação sobre paz" (Fisas, 1985b, p. 16), concentrados na metade norte da Espanha, principalmente em Madri e Barcelona. De todos eles, na Galícia a única sigla que aparece no estudo anterior é o grupo Educadores/as pela Paz do Movimento de Renovación Padagógica (MRP) Nova Escola Galega, fundado

84 XESÚS A. JARES

em 1983, coordenado desde então pelo autor deste livro, e que atualmente é o grupo decano de EP de todo o Estado.

As iniciativas mencionadas incorporaram-se outras, como o "Seminario de Investigación para la Paz" do centro de Pignatelli de Zaragoza, coordenado por Jesús Mª Alemany e que acaba de celebrar seu 15º ano de funcionamento, e algumas iniciativas na universidade relacionadas com as áreas de Sociologia e Relações Internacionais. Mais recentemente surgiram outras, como o primeiro e, no momento, o único instituto em uma universidade espanhola, o "Instituto universitario de Paz y Conflictos", da Universidade de Granada, coordenado por Francisco Muñoz; o "Grupo de Investigación de Filosofía para la Paz", da Universidade Jaume I e o "Centro Internacional Bancaixa para la Paz y el Desarrollo", ambos na cidade de Castellón, e com a coordenação de Vicent Martínez Guzmán, e o mais novo de todos eles, o Instituto de Estudios Transnacionales (INET), constituído em setembro de 1994 na cidade de Córdoba.

Fato importante e significativo é a criação da Asociación Española de Investigación para la Paz (AIPAZ), constituída na cidade de Granada em 1997 com o propósito de coordenar, promover, difundir e potencializar os estudos sobre a paz na Espanha. Fiel à linha da Pesquisa pela Paz, a AIPAZ declara-se comprometida com os valores e práticas sociais tendentes à construção de uma cultura e sociedade de paz, e também com "o estudo da concepção positiva de paz". Os grupos e centros fundadores da Associação são: CIP (Madri); Divisão espanhola do clube de Roma (Madri); Cátedra Unesco sobre Paz y Derechos humanos (Universidade de Barcelona); INET (Córdoba); Educadores/as pela Paz-Nova Escola Galega (Galícia); European Peace University-Universitat Jaume I (Castellón); Gernika Gogoratuz (Gernika); Grupo de Educadores para la Paz del Concejo Educativo de Castilla y León (Valladolid); Instituto de la Paz y los Conflictos (Universidade de Granada); Sección española de la Asociación Mundial Escoela Instrumento de Paz (Almería); Seminario de Investigación para la Paz-Centro Pignatelli (Zaragoza); Universidade de Alicante. Para mais informações, ver os endereços no capítulo seguinte.

A EDUCAÇÃO PARA A PAZ A PARTIR DA PESQUISA PARA A PAZ (PP)

Sem dúvida nenhuma, o nascimento da Pesquisa para a Paz não apenas representará um novo impulso no desenvolvimento da EP, como recolocará parte de seus postulados devido à nova configuração epistemológica do conceito de paz e as conseqüências pedagógicas que ele terá. Em seu devir histórico, a primeira constatação que podemos fazer é que a EP, dentro da cosmologia da PP, começa a desenvolver-se alguns anos depois do início das atividades desta última, exatamente a partir dos anos 70, do século XX, (Cobalti, 1985, p. 3). Seu desenvolvimento está estreitamente ligado ao da PP e, mais particularmente, ao International Peace Research Association (IPRA), dentro da qual

EDUCAÇÃO PARA A PAZ **85**

constitui-se em 1975 uma comissão denominada Peace Education Commission (PEC), organismo reconhecido pela Unesco e que vai coordenar e estimular as atividades de EP do IPRA.

As propostas educativas que emanam da PP levam a marca inequívoca de alguns pedagogos dos movimentos sociopedagógicos, como é o caso de John Dewey. Contudo, é o pedagogo brasileiro Paulo Freire que exerce maior influência, a ponto de seu conceito de conscientização e sua obra *Pedagogia do oprimido* aparecerem em numerosos escritos associados à importância daquela como forma de superar as causas da violência estrutural (Díaz, 1979). É por isso, e também pelas relações especiais, que, a partir da PP estabelecem-se entre paz e desenvolvimento, que a EP, considerando a PP vai ressaltar e incorporar um novo componente: a educação para o desenvolvimento, identificando na prática os dois conceitos.

As características do conceito de EP que se difunde a partir da PP fazem parte da concepção atual da EP, sendo, por outro lado, assumidas pelo autor destas páginas. Por isso, remeto o/a leitor/a ao exposto no Capítulo 8 sobre esse particular. Talvez assinalar a desconfiança que existe, em geral, em relação à instituição escolar como instrumento favorecedor de uma autêntica EP. De fato, as violências estruturais que se encontram no sistema educativo fazem com que muitos autores dessa onda, particularmente no caso alemão, questionem se realmente é possível educar para a paz no interior de estruturas que são em si mesmas violentas.

Metodologicamente, enfatizam-se ainda os métodos ativos, dialógicos e socioafetivos que permitem que os alunos experimentem os problemas da sociedade próxima e mundial, a fim de desenvolver comportamentos pró-sociais. Vejam-se os exemplos que apresentamos na terceira parte deste livro.

6

Educar para a Paz Depois do 11/9/2001

Tempos depois dos execráveis atentados terroristas de Nova York e Washington, o histórico 11/9/2001, comprovamos como diversas revistas e jornais dedicaram monografias ou números especiais à análise das conseqüências desses atentados de diferentes perspectivas. Já apareceu também algum livro, como o de Noam Chomsky (2001a). Contudo, nem nas primeiras nem nos segundos vimos qualquer espaço, artigo ou capítulo de livro dedicado a analisar a incidência desses fatos no campo educativo. As escassas referências que se produziram foram de tipo jornalístico no sentido de interrogar e interrogarmo-nos sobre a capacidade de compreensão dos atentados pelas crianças e as possíveis conseqüências psicológicas que poderiam gerar na população infantil. Sem dúvida, ambas as demandas foram formuladas pela incidência especial na mídia que tiveram os atentados. Por ser importantes, outros processos assinalam a necessidade de pensar e encarar, do ponto de vista educativo, o novo cenário internacional posterior ao 11/9/2001.

Ao longo desse tempo transcorrido desde o ocorrido, o que mais nos tem surpreendido são os comentários e as perguntas de algumas pessoas que deixam transparecer uma posição como se a educação para a paz não fosse necessária antes dos atentados, como se o terrorismo tivesse sido inventado nesse dia, como se não houvesse outras formas de violência mais atrozes, como se não houvesse milhões de pessoas que são confrontadas com diferentes formas de terrorismo, etc. Como vimos na primeira parte deste livro, educar para a paz não é nem uma novidade histórica nem uma necessidade associada a determinado momento histórico. As razões para implementar esse tipo de programa são igualmente justificadas antes e depois de 11/9/2001. A violação dos direitos humanos, a injustiça social, o trabalho precário, a pobreza – e o chamado genocídio silencioso – não são conseqüência do 11/9/2001. Mas, sem dúvida, a gravidade dos acontecimentos que comentamos e os que se

88 XESÚS A. JARES

seguiram no Afeganistão e na política norte-americana nos obriga até com mais motivo a intensificar e divulgar os princípios, os valores e as estratégias da Educação para a Paz, assim como a reordenar em termos educativos os "novos conteúdos" que esses acontecimentos provocaram.

AS CONSEQÜÊNCIAS DO 11/9/2001

Em primeiro lugar, os atentados de 11/9/2001 significaram, entre outras coisas, a violação de dois princípios fundamentais que estão muito ligados ao tipo de educação e cultura no qual somos socializados: o desprezo pela vida humana e, mais concretamente, o artigo 3 da Declaração Universal dos Direitos Humanos e, por outro lado, a fratura da necessária unidade que deve existir entre os fins e os meios de toda ação política, social ou educativa. A violação desses dois princípios não é nenhuma novidade para muitos países, entre eles a Espanha, que padecem do fenômeno terrorista, nem tampouco para os Estados Unidos, que o praticaram e estimularam – o terrorismo de Estado – em diversos países e períodos históricos. A novidade realmente reside no elevado número de pessoas que morreu no atentado, mas, sobretudo, no fato de produzir-se no próprio coração financeiro, político e militar dos Estados Unidos. Como afirmaram vários analistas, é a primeira vez, desde a guerra de 1812, que o território norte-americano é atacado e mesmo ameaçado.

No caso de 11/9/2001, a violação dos dois princípios assinalados é feita inicialmente pelos terroristas, mas depois também pelos Estados Unidos, com o bombardeio em massa do Afeganistão, país no qual várias vozes autorizadas já confirmaram que morreram muito mais pessoas nessa guerra não-declarada que no ataque às torres gêmeas e ao Pentágono. Além disso, não podemos esquecer o terrível drama humano dos refugiados e as penúrias da população. Milhões de pessoas encurraladas em seu país.[1]

Em face dos que crêem e defendem que todos os meios são válidos contra o terrorismo, é preciso lembrar que essa é justamente a lógica terrorista. Como sabemos muito bem na Espanha, em nossa história recente, o uso de métodos ilegais e não-democráticos na luta antiterrorista mais cedo ou mais tarde volta-se contra os fins buscados. Na luta antiterrorista, deve-se respeitar a vida dos seres inocentes e o direito, seja nacional ou internacional. Mais uma vez, é preciso lembrar que a guerra não é a continuação da política por outros meios, como afirmava Klaus von Clausewizt (1984), mas é o fracasso da política e da humanidade.

Mas, além da morte e da destruição, que conseqüências trouxeram os atentados? Em nossa opinião, surgiram quatro tipos de processo social estreitamente relacionados entre si, que, no entanto, não têm nada de novos, como sustentaram diversos analistas. Trata-se de processos apenas aparentemente novos, pois na realidade eles já estavam presentes antes de 11/9/2001. A única coisa realmente nova é, como dissemos, o fato de que os atentados

EDUCAÇÃO PARA A PAZ **89**

terroristas ocorreram pela primeira vez em território norte-americano e, em segundo lugar, o medo desencadeado na população, associado ao sentimento de vulnerabilidade. Os atentados, entretanto, acentuaram sem dúvida quatro processos que explicitamos a seguir.

a) Em primeiro lugar, *a recuperação da ideologia dual da Guerra Fria*, os bons diante do império do Mal, antes o malvado comunismo, agora o islã, o terrorismo muçulmano e até mesmo, como assinala Samir Naïr, o muçulmano (1995, p. 37). Um exemplo ilustrativo dessa ideologia é o discurso do presidente Bush em 29/1/2002, no qual situou o Iraque, o Irã e a Coréia do Norte como "países do eixo do mal", acusando-os de promover o terrorismo e de desenvolver armas de destruição em massa. E quem diz isso é o presidente do país que mais possui e desenvolve armas de destruição em massa, e o único país que as empregou contra população civil![2]

Tal simplificação e dualização da sociedade, "quem não está comigo está contra mim", é um esquema conhecido e sofrido em várias partes do mundo, até mesmo na Espanha em relação ao País Basco. É o fiel reflexo do processo de polarização que, suficientemente estudado, revelou-se como um dos piores cenários a que se pode chegar para resolver um conflito. Entre outras coisas, porque a polarização traz consigo a demonização do outro, nós, os bons diante dos outros, os maus. Esquema simples que serve para justificar a existência do inimigo, e com isso as enormes cifras do complexo militar industrial.

b) *O medo da população e sua instrumentalização para favorecer a militarização da sociedade e a aprovação de novos investimentos militares*. O medo é um processo que debilita as possibilidades cidadãs, individuais e coletivas, e costuma levar à busca de um salvador que elimine, ou pelo menos mitigue, as causas que o provocam. O medo, além disso, impede a racionalidade, a convivência e a solidariedade, negando a essência mesma do sentido educativo. Os dias e meses posteriores aos atentados foram utilizados pela maioria dos dirigentes e ideólogos da política norte-americana para valer-se desse medo em benefício das políticas armamentistas e belicosas, disfarçado em um patriotismo asfixiante da racionalidade e da compreensão. Como assinalou Cornelius Castoriadis, quando as pessoas aceitam sua impotência, deixam de ser autônomas e, com isso, perdem a capacidade de autodirigir-se. As pessoas e sociedades tornam-se então heterônomas, isto é, dirigidas por outros, que são os que traçam o rumo, aceitando placidamente o destino marcado e abandonando toda a esperança de determinar o itinerário de nossa própria nave. Assim, entramos na "época da conformidade universalizada" (Castoriadis, 1999).

De fato, depois de 11/9/2001 acentuou-se *a sacralização de tudo o que é militar e da militarização de determinados âmbitos da sociedade*. Além da tentativa de instaurar o uso de tribunas militares para julgar os possíveis delitos de terrorismo cometidos por estrangeiros, não podemos esquecer a nomeação de militares para ocupar cargos-chave da segurança do Estado até agora desempenhados por civis e a própria doutrinação generalizada ao conjunto da população dos rituais militares associados ao patriotismo norte-americano.

Conseqüência dessa situação é o *forte aumento dos gastos militares*. O investimento econômico previsto destina ao Pentágono 379 milhões de dólares (cerca de 440 milhões de euros), o que significa um aumento de 48 milhões de dólares (55 milhões de euros). O investimento previsto significa nada menos que 40% do total do gasto militar mundial, cifra 10 vezes superior ao que gastam a Rússia e a China juntas. A política da administração Bush atende aos ditames do complexo militar-industrial, tal como já se anunciava antes dos atentados.[3] Outro aspecto da militarização crescente é que as vozes críticas que havia na política norte-americana com a revitalização da guerra das estrelas e, mais concretamente, com o escudo antimísseis, desapareceram. Assim, a militarização do espaço será relançada, levando o conjunto da humanidade a uma situação de conseqüências imprevisíveis.

c) Em terceiro lugar, *a perda de determinadas liberdades e, conseqüentemente, a violação de determinados direitos humanos*. Organizações como a *Humam Rights Watch* ou a Anistia Internacional, entre outras, destacaram e contrastaram que uma das vítimas da crise de 11 de setembro são os direitos humanos. De fato, em vários países do mundo, em nome da luta contra o terrorismo, adotaram-se, ou se está em processo de adoção, medidas que rompem as garantias para a proteção dos direitos humanos. Assim, no caso dos Estados Unidos, "as medidas processuais de exceção contra os estrangeiros não-residentes no território norte-americano significam não apenas uma clara discriminação injustificada dos estrangeiros não-residentes, proscrita por todos os Tratados Internacionais de Direitos Humanos, mas também, e em tudo o que se refere às detenções de estrangeiros durante períodos de seis meses e sem o adequado controle judicial, rompem o direito à liberdade, ao mesmo tempo que podem estimular a prática de torturas, tratos desumanos ou degradantes" (Gimeno Sendra, 2002, p. 14).

A dicotomia ou dualidade que se estabelece entre segurança e liberdade não é apenas contraditória como também moralmente inaceitável. Os atentados contra a vida e a liberdade não podem ser combatidos com morte e menos liberdade. Sem direitos humanos não pode haver segurança nem democracia. A defesa da segurança não pode acarretar mais insegurança para todos e menos liberdade.

Assim, por exemplo, constatou-se o aumento do racismo, especialmente em relação às comunidades árabes, em particular, e muçulmana, em geral, e o cerceamento do princípio constitucional da igualdade, pelo menos no que se refere ao princípio da não discriminação por razões de crenças religiosas ou de origem de procedência. Estados Unidos e Grã-Bretanha adotaram medidas legislativas nesse sentido. No caso dos Estados Unidos, com a "USA Patriot Act", de 26 de outubro de 2001, o Poder Executivo pode intervir, sem autorização judicial, nas comunicações telefônicas e informáticas dos estrangeiros ou bloquear suas contas correntes durante 120 dias; também pode decidir sua detenção durante períodos renováveis de seis meses.

EDUCAÇÃO PARA A PAZ **91**

Condições similares são as da lei britânica "Anti-Terrorisme, Crime and Security Bill", de 14/12/2001.

O aumento do racismo em relação aos estrangeiros, e particularmente em relação à população muçulmana, foi provocado, sem dúvida, pelo tipo de medidas jurídicas que comentamos, tal como denunciaram, entre outras organizações, o SOS Racismo e a Anistia Internacional. Aumento que também é facilitado pelo desconhecimento que temos da cultura árabe e muçulmana. Como nos alertou Edward Said, mais do que um choque de culturas trata-se de um choque de ignorâncias (2001a). Também nos alertava sobre a desinformação e os estereótipos que estão sendo difundidos sobre os árabes e o islã. "Na esfera pública, há muito pouco conhecimento positivo sobre os árabes e o islã ao qual recorrer para refutar essas imagens extremamente negativas que pairam por toda a parte: os estereótipos de um povo lascivo, vingativo, violento, irracional e fanático persistem" (Said, 2001c, p. 21). Essa constatação tem evidentes conseqüências educativas, tanto no processo de análise dos materiais curriculares sobre a possível transmissão desses preconceitos e estereótipos como na necessidade de introduzir conteúdos sobre a cultura árabe, tal como propomos posteriormente.

d) *A imposição de uma visão unilateral do mundo e o reforço da hegemonia mundial dos Estados Unidos*. Estratégia que os Estados Unidos levam anos desenvolvendo[4] – recorde-se, por exemplo, a negativa de firmar o Protocolo de Kioto contra o efeito estufa, a intenção de violar o Tratado ABM (míssil antibalístico) e a conseqüente militarização do espaço, a retirada do representante norte-americano da Conferência de Durban (África do Sul) em sinal de protesto, etc. Como manifestou a então embaixadora do presidente Clinton nas Nações Unidas em 1993, senhora Albright, posteriormente secretária de Estado, "os Estados Unidos atuarão multilateralmente quando for possível e unilateralmente quando for necessário". Política ratificada não apenas por diversos dirigentes norte-americanos em vários foros e ocasiões, mas pela via dos fatos, levando consigo o aumento da escalada do desprezo e da desconsideração em relação às Nações Unidas.

Mas, sem dúvida, tal política foi reforçada depois de 11/9/2001. As autoridades norte-americanas não têm o menor receio em proclamar sua visão exclusiva e a livre atuação militar diante do silêncio das Nações Unidas e dos aliados da OTAN.[5] Essa doutrina foi reiterada pelo Secretário de Defesa norte-americano, Donald Rumsfeld, ao anunciar que as possíveis novas campanhas militares de seu país para combater o terrorismo não precisam da autorização prévia das Nações Unidas. Também o vice-presidente dos Estados Unidos, Dick Cheney, reiterou essa posição ao afirmar: "o triunfo da liberdade e o futuro do mundo civilizado agora dependem de nós" (*El País*, 18/3/2002). Por conseguinte, podemos dizer que desde 11/9/2001, os Estados Unidos agudizaram ostensivamente seu papel de gendarme mundial e, conseqüentemente, estão aprofundando seu autoproclamado direito de ingerência sem nenhum tipo de

92 XESÚS A. JARES

restrição e controle. Os Estados Unidos decidem quando, a quem e como realizar suas intervenções, sem prestar contas a ninguém.

OUTROS ATENTADOS ANTES E DEPOIS DE 11/9/2001

Os atentados de 11/9/2001 foram também os mais retransmitidos da história da humanidade. O apoio que tiveram da mídia não tem precedentes. Contudo, e reiterando mais uma vez sua condenação e exigindo justiça para os culpados, a árvore de 11/9/2001 não pode impedir que vejamos a floresta de horror e sofrimento que assola a maioria da humanidade, por mais que tal floresta já não se encontre somente nos Estados Unidos.

Na verdade, não se trata de fazer comparações nem de estabelecer mortes de primeira ou de segunda, pois a morte iguala todos os seres humanos, mas, no mesmo dia em que morriam quase 3 mil pessoas em Nova York por esse atentado selvagem, outras 40 mil pessoas no planeta morriam por causas evitáveis vinculadas à fome, pessoas igualmente dignas e necessárias para a vida como as que encontraram a morte no fatídico 11/9/2001. Por conseguinte, tanto no plano social como no educativo, essa realidade deve gozar de uma prioridade absoluta visto que a pobreza asfixia a existência da humanidade por ser a causa do maior número de mortes e de sofrimento do planeta. A pobreza ou a carência de um nível mínimo de consumo pode parecer algo impróprio de nosso tempo para a maioria dos ocidentais, "mas não são casos isolados ou 'marginais'. É a situação normal e habitual da maioria dos seres humanos que vivem atualmente. O 'marginal' é ter uma casa, água corrente, alimentação, ensino, etc. Um ser humano, tomado ao acaso, que esteja nascendo hoje em algum lugar deste planeta chamado Terra tem 75% de probabilidade de nascer para viver na pobreza" (Lóring, 2001, p. 14).

Não podemos subtrair essa situação do processo de globalização neoliberal que, a partir da década de 80, impõe suas regras econômicas ao conjunto das economias do planeta por meio de três organismos internacionais, o Banco Mundial, a Organização Mundial do Comércio (OMC) e o Fundo Monetário Internacional (FMI). Organismos caracterizados como o "autêntico eixo do mal", nas palavras de Ignacio Ramonet (2002).[6] Processo claramente vinculado aos Estados Unidos, seguidos da União Européia e Japão, os três grandes núcleos do poder capitalista. Na década de 80, 80% dos fluxos de capital circulavam entre esses membros. Em 1997, a metade das ações do planeta encontrava-se nas mãos de 1% de sua população, e 90% delas recaíam sobre os 10% mais ricos dos habitantes dos mundo (Taibo, 2002a, p. 69).

A globalização neoliberal está assentada na premissa da desregulamentação do Estado em favor da iniciativa privada, radicalizando seu discurso até converter o mercado na única garantia das regras sociais. Dessa forma, o Estado perde seu monopólio do poder e passa a ser um elemento a mais que concorre com outros poderes, exceto no terreno militar no qual conserva esse monopólio, embora muito ligado ao complexo militar-industrial. É o que foi chamado de "demissão do Estado" (Bourdieu, 1999), de "declínio da autoridade dos Estados" ou "retirada do Estado" (Strange). Nas palavras de Susan Strange (2001, p. 35), "a autoridade dos governos de todos os estados, grandes e pequenos, fortes e fracos, enfraqueceu-se como conseqüência da mudança tecnológica e financeira, assim como da integração acelerada das economias nacionais em uma única economia de mercado global. Sua incapacidade para dirigir a economia nacional, para manter o emprego e o crescimento econômico, para evitar desajustes na balança de pagamentos com outros Estados, para controlar o tipo de lucro e o tipo de câmbio, etc., não é uma questão de incompetência técnica nem de baixeza moral nem de torpeza política. Em nenhum caso é culpa direta deles nem de outros. Não se deve culpar dessa incapacidade nem outros países nem outros governos. São pura e simplesmente vítimas da economia de mercado".

Com o predomínio do mercado sobre qualquer outra consideração, produz-se uma mutação muito importante: querem-nos converter em meros consumidores, mais do que em cidadãos. Como assinala Bauman (2000, p. 48), com essa "segunda modernidade", modernidade de consumidores, "a primeira e imperiosa obrigação é ser consumidor; depois, pensar em converter-se em qualquer outra coisa". Dessa ótica, o Estado de bem-estar é visto como um empecilho, e o direito ao trabalho também é atacado. "A estética do consumo impera hoje onde antes imperava a ética do trabalho... O trabalho perdeu seu lugar privilegiado, sua condição de eixo em torno do qual giravam todos os esforços por constituir-se a si mesmo e construir-se uma identidade" (Bauman, 2000, p. 56-57). De tal forma que o modelo do homem vencedor que se faz graças a seu trabalho é substituído pelo culto à riqueza em si mesma. Nesse sentido, Bauman conclui: "O 'crescimento econômico' e o aumento do emprego estão, portanto, em oposição" (2000, p. 102).

O processo socioeconômico e ideológico é envolvido por um potente discurso ideológico divulgado através de uma máquina midiática avassaladora que nos apresenta o capitalismo neoliberal não apenas como o sistema mais desenvolvido, o sistema que triunfou, mas também como o único possível. Assim, aparecem os discursos sobre o fim da história ou a morte das ideologias. Dessa forma, o modelo neoliberal é difundido como a evolução "natural" da humanidade. Nas palavras de Pierre Bourdieu (2001, p. 31), o neoliberalismo "baseia-se em postulados (que se apresentam como proposições fundadas na teoria e comprovadas na realidade). Primeiro postulado: a economia seria um território à parte, gerido por leis naturais e universais que os governos não devem contrariar; segundo postulado: o mercado seria a melhor maneira de organizar a produção e os intercâmbios de maneira eficaz e justa nas sociedades democráticas; terceiro postulado: a "globalização" exigiria a redução dos gastos estatais, sobretudo no terreno dos direitos sociais em matéria de emprego e de segurança social, considerados ao mesmo tempo onerosos e disfuncionais".

94 XESÚS A. JARES

Como conseqüência dessas colocações e dessas práticas, a situação dos direitos humanos ficou muito mais precária, principalmente no que se refere aos direitos econômico-sociais, mas também, como vimos, aos direitos políticos após os atentados. Todos os estudos confirmam que, a partir de 1980, piorou a distribuição mundial de renda, cunhando-se o termo "sociedade 20/80" (Martín e Schumann, 1998), em que se verifica que 20% da população são os privilegiados, enquanto os 80% restantes são lançados à pobreza e falta de perspectiva. Essa tendência em franco retrocesso das condições econômicas e sociais da maioria da humanidade levou François Houtart (2001, p. 89) a afirmar que a globalização, também denominada mundialização no âmbito da língua francesa, é o tipo de sociedade "mais desigual de toda a história da humanidade". Os fatos que comprovam a situação que descrevemos são os seguintes:

O aumento vertiginoso da dívida externa

A dívida externa, longe de diminuir, aumentou vertiginosamente, multiplicando-se por 16 no período entre 1970 e 1997. De tal forma que, em 1997, os países do Sul tiveram de pagar 200 milhões de dólares, enquanto o total da ajuda destinada ao desenvolvimento chegava a apenas 45 milhões de dólares.

Na América Latina, que é a região em que se atinge o maior grau de desigualdade do mundo na distribuição de renda, a dívida externa, em 1970, era de 60 milhões de dólares; em 1980, chega a 200 milhões; em 1990, era de 433 milhões de dólares; e em 1999, atingia 700 milhões de dólares. "Entre 1982 e 1996, o subcontinente foi obrigado a transferir aos estados ricos do Norte do planeta nada menos que 740 milhões de dólares" (Chomsky, 2000. apud Taibo, 2002a, p. 98).

No Brasil, a dívida era de 115 milhões de dólares em 1989, passando a 212 milhões em 1999. Entre 1989 e 1997, pagou 216 milhões de dólares de serviço da dívida. Na Argentina, a dívida externa era de 8 milhões de dólares em 1976, subindo para 45 milhões em 1983, e alcançando a cifra de 115 milhões em 1999 (Houtart, 2001, p. 136).

A dívida externa africana era de 30,6% do Produto Nacional Bruto africano em 1980, chegando a nada menos que 78,7% em 1994. Porcentagem que sobe sensivelmente se nos fixarmos nos países particularmente imersos no poço da miséria: em 1990, a dívida externa representava 384,5% do PNB de Moçambique; 282% da Tanzânia; 276% da Somália; 261% de Zâmbia; 226% da Mauritânia, 203% do Congo, ...

O Produto Nacional Bruto *per capita* africano reduziu-se consideravelmente nas duas últimas décadas do século XX.

O aumento da pobreza

Ligado ao ponto anterior, a pobreza cresceu de forma sensível em números absolutos, crescendo a fratura entre os países desenvolvidos e os do chamado Terceiro Mundo:

- Em 1999, os 20% mais ricos da humanidade realizavam 86% do consumo mundial, enquanto aos 20% mais pobres correspondia 1,3% do consumo.
- O patrimônio das três maiores fortunas do planeta era equivalente, em 1999, ao Produto Interno Bruto total dos 48 Estados mais pobres, enquanto a fortuna das 200 pessoas mais ricas do mundo alcançava um montante equivalente ao de 41% da população do planeta.
- "As diferenças em termos de renda entre os 20% mais bem-situados da população mundial e os 20% em pior posição cresceram consideravelmente: em 1960 era de 30 por 1; em 1990, de 60 por 1; e em 1997 de 74 por 1. Ao mesmo tempo, as 200 pessoas mais ricas viram suas fortunas duplicarem entre 1995 e 1998" (Passet, 2001, p. 160-161).
- Em 1998, 1,2 milhões de pessoas viviam na pobreza extrema, com menos de um dólar diário, e quase 3 milhões eram obrigados a sobreviver com menos de 2 dólares diários. Na década de 90, 70% dos pobres do planeta eram mulheres.
- Também não deixa de ser paradoxal o fato de ser produzida no Terceiro Mundo boa parte dos alimentos, enquanto a maioria é consumida nos países do Norte.
- Devemos ressaltar que a concentração de capital nas grandes multinacionais não se reparte entre o conjunto da população. Assim, "a primeira potência econômica mundial é também a primeira, entre os países industrializados, no que se refere à taxa de pobreza de sua população" (Forrester, 2001, p. 60).
- Segundo o Informe de 1997 do Programa das Nações Unidas para o Desenvolvimento (PNUD), dos 4,5 milhões de habitantes dos países em via de desenvolvimento, três em cada cinco são privados de acesso a infra-estruturas básicas: um terço não tem acesso à água potável, um quarto não dispõe de uma habitação digna e um quinto carece de serviços médicos e sanitários. Uma em cada cinco crianças passa menos de cinco anos por alguma forma de escolarização e em proporção similar são permanentemente subnutridos, em 60 ou 80 dos cerca de 100 países em desenvolvimento, a renda média per capita da população é mais baixa hoje que há 10 e mesmo há 30 anos.

96 XESÚS A. JARES

- Aumentou a exploração do trabalho infantil: 250 milhões de meninos/as, cerca de 15 a 20% do total entre 5 e 14 anos, trabalham, e, destes, 120 milhões, em tempo integral. Por continentes, estima-se que trabalham 41% dos meninos/as da África, 21% da Ásia, 17% da América Latina e 10% da Oceania.
- É preciso ressaltar também o aumento da pobreza e os processos de exclusão nos países ricos. Em 1999, viviam na pobreza 19,9% dos meninos/as norte-americanos. Um total de 46 milhões de norte-americanos vivem na pobreza e 50 milhões na União Européia.
- Segundo o último Informe do PNUD (2001), em 2000 havia 854 milhões de adultos analfabetos, dos quais 543 eram mulheres. Havia também 335 milhões de crianças sem escolarização, dos quais 183 milhões eram meninas.

O paulatino retrocesso da ajuda ao desenvolvimento

Os dados anteriores expressam de forma contundente como o neoliberalismo está agravando a polarização entre os países e dentro de cada país em relação à pobreza e às possibilidades e probabilidades de vida, ao mesmo tempo em que se está produzindo um *paulatino retrocesso da ajuda ao desenvolvimento*. "No período de 1992 a 1998, os 20 países que fazem parte do Comitê de Ajuda ao Desenvolvimento da OCDE rebaixaram seus níveis de ajuda real em 20%, ao mesmo tempo que reduziam, e sensivelmente, os níveis de ajuda pública, que diminuíram de 50 para 15% do total. Assim, apenas Dinamarca, Holanda, Noruega e Suécia pareciam superar 0,7% de seu Produto Interno Bruto em ajuda ao desenvolvimento, em um cenário em que os países mais ricos, que destinavam 15% desse valor à proteção social de seus cidadãos, em contrapartida atribuíam 0,3% à ajuda aos 1,3 milhão de pobres do planeta" (Passett, 2001, p. 277). Aos países mencionados devemos acrescentar Luxemburgo.

Nos dias em que estamos concluindo este capítulo, realizou-se na cidade mexicana de Monterrey a Conferência Intergovernamental sobre Financiamento do Desenvolvimento convocada pelas Nações Unidas em cumprimento ao acordo da Cúpula do Milênio realizada em setembro de 2000. Essa cúpula de Monterrey, contudo, foi uma nova e cínica encenação, na qual não apenas não se alcançaram os objetivos estipulados pelas Nações Unidas e pelo próprio Banco Mundial, como também a administração norte-americana impôs como critérios aos países destinatários as seguintes condições: livre-comércio, ter um governo justo (isto é, amigo dos Estados Unidos), impulsionar as privatizações, investir adequadamente em saúde e educação – a única coisa realmente interessante – e, a pérola das condições, fomentar os valores do capitalismo. Mas, além disso, os programas de ajuda serão postos em prática não pelos Estados, e sim pelas sociedades e organizações com as quais os doadores firmarem acordos. Isso significa menos ajuda, mais controle ideológico e mais interesse em tirar partido das doações, o desenvolvimento como negócio, nas palavras de José Vidal-Beneyto (2002, p. 4). Como expressou esse autor, "Monterrey foi uma nova operação de relações públicas dos grandes e menos grandes deste mundo – 63 chefes de Estado e de governo –, que tentaram encobrir com uma retórica humanitária já muito adulterada, feita de declarações impudicas de solidariedade e de promessas de ajuda amplamente descumpridas, seus verdadeiros objetivos".

Na mesma direção caminha José Antonio Alonso (2002, p. 14), quando afirma que "o documento conhecido como Consenso de Monterrey confirmará que a comunidade internacional é mais propensa à formulação de declarações do que à adoção de compromissos. Para transformar a realidade, há algo mais que boas intenções. Assim entendeu o Banco Mundial, que avaliou entre 40 e 60 milhões de dólares anuais os recursos adicionais de ajuda necessários para tornar viáveis os objetivos da Declaração do Milênio. Isso significaria dobrar a quantia da ajuda ao desenvolvimento, até chegar a uma média em torno de 0,5% do PIB para os países doadores. Não há nada no documento de Monterrey que garanta esse objetivo. A União Européia, porém, considera-se satisfeita em alcançar uma ajuda equivalente a 0,39% do PIB, em média, no ano de 2006. Ainda que se deva saudar tal iniciativa, vale recordar que os países comunitários, no início dos anos 90, mantinham um coeficiente de AOD sobre o PIB de 0,44%, muito acima do que agora se apresenta como expressão de generosidade".

Em uma linha crítica semelhante, expressaram-se as 700 ONGs reunidas no foro paralelo a essa conferência, que consideram que o documento aprovado na Cúpula "não serve para nada" e não contribuirá para alcançar as metas fixadas pela ONU em sua Declaração do Milênio, para reduzir a pobreza no mundo à metade antes de 2015, e atingir objetivos similares à educação e à saúde entre a população mais pobre. O documento final examinado pelos 150 delegados e 63 chefes de Estado ou de governos participantes da Conferência, conhecido como "Consenso de Monterrey", é confuso, "reflete o interesse dos governos e não o dos povos" e não estabelece nenhum compromisso concreto para os países ricos, ao mesmo tempo em que se exige dos pobres responsabilidades, políticas macroeconômicas saneadas e instituições estáveis para poder receber ajuda. Para Intermón-Oxfam, o encontro de Monterrey foi "uma oportunidade perdida". As ONGs européias acreditam que já é hora de criar uma aliança contra a pobreza, embora achem que falta vontade política para isso. Prova disso é que se levou um mês para criar a chamada "aliança contra o terrorismo".

Deve-se ressaltar que este documento final, Consenso de Monterrey, tinha sido previamente aprovado por um comitê Preparatório no dia 25 de janeiro, em Washington, e que, com pequenas variações, foi oficialmente aprovado. Igualmente, o "baile de cifras" e as expectativas criadas com a ajuda norte-americana não passaram de um modesto incremento: em face do PIB

98 XESÚS A. JARES

dos Estados Unidos de cerca de 9,9 bilhões de dólares, os 15 milhões de ajuda incrementada representam 0,15%, isto é, um avanço de 0,05% a mais em relação ao ano 2000, e sensivelmente menor ao da União Européia (0,39% em média). Em suma, e como foi dito, outra oportunidade perdida para abordar os autênticos problemas produzidos pela pobreza: eliminação da dívida, ainda que seja de forma progressiva; controle dos fluxos de capital; substituição do sistema de créditos por ajudas a fundo perdido; aplicação da Taxa Tobin; reforma das organizações econômicas internacionais; etc. (abordamos algumas destas alternativas em "Sensibilizar sobre a necessidade do estabelecimento da justiça internacional", p. 111, neste capítulo).

A precarização do trabalho

O livre-mercado e com ele a flexibilidade ou o "mercado de trabalho flexível" exigido pela globalização neoliberal traz como conseqüência a precariedade das condições de trabalho e do próprio trabalho. É o que Ulrich Beck (2000, p. 9) chama de "brasileirização do Ocidente": "Estamos assistindo à irrupção do precário, descontínuo, impreciso e informal nessa trincheira que é a sociedade do pleno emprego no Ocidente. Em outras palavras: a multiplicidade, a complexidade e a insegurança no trabalho, assim como o modo de vida do Sul em geral, estão se estendendo aos centros nevrálgicos do mundo ocidental".

Como assinalou Pierre Bourdieu, "a precariedade está em toda a parte". Os altos e poderosos de nossa época "elevaram à categoria de mérito supremo os atributos da mobilidade e da flexibilidade" (Bauman, 2001, p. 23). Dessa forma, os novos empresários não querem ver-se atados a nenhum tipo de contrato a longo prazo nem de ter nenhum tipo de vigilância e controle. Assim, calcula-se que um jovem americano com um nível educativo médio mudará de emprego pelo menos 11 vezes em sua vida laboral. Como escreveu Daniel Cohen (1997, p. 84), "quem começa sua carreira na Microsoft não tem nem idéia onde terminará. Começá-la na Ford ou na Renault significava, ao contrário, a quase segurança de encerrá-la no mesmo lugar" (1997, p. 84).

A flexibilidade é a aposta neoliberal, o que leva a que, voltando mais uma vez a Bauman (2001, p. 35), "a vida trabalhista esteja carregada de incerteza". E, como sustenta, "a incerteza do presente é uma poderosa força individualizante. Divide em vez de unir" (ibidem). É o que este autor chama de "economia política da incerteza". "A economia política da incerteza restringe-se, no essencial, à proibição de normas e regulações politicamente estabelecidas e garantidas e ao desarmamento das instituições e associações de defesa que se interpunham no caminho do capital e das finanças, impedindo-os de ser verdadeiramente *sans frontières* (sem fronteiras). A conseqüência geral de ambas as medidas é um estado de incerteza permanente e onipresente

EDUCAÇÃO PARA A PAZ **99**

em substituição do império da lei coercitiva e das fórmulas legitimadoras como razões para a obediência (ou melhor, como garantia da falta de resistência) pelos novos poderes, agora superestatais e mundiais" (Bauman, 2001, p. 138).

Como assinala esse autor, tal como já havia manifestado anteriormente Pierre Bourdieu, a "economia política da incerteza" inibe as perspectivas de mudança. De fato, a flexibilidade e a conseqüente precariedade trazem consigo a formação de pessoas dóceis, submissas. A precariedade é a "nova justificativa da submissão" (Bauman, 2001, p. 22). Noam Chomsky (2002b, p. 42) constata este mesmo fenômeno quando analisa as conseqüências da globalização neoliberal: "Os trabalhadores sentem-se intimidados para pedir aumentos salariais: essa é uma das coisas fantásticas da 'globalização'. E quando os trabalhadores têm medo – quando vão dormir sem saber se terão trabalho no dia seguinte –, isso melhora muito a saúde da economia". Mais ainda, Pierre Bourdieu estabelece uma relação entre a decadência do compromisso político e social e a falta de segurança no futuro pela incerteza do mundo do trabalho. A situação de precariedade anula a esperança no futuro e a capacidade de rebelar-se mesmo diante de situações insuportáveis. Em suas palavras, "ao tornar incerto todo o porvir, a precariedade impede qualquer previsão racional e, em particular, esse mínimo de crença e de esperança no porvir que é preciso ter para rebelar-se, sobretudo coletivamente, contra o presente, até mesmo contra o mais intolerável" (1999, p. 96-97). Por isso, conclui que "a capacidade de fazer previsões para o futuro é a condição de toda conduta considerada racional... Para conceber um projeto revolucionário, isto é, para ter uma intenção bem refletida de transformar o presente em um futuro previsto, requer-se um mínimo de domínio sobre o presente" (Bourdieu, 1999, p. 97).

A perda de esperança nas possibilidades de transformação social é um dos fatores mais negativos que a ideologia neoliberal está gerando, e que constatamos nas salas de aula com nossos alunos universitários em inúmeras ocasiões. No caso do mundo ocidental, não ter esperança costuma levar a opções de melhorar a vida em termos individuais e consumistas, com propostas "de maneira alguma" importantes; "as pessoas se convenceram de que o que importa é a melhoria psíquica de si mesmas; entrar em contato com seus sentimentos, comer alimentos sadios, ter aulas de balé ou de dança do ventre, submergir na sabedoria do Oriente, correr, aprender a relacionar-se, superar o medo do prazer. Inócuas em si mesmas, estas ocupações, elevadas a programas e envoltas na retórica da autenticidade e da consciência significam um abandono da política ..." (Lasch, 1999, p. 29-30).

Essa situação acaba por afetar o próprio conceito de direitos humanos em sua vertente de direitos econômicos e sociais, e com isso o próprio conceito de "Estado de bem-estar". Ideólogos e políticos de natureza diversa encarregam-se ciclicamente de sair à cena para cumprir sua empreitada.[7] Chomsky (2002b, p. 29) nos lembra que "os Estados Unidos rechaçam abertamente, como se não tivesse nenhum *status*, a categoria dos direitos socioeconômi-

100 XESÚS A. JARES

cos". Como afirmou María José Añón (2000, p. 150), "as críticas aos objetivos clássicos do Estado de bem-estar que, no terreno econômico, seriam as críticas ao pleno emprego, serviços sociais universais, responsabilidade estatal na manutenção de um nível mínimo de vida, correspondem ou produzem-se paralelamente às críticas aos direitos sociais no âmbito jurídico-político, tanto ao seu questionamento como direitos autênticos, como aos obstáculos a seu exercício e aos valores e princípios que os fundamentam: princípio de satisfação de necessidades básicas, liberdade, igualdade e solidariedade".

A idéia de dignidade humana, contudo, que está no centro do conceito de direitos humanos (Jares, 1999), não se refere apenas ao respeito aos direitos civis e políticos, mas estes têm de ser concedidos no cumprimento aos direitos econômicos, sociais e culturais. Por isso, não podemos separar a noção de dignidade da noção de cidadania, na medida em que esta "não pode ser independente da dimensão social e econômica, e não apenas porque as desigualdades produzem instabilidade, mas porque as situações de insatisfação de necessidades básicas interferem claramente na capacidade de deliberação" (Añón, 2000, p. 165).

O progressivo aumento da exclusão social

Ser uma pessoa socialmente incluída ou excluída dependerá fundamentalmente da situação laboral. Portanto, se, como vimos, uma das principais características que definem a globalização neoliberal é a precariedade laboral, não há dúvida de que essa situação, aliada à dos que se encontram em situação de desemprego, produzirá bolsões de vulnerabilidade, marginalização e exclusão social. De fato, Joaquín García Roca (1996, p. 92) fala de três cenários possíveis em função de nossa relação trabalhista e de significados e práticas sociais que isso implica: "Nos últimos anos, o espaço social configurou-se em torno de três dinâmicas, conforme a relação com o *trabalho*, com os *vínculos* que constituem o mundo da vida e com os *significados* que dão sentido e motivação para viver. Esses dinamismos se cristalizam na *zona da coesão*, na *zona da vulnerabilidade* e na *zona da exclusão*, que se desdobram como um *continuum* que vai do trabalho fixo, dos vínculos estáveis e dos significados plenos (zona de coesão) até o desemprego, a ruptura dos vínculos e o *non sense* das motivações (zona da exclusão), passando pela zona intermediária da *vulnerabilidade*, na qual o trabalho, as relações sociais e os significados vitais se realizam de maneira precária, instável e frágil.

As características que, segundo o autor, definem a zona de coesão são o trabalho estável, o consumo e a proteção social. Mas, na realidade, estas duas últimas são variáveis e muito dependentes da primeira, o trabalho. Ainda assim, considera que "da perspectiva da coesão social, somente uma política capaz de garantir o pleno emprego, de estender o consumo a todas as cama-

EDUCAÇÃO PARA A PAZ **101**

das sociais e de generalizar a proteção está em condições de *promover a coesão* da sociedade. Essa tentativa é conhecida como *Estado de bem-estar*, que é a última *transformação do Estado* (Rosanvallón, 1981).

Como assinalou Hannah Arendt (1993, p. 38), a questão essencial do discurso sobre a pobreza é atualmente a existência de trabalhadores sem trabalho. "Segundo os cálculos de Martín Wolf, diretor do *Financial Times*, o número de pessoas empregadas na indústria reduziu-se, nos países da Comunidade Européia, entre 1970 e 1994, de 30% para 20%, e nos Estados Unidos, de 28% para 16%. No mesmo período, a produtividade industrial cresceu, em média, 2,5% ao ano" (Bauman, 2000, p. 45). No caso da Espanha, segundo García Roa (1996), já se contabilizava 35% de empregos precários – de modo que o contrato de trabalho indefinido está prestes a perder sua hegemonia e o trabalho em tempo parcial adquire maior vigência. A diversidade e a descontinuidade nas formas de emprego estão prestes a suplantar o paradigma do emprego homogêneo e estável. É como se a precarização do emprego estivesse inscrita na dinâmica atual da modernização, como conseqüência quase inevitável das novas tecnologias, da reestruturação industrial e da luta pela competitividade. A maior taxa de desemprego, e conseqüentemente o primeiro elemento da vulnerabilidade, ocorre entre os grupos mais jovens, já que mais de 50% dos jovens ativos entre 16 e 19 anos estão desempregados. No mesmo período, produz-se uma feminização do desemprego, visto que as mulheres representam mais da metade dos desempregados. Chega a quase um milhão o número de famílias nas quais todos os seus membros ativos estão desempregados.

Essa zona de vulnerabilidade é minada por dificuldades que levam à exclusão social; a fronteira que separa ambas as zonas é muito frágil e tênue, e existe até mesmo uma propensão à exclusão a partir da vulnerabilidade. De acordo com García Roa (1995), o perfil atual da exclusão deve ser relacionado com três rupturas ou quebras que originam três circuitos excludentes, com suas respectivas ondas expansivas:

- A existência de uma *organização excludente*, que inverteu a orientação inclusiva na organização que delimita, expulsa e exclui pessoas e grupos. A exclusão instalou-se no próprio coração da sociedade coesa. Hoje fala-se de população excedente para expressar que ser explorado é, como dizem ironicamente alguns economistas, um privilégio, pois significa ter trabalho, consumir e ter proteção.
- A existência de *contextos desagregados*, fragmentados, atomizados, inabilitados que fragilizam a solidariedade de proximidade. Há pessoas que se viram arrancadas tanto de suas redes naturais como dos mecanismos de proteção geral, e convertem-se cada vez mais em indivíduos sem apoio. O número de lares na Espanha nos quais todos os membros ativos estão desempregados chegava a 973.060 em finais de 1996,

o que equivale a 11% de todas as famílias ativas. O número de famílias desprotegidas, que não contam com nenhum benefício social por desemprego, chega a 472 mil, o que equivale a 5% do total de famílias.

– A ruptura dos *significados precários* que afetam os dinamismos vitais e as motivações pessoais. Ser excluído significa não contar para nada, não ser considerado útil à sociedade, ser descartado da participação e, sobretudo, sentir-se insignificante. Há pessoas que ficam encurraladas em sua situação de prostração, seja porque não procuram emprego com intensidade suficiente, seja porque perdem as aptidões e qualificações necessárias, seja porque estão desmotivadas.

As três rupturas foram se cristalizando em uma intensa geografia social, que vai desde certos subgrupos que moram em bairros carentes, alunos com escolaridade fracassada com múltiplas deficiências, inadaptados sociais, famílias mal-socializadas, até pessoas não-empregáveis, alguns desempregados de longa duração, etc. Tudo isso dá lugar ao que se denominou de quarto mundo ou terceiro mundo em casa: favelização oficial, ilhas habitadas por todos aqueles que não puderam pagar o preço da integração social: ficaram fora do trabalho regular, da moradia decente, das uniões familiares consagradas e das instituições de socialização. Permanecem fora das grandes correntes, reproduzem-se entre eles, vivem de prestações e esquivam-se de todos os esforços bem-intencionados daqueles que pretendem moralizá-los ou regrálos. É uma faixa limitada que não joga o jogo comum. Como assinala Bauman (2000, p. 104), "há um traço que todos compartilham: os outros não vêem razão para que existam; talvez imaginem que estariam melhor se eles não existissem. Jogam-se as pessoas na marginalidade porque as consideram definitivamente inúteis, algo sem o que todos os demais viveríamos sem problemas. Os marginais afetam uma paisagem que, sem eles, seria bela; são erva daninha, desagradável e faminta, que não acrescenta nada à harmoniosa beleza do jardim, mas priva as plantas cultivadas do alimento que merecem. Todos se beneficiariam se desaparecessem". Em síntese, e parafraseando o próprio Bauman, "ser pobre é um delito".

Essa situação levou à reivindicação de um novo direito, o direito de inserção (García Roa, 1996; Rosanvallón, 1996). A luta contra a exclusão incita a explorar um terceiro tipo de direitos, que articulam *ajuda econômica, participação social e envolvimento pessoal*. O direito à inserção representa um novo tipo de direito social, que ocupa uma posição intermediária entre direito (é acessível a todos) e contrato (com a participação dos excluídos, vinculada a uma contrapartida mediante seu compromisso pessoal). Esse compromisso pessoal vai desde a formação até a participação em atividades de interesse geral, desde os esforços pessoais de reabilitação até a promoção de organizações sociais.

EDUCAÇÃO PARA A PAZ **103**

PRINCÍPIOS EDUCATIVOS A PARTIR DOS QUAIS DEVEMOS ENCARAR A NOVA SITUAÇÃO

Os princípios e as estratégias educativos a partir dos quais devemos encarar essa nova situação são os que expusemos nas páginas deste livro, particularmente na segunda e terceira partes. Mas, sem dúvida, os atentados de 11/9/2001 reforçam a idéia de priorizar a educação para o conflito e a resolução nãoviolenta dos conflitos, a educação para o desenvolvimento e a educação intercultural e anti-racista. Mas concretamente, consideramos que, uma vez rechaçada a violência como forma de obter determinados fins, a resposta educativa deve dar prioridade, nesse momento, aos seguintes objetivos e conteúdos:

A busca da verdade e o ensino da verdade histórica

Os professores, e mais particularmente os de história, deveriam aproveitar esse ato terrorista para fomentar a recusa à violência e, sem cair em qualquer tipo de antinorte-americanismo, explicar ao mesmo tempo a história recente dos Estados Unidos por terem utilizado e fomentado práticas igualmente condenáveis, que podemos enquadrar na categoria de terrorismo de Estado. Alguns exemplos que podemos utilizar nas classes e que não podem ser relegados pelo rigor histórico são:

– Os Estados Unidos foram o único país condenado por terrorismo, concretamente em 1986, pelo Tribunal Internacional, "pelo uso ilegal da força" em relação à Nicarágua. Nos anos 80, a Nicarágua foi submetida a um constante ataque militar, econômico, etc., deixando o país praticamente destruído. Era a resposta norte-americana ao triunfo dos sandinistas. Os nicaragüenses levaram o caso ao Tribunal Internacional, que se manifestou a seu favor, ordenando aos Estados Unidos que abandonassem suas práticas e pagassem os prejuízos. Os Estados Unidos não apenas não cumpriram a determinação, como prosseguiram com suas práticas terroristas. O caso foi levado ao Conselho de Segurança das Nações Unidas e apenas os Estados Unidos vetaram a resolução na qual se pedia o estrito cumprimento das leis internacionais. Os nicaragüenses recorreram então à Assembléia Geral, onde obtiveram uma resolução semelhante, aprovada com a oposição unicamente dos Estados Unidos e Israel dois anos depois (à certa altura, El Salvador uniu-se a eles).
– "Em dezembro de 1987, em pleno auge da preocupação com o terrorismo internacional, a Assembléia Geral das Nações Unidas sancionou sua principal resolução sobre o assunto: condenou o mal em termos

mais duros e fez um apelo a todas as nações para que atuassem com firmeza a fim de exterminá-lo. A resolução foi sancionada com 153 votos a favor, dois contra (Israel e Estados Unidos) e apenas uma abstenção (Honduras). O parágrafo ofensivo estabelece "que nada na presente resolução poderia prejudicar o direito de autodeterminação, a liberdade e a independência – garantido pela Carta das Nações Unidas – de povos privados desse direito pela força [...], em particular povos submetidos a regimes colonialistas e racistas, ocupação estrangeira ou qualquer outra forma de dominação colonial, nem [...] o direito desses povos de lutar por esse fim e buscar e receber apoio (de acordo com a Carta e outras leis internacionais importantes)". Esses direitos não são aceitos pelos Estados Unidos nem por Israel nem, nessa época, por sua aliada África do Sul. Para Washington, o Congresso Nacional Africano era uma organização terrorista" (Chomsky, 2002a, p. 77-78).

– Um exemplo de uma aliança com um Estado terrorista é o caso da Indonésia, desde que Suharto tomou o poder em 1965. Massacres contínuos do exército, com ajuda dos Estados Unidos, liquidaram centenas de milhares de pessoas, a maioria camponesa. "Suharto continuou sendo 'um dos nossos'", conforme o chamava a administração Clinton, enquanto ele acumulava um dos recordes de matanças, torturas e abusos mais horrendos da história de finais do século XX" (Chomsky, 2002.a, p. 83). Quando em Portugal triunfa a Revolução dos Cravos, Portugal retira-se de sua ex-colônia no Timor Leste. Contudo, o Timor Leste é invadido pela Indonésia, que o anexa como mais uma província. As atrocidades não cessaram, com o apoio dos Estados Unidos e do Reino Unido, até que os Estados Unidos comunicaram a Suharto que o jogo tinha acabado.

– Em relação ao bloqueio ao Iraque, a então secretária de Estado Madeleine Albright declarava que a estimativa era de meio milhão de mortos como resultado das sanções contra o regime. No entanto, calcula-se que essa cifra era apenas de crianças, chegando a um milhão o número de vítimas produzidas pelo bloqueio.

– Em 1998, Clinton ordenou o bombardeio do Sudão, destruindo a planta farmacêutica Al-Shifa no dia 20 de agosto. A fábrica que produzia 90% dos principais produtos farmacêuticos do país, tanto de medicamentos acessíveis para seres humanos como todos os medicamentos para uso veterinário disponíveis no Sudão. Mais tarde, reconheceu-se que foi um erro, mas as conseqüências para o Sudão foram trágicas. As sanções contra o Sudão tornam impossível importar quantidades suficientes de remédios indispensáveis para cobrir a grave brecha deixada pela destruição da planta. O embaixador alemão no Sudão foi um dos poucos que se atreveu a denunciar o massacre: "é difícil estabelecer quantas pessoas morreram neste pobre país africano, em con-

EDUCAÇÃO PARA A PAZ **105**

seqüência da destruição da fábrica de Al-Shifa, mas várias dezenas de milhares parece um cálculo razoável" (Werner Dawn, 2001. apud Chomsky, 2002a, p. 49).

Com a análise desses e de outros exemplos estamos em melhores condições para encarar a resposta à pergunta que se fazia o presidente Bush depois de 11/9/2001: "Os norte-americanos se perguntam: por que nos odeiam tanto?". A resposta à pergunta anterior não é a que o próprio Bush deu – "porque odeiam nossas liberdades"[8] –, mas devemos buscá-la na injustiça e no domínio. Como assinalou Jon Sobrino, "somente com a vontade de verdade descobre-se a verdade maior. É verdade que existe terrorismo, mas a verdade é maior. As potências o usaram quando quiseram: em Auschwitz, Hiroshima e Gulag, há muito tempo. Os Estados Unidos, também na América Latina nos anos 60 e 80, no Iraque e no Sudão mais recentemente. Hoje, por meio de três países, Uganda, Ruanda e Burundi, se mantém viva a Guerra do Coltán na República do Congo, com 80 mil mortos por mês em dois anos. E mantém-se o terrorismo do qual não se fala: campeia implacável o terrorismo da fome, da pobreza, o que produz milhões de excluídos e refugiados, o que conduz à AIDS, à ignorância e ao desprezo" (Sobrino, 2002, p. 131-132). O primeiro princípio leva-nos a um segundo ao qual está intimamente ligado.

Ir às causas dos problemas

A busca da verdade deve levar-nos necessariamente à análise das causas dos problemas. Como já manifestamos (Jares, 2001), para poder resolver os conflitos, o primeiro passo é compreendê-los em toda a sua extensão, sem apriorismos e preconceitos. Analisar as causas deve levar-nos a apurar um mapa do conflito que nos sirva de guia para sua resolução. Como afirmava José M. Tortosa (2001b, p. 35), "se não se vai às causas, a violência voltará a apresentar-se". No caso de 11/9/2001 de que tratamos, as causas têm a ver com o exposto no segundo ponto deste capítulo. Isto é, com a pobreza e a desigualdade crescentes no mundo entre os ricos e pobres, agravadas com a globalização neoliberal; o terrorismo de Estado praticado nos Estados Unidos e sua política seguida nas últimas décadas, particularmente em relação ao contencioso palestino-israelense e a Guerra do Golfo; a fanatização de um setor da população propugnada por grupos extremistas muçulmanos utilizando uma interpretação interessada e fundamentalista do Alcorão, como nos advertiram diversos intelectuais muçulmanos.

Interpretação que foi utilizada para criminalizar o islã em seu conjunto e desatar uma política cultural de instigação em relação ao muçulmano. Como escrevia o ensaísta palestino Edward Said (2001b) a oito dias dos atentados, "Não há um único islã: há vários islãs, assim como há vários Estados Unidos. A diversidade é certa em todas as tradições, religiões ou nações, embora alguns

106 XESÚS A. JARES

de seus seguidores tenham tentado inutilmente traçar fronteiras em torno de si mesmos e definir claramente seus credos". Diversos textos incidiram nesta questão depois dos atentados, entre outros o intitulado "Não há absolutamente nada que justifique o terrorismo", assinado pelo poeta palestino Mamad Darwix e outros intelectuais palestinos (2002), no qual se condena o terrorismo: "o terrorismo nunca aplaina o caminho para chegar à justiça, mas conduz ao caminho mais curto para chegar ao inferno"; a polarização do mundo em dois bandos, "um da bondade absoluta, o outro da maldade absoluta"; a demonização da cultura árabe e islâmica, "neste contexto, a insistência dos modernos orientalistas de que o terrorismo reside na própria natureza da cultura árabe e islâmica não contribui em nada para o diagnóstico do enigma e, por conseguinte, não nos oferece nenhuma solução. Antes, faz com que a solução seja mais enigmática, porque fica submetida ao jugo do racismo"; e, finalmente, insta-se a superar a dor por meio da análise das causas, escapando do "conflito de culturas" e, "ao contrário", "meditar sobre a sinceridade" da política exterior norte-americana.

Seja como for, não podemos ignorar o avanço do integrismo em determinados países. Nesse sentido, a luta contra todo tipo de fundamentalismo é uma tarefa essencialmente educativa. No caso do mundo muçulmano, devemos apoiar as lutas para desmascarar o integrismo islâmico: "ao ocultarem por trás do discurso religioso seus interesses políticos, e muitas vezes as justas reivindicações dos setores sociais marginalizados, os grupos dirigentes do movimento integrista estão levando à prática uma manipulação cultural, que pode ser comparada à utilização da mensagem cristã pela Inquisição, ou do socialismo pelo sistema totalitário soviético. Em outras palavras, é uma depreciação da religião por grupos que querem apoderar-se do poder político" (Naïr, 1995, p. 89). O próprio Sami Naïr nos chama a atenção sobre os efeitos devastadores da aplicação da lei religiosa islâmica, a *sharia*. "A experiência nos confirma que onde se impõe a *sharia* aparece o despotismo sangrento dos religiosos fanáticos, o desprezo pelos direitos humanos (pois os integristas não consideram o homem, mas sim o crente) e, finalmente, o terrorismo contra a mulher, como ocorre no Irã, na Arábia Saudita e no Sudão" (Naïr, 1995, p. 90).

A recusa da violência como forma de resolver os conflitos e a busca da coerência entre os fins e os meios

São dois princípios básicos e fundamentais da ação nãoviolenta que devem ser difundidos e gozar de um estatuto especial em toda proposta educativa. Por isso, é necessário e importante conhecer e aplicar os princípios educativos nãoviolentos, que expomos no Capítulo 4 da primeira parte deste livro. Trata-se de impregnar o processo educativo dos princípios da nãoviolência, assentada no respeito, na transformação das situações de injustiça e no cumprimento dos direitos e deveres. Aspectos que podemos sintetizar no *slogan*

EDUCAÇÃO PARA A PAZ **107**

lançado pelos estudantes do secundário da França em 1997: "mais poderoso que a violência é o respeito". Como afirma Jacques Sémelin (2001, p. 24), a nãoviolência funciona em dois sentidos: "é certo que você peça que o respeitem, mas também deve respeitar os outros".

O valor da justiça e a recusa da vingança e do ódio

Compreendemos a dor e a raiva com a morte de pessoas inocentes. Mas o povo norte-americano deve compreender esse mesmo sentimento que muitas pessoas experimentaram em diferentes partes do planeta e em vários períodos históricos produzidos justamente pelo exército ou agentes da administração norte-americana. Como afirmou Ulrich Beck, "nenhuma causa, nenhum deus, nenhuma idéia abstrata pode justificar o atentado terrorista contra o World Trade Center. Não se trata de um ataque contra os Estados Unidos, mas sim contra os valores da humanidade e da civilização, de um ataque contra os valores do Islã, um ataque contra todos nós". Como dissemos, porém, diante da injustiça e do terror não devemos responder com seus mesmos métodos, com a vingança e o ódio. Como escreveu David Held (2001), "o terrorismo nega nossos princípios e nossas ambições mais íntimos. Uma resposta defensável, justificável e sustentável ao 11 de setembro, no entanto, deve estar de acordo com nossos princípios básicos e com as aspirações de segurança da sociedade internacional, com o direito e com a administração imparcial da justiça, aspirações dolorosamente formuladas desde o Holocausto e a Segunda Guerra Mundial. Se os meios empregados para lutar contra o terrorismo contradizem esses princípios, é possível que se satisfaça a emoção do momento, mas nossa vulnerabilidade será acentuada. Estaremos ainda mais distantes de uma ordem mundial mais justa e segura" (2001).

A escritora indiana Arundhati Roy, referindo-se à "Operação Justiça Infinita", proclamada pela administração Bush, denuncia: "observemos a justiça infinita do século XXI: civis que morrem de inanição, enquanto esperam que os matem" (apud Chomsky, 2002a, p. 108). Portanto, não é esse o tipo de justiça de que necessitamos. Como assinalou José Saramago no ato de encerramento do II Fórum Social Mundial de Porto Alegre (Brasil) (2002), não necessitamos da justiça "que se envolve em túnicas de teatro e nos confunde com floreios de vã retórica judicial, não a que permitiu que lhe vendassem os olhos e fraudassem os pesos da balança, não a da espada que sempre corta mais de um lado que de outro, mas sim de uma justiça pedestre, uma justiça companheira cotidiana dos homens, uma justiça para a qual o justo seria o sinônimo mais exato e rigoroso do ético, uma justiça que chegasse a ser tão indispensável para a felicidade do espírito como o alimento do corpo é indispensável para a vida. Uma justiça exercida pelos tribunais, sem dúvida, sempre que a lei determinasse, mas também, e sobretudo, uma justiça que fosse emanação espontânea da própria sociedade em ação, uma justiça na qual se

108 XESÚS A. JARES

manifestasse, como imperativo moral inelutável, o respeito pelo direito a ser que todo ser humano merece".

Nesse sentido, compartilhamos a estranheza do juiz espanhol Baltasar Garzón (2001) pela ausência de vozes européias contrárias aos ataques norte-americanos, mencionando particularmente os casos da França e da Espanha: "Não é possível viver em um país que sofre o terrorismo há mais de 30 anos e que dia após dia clama pela legalidade e o Estado de direito para fazer frente a ele, e que agora vista o quepe militar e decida ajudar sem limite um hipotético bombardeio do nada, a um massacre da miséria".

O ódio é contrário a uma cultura de paz e de convivência respeitosa. O ódio, em sua essência, nega o sentido educativo. Por isso, diante da política do ódio, do "procura-se vivo ou morto", devemos encarar os conflitos de outra perspectiva, pela perspectiva racional e nãoviolenta, a única capaz de, ao longo do tempo, resolver os conflitos de forma duradoura. Nesse sentido, devemos pedir a nossos estudantes formas alternativas de resolução do conflito que não seja a guerra, que retroalimenta a espiral da violência ao gerar mais destruição e mais ódio. Por isso, um bom e concreto exercício didático é sugerir perguntas do mesmo tipo daquelas lançadas pelo jesuíta espanhol Jon Sobrino:

- O que teria ocorrido se o Congresso e a Casa Branca, animados e apoiados por todas as universidades ocidentais ilustradas que acreditam na liberdade, igualdade e fraternidade, por todas as igrejas e religiões que acreditam em um Deus dos fracos e vítimas, por todos os movimentos humanistas que acreditam nos direitos à vida do ser humano, se tivessem perguntado por que tal horror, o que fez esse país em seus dois séculos de existência para incitar o ódio?
- O que teria ocorrido se tivessem aberto os olhos à sua realidade e seu coração à dor que infligiu ao planeta?
- O que teria ocorrido se, unilateralmente e nesse exato momento, tivessem feito gestos de apreço aos povos muçulmanos e de todo o Terceiro Mundo, gestos de compaixão aos seus agentes que causam séculos de pobreza e sofrimento, gestos de intercâmbio de riquezas naturais e espirituais e não a depreciação de matérias-primas e a imposição da pseudocultura?
- O que teria ocorrido se a primeira palavra, sem ignorar a dor nem a busca de justiça para os culpados, fosse um apelo à reconciliação? (Sobrino, 2002, p. 130).

A vingança e o ódio também devem ser eliminados das *madrasas*, as escolas corânicas de diversos países islâmicos, por ser regidas por fortes princípios fundamentalistas e atentatórios à dignidade humana. É nesse tipo de centros que surgiram em setembro de 1994 os talibãs (plural da palavra persa *telebeh*: o que busca a verdade). Além de se tratar de centros fechados para mulheres, "os talibãs superaram a tradicional *deobandi* de aprendizagem e reforma: não consideram a dúvida apenas como pecado, o debate é heresia. Opõem-se à modernidade" (Arranz, 2001, p. 11). Sem dúvida, todo um tratado de pedagogia doutrinária e fundamentalista que não pode ser tolerado. Já vimos as conseqüências desse pensamento quando toma o poder pelos talibãs: graves violações dos direitos humanos fundamentais, particularmente em relação aos direitos das mulheres, até violações ao direito ao patrimônio comum da humanidade.

Lutar contra a ignorância e a manipulação da informação

Temos de reconhecer que, em termos gerais, os atentados revelaram um desconhecimento muito grande do islã. "Basta passar os olhos nos títulos da imprensa ocidental ou ver as notícias na televisão para comprovar que o desconhecimento, acompanhado da ditadura da atualidade, prejudica a análise e a compreensão da realidade que diz respeito aos árabes e a tudo o que se refere ao mundo árabe em geral" (Desrues, 2001, p. 4). Ignorância que, sem dúvida, facilita a rotulação e a estigmatização dos muçulmanos como "inimigos", "mouros", "fundamentalistas", etc.[9] No plano educativo, os materiais curriculares devem procurar introduzir informação relativa à cultura árabe, ao mesmo tempo que se deve questionar os preconceitos que estão se construindo sobre ela. Além disso, no caso da Espanha em particular e da Europa em geral, devemos corrigir a invisibilidade da cultura árabe, dado que a imigração árabe tem um lugar de destaque no total de imigrantes. No caso da Espanha, temos, além disso, o exemplo das cidades de Ceuta e Melilla, encravadas na África, com uma porcentagem em torno de 50% da população escolarizada muçulmana, mas, em vez disso, o currículo escolar silencia totalmente sobre essa realidade.

A manipulação da informação deve ocupar um lugar preferencial como objeto de análise, além de ser um meio para levar à prática o primeiro princípio que propugnamos, a busca da verdade. Como ficou evidenciado na Guerra do Golfo, mais uma vez aparece em cena a manipulação da informação como um meio a mais que acompanha a contenda bélica. No caso do 11/9/2001 e da Guerra do Afeganistão, deu-se um passo a mais nessa espiral com a criação pelo Pentágono da "muito orwelliana" Oficina de Influência Estratégica (BIS), nas palavras de Ignacio Ramonet (2002), "explicitamente encarregada de difundir falsas informações para intoxicar a imprensa internacional" e "influenciar as opiniões públicas e os dirigentes políticos tanto dos países amigos como nos estados inimigos". Como nos anos do macarthismo e da Guerra Fria, sob o controle do Ministério da Defesa norte-americano, criou-se uma espécie de ministério da desinformação e da propaganda para instaurar, como nas ditaduras ubuescas, a verdade oficial" (Ramonet, 2002). No mesmo sentido, ex-

110 XESÚS A. JARES

pressa-se Joaquín Estefanía (2002), quando fala de um "novo macarthismo", diante da tentativa por parte dos dirigentes conservadores da Europa e da América do Norte de desprestigiar e anatematizar o movimento antiglobalização. Facilitar a compreensão desse tipo de processo em face do poderio midiático, que mostra os efeitos mas não as causas, sem dúvida ajudará a uma tomada de posição mais racional e menos propensa ao medo, à angústia e à ameaça que nos espreita.[10]

Insistir no valor da democracia e na necessidade da globalização dos direitos humanos

Como propusemos neste livro e no anterior (Jares, 1999), a Educação para a Paz (EP) deve realizar-se a partir de e para os direitos humanos. Todos e cada um dos direitos para todas e cada uma das pessoas. Por isso, as escolas, e particularmente os professores, devem fazer frente às políticas neoliberais que, assentadas no individualismo, na competitividade, no gerenciamento e na excelência do mercado, questionam a democracia, o Estado do bem-estar e o próprio direito à educação.[11] Nesse sentido, lutar contra a conversão da democracia em mera liberdade de consumo, aceitando as normas e valores impostos pelo mercado por meio da "engenharia da persuasão" (Ramonet, 1995, p. 68), são tarefas prioritárias das educadoras e dos educadores da paz.

Por isso, fazemos nossas as palavras de José Saramago, que em seu texto de encerramento do Fórum Mundial Social de Porto Alegre (Brasil), no dia 6 de fevereiro de 2002, afirmava: "... entre tantas outras discussões necessárias ou indispensáveis, urge, antes que seja tarde demais, promover um debate mundial sobre a democracia e as causas de sua decadência, sobre a intervenção dos cidadãos na vida política e social, sobre as relações entre os estados e o poder econômico e financeiro mundial, sobre aquilo que afirma e aquilo que nega a democracia, sobre o direito à felicidade e a uma existência digna ..." (Saramago, 2002, p. 14). No mesmo texto, propõe-se ainda os 30 direitos da Declaração Universal como o ideário sindical e político a conquistar.

Sensibilizar sobre a reorganização da ONU como garantia das relações internacionais

Os atentados de 11/9/2001 provocaram uma reação internacional de condenação quase unânime. A falta de autocrítica e a política unilateral estabelecida pelos Estados Unidos desde 11/9/2001, contudo, foram mais um golpe nas Nações Unidas. Como se disse, a administração Bush "deveria aproveitar a condenação praticamente unânime e inequívoca do crime que evidenciou a vulnerabilidade dos Estados Unidos em face do terrorismo para exercer

EDUCAÇÃO PARA A PAZ **111**

a liderança do sistema multilateral cujo eixo são as Nações Unidas, em vez de acentuar o unilateralismo exibido nesse momento para satisfazer seus interesses ou combater as ameaças à sua segurança, usurpando competências, impondo formas de cooperação com outros estados, maximizando os efeitos de políticas coercitivas e, naturalmente, não aceitando limitações para a própria soberania, cujo alcance e verificação não estejam em suas mãos" (Remiro Brotóns, 2002, p. 112).

Tampouco podemos aceitar as críticas daqueles que logo se prestaram a pedir a dissolução das Nações Unidas por sua inoperância. O problema do terrorismo, assim como o da contaminação do planeta ou o julgamento de todos aqueles que cometem crimes contra a humanidade são aspectos que necessitam de uma resposta global e de Nações Unidas plenamente democráticas e não-atreladas às superpotências. Nesse sentido, consideramos que o objetivo não é pedir seu desaparecimento, mas sim reformas que tornem as Nações Unidas uma autêntica organização internacional, mais democrática, mais operante – e, portanto, com mais recursos – e adaptada à nova situação internacional.[12]

Sensibilizar sobre a necessidade do estabelecimento da justiça internacional

A luta a favor de uma justiça internacional está ligada à luta contra a impunidade, e ambas ligadas à luta em favor dos direitos humanos. Qualquer que seja a causa, a impunidade significa, em última instância, a negação da justiça para as vítimas e cria um clima em que os indivíduos podem continuar cometendo violações sem medo de ser presos, de ser processados, de ser castigados. Como se assinala no Informe do ano 2000 da Anistia Internacional, a impunidade, isto é, não pôr nas mãos da justiça nem castigar os responsáveis pela violação dos direitos humanos, geralmente origina-se na falta de vontade política, o que, por sua vez, decorre muitas vezes de o fato de ter sido o próprio Estado ou suas instituições, como o Exército, que cometeu ou fomentou essas violações. Em outras ocasiões, são grupos privados ou empresas que gozam dessa impunidade.[13]

Uma das novidades mais positivas dos últimos anos foi o estabelecimento de instituições internacionais de justiça, como os tribunais internacionais que julgam os crimes cometidos em Ruanda e na antiga Iugoslávia. A decisão tomada pela comunidade internacional em 1998 de criar uma Corte Penal Internacional mediante o Tratado de Roma, com jurisdição sobre o crime de genocídio, os crimes de lesa-humanidade e os crimes de guerra, foi considerada com justiça um passo vital na luta contra a impunidade. Felizmente, essa Corte Penal Internacional (CPI), ratificada por mais de 60 Estados no dia 11/4/2002, entra em vigor no dia 1/7/2002. Não podemos deixar de registrar a firme recusa dos Estados Unidos a essa CPI, pela possibilidade de serem julgados cidadãos norte-americanos e algumas das ações militares levadas a cabo e que se reserva para o futuro. Também vale destacar a não-ratificação de países como a China e a Rússia.

Igualmente importante na educação em favor de uma justiça internacional é a sensibilização sobre o fortalecimento judicial e policial na luta contra a corrupção. Como ressaltou o juiz espanhol Batazar Garzón, a corrupção é uma ameaça para a democracia. A corrupção é uma ameaça que afeta todos os âmbitos da sociedade e todos os países, embora existam claras diferenças entre uns e outros.[14] A lógica da corrupção está enraizada na própria essência do mercado, de que "tudo se converteu em mercadoria (que tudo tenha um preço: até mesmo os homens, assalariados) para comprar ou vender. Necessitamos que a concorrência entre empresas leve ao cálculo do custo-benefício, que entre os custos está o suborno ou o "caixa-dois" e que o objetivo seja a acumulação incessante de capital, isto é, que se valorize o lucro acima de qualquer outra consideração" (Tortosa, 1995, p. 26-27).

Não podemos separar, esta aspiração a um direito e a uma justiça internacionais da longa viagem da humanidade em sua luta pelos direitos humanos, a que denominamos de longa viagem da humanização.

Oferecer alternativas e facilitar o conhecimento das conquistas sociais

Ao mesmo tempo em que se apresentam os dados que comprovam a inequívoca afirmação de que vivemos em um mundo desigual, injusto e violento, é necessário oferecer alternativas. Tanto na etapa do professor do ensino médio, como atualmente de professor universitário ou de cursos para os professores, constatamos a reação de impotência que se produz inúmeras vezes quando se conhecem as terríveis cifras que expusemos no ponto 2. Por isso, é necessário apresentar as propostas e as conquistas sociais realizadas ao longo do processo de humanização da humanidade. Em face das diferentes violações dos direitos humanos,[15] também devemos apresentar os avanços e as conquistas sociais. Por exemplo, embora o escravismo persista no século XXI, não podemos deixar de apresentar o enorme avanço feito pela humanidade nesse terreno; embora exista sexismo e violência contra as mulheres, também não podemos ignorar a história e os avanços da luta feminista; embora exista violência e intolerância, também não é menos certo que se abrem espaços de liberdade e de ternura; etc.

Além disso, o sistema educativo deve realizar uma atualização para apresentar as diferentes propostas que surgem para solucionar os problemas apontados, a fim de que sejam objeto de escrutínio por parte dos estudantes e, de outra parte, se dê oportunidade para que os próprios estudantes sejam protagonistas de possíveis novas alternativas. Algumas das propostas que estão sendo lançadas a partir de diferentes fóruns e que devemos trabalhar nas turmas de ensino médio e universidade são:

EDUCAÇÃO PARA A PAZ **113**

- A aplicação da taxa Tobin.
Se aplicássemos a taxa proposta nos anos 70 por James Tobin, Prêmio Nobel de Economia em 1981, que onerasse com um imposto internacional de 0,1% as transações em divisas, a quantidade arrecadada no ano de 1995, segundo o Programa das Nações Unidas para o Desenvolvimento (PNUD), seria (Casals, 2001, p. 56-57):
- Uma soma superior à necessária para desenvolver um programa planetário de erradicação da pobreza.
- Com 10% da soma arrecadada se teria o suficiente para dar cobertura sanitária a todos os habitantes do planeta, suprimir as formas de mánutrição e proporcionar água potável a todo o mundo.
- Com 5% se poderia estabelecer uma rede de planejamento familiar para estabilizar a população mundial no ano de 2015.
- Com 3% se conseguiria reduzir à metade a taxa de analfabetismo na população adulta e universalizar o ensino fundamental.
Estudos mais recentes, como o realizado pelo catedrático de Finanças Públicas da Universidade de Frankfurt, Paul Bernd Spanh (El País, 22/3/2002), reafirmam a viabilidade dessa taxa se houvesse vontade política, calculando que somente na Europa seriam geradas receitas anuais de 17 a 20 milhões de euros, que poderiam ser utilizados para ajuda ao desenvolvimento.
- A abolição da dívida externa.
A abolição da dívida significaria para os credores – FMI e Banco Mundial, estados e bancos privados – perdas de apenas 5% para seus ativos, mas para os países em via de desenvolvimento é uma necessidade vital que, junto com as mudanças que o sistema internacional impõe e as reformas internas e a luta contra a corrupção, permitiria vislumbrar um futuro de progresso para todos, tornando possível o direito ao desenvolvimento.
- O fortalecimento da democracia e a subordinação da economia à política.
Isso implica a revitalização da sociedade civil mediante as estruturas de participação social e a conquista do papel central nas tomadas de decisão que nos afetam. Um caso paradigmático nesse sentido é a experiência da cidade de Porto Alegre (Brasil), mediante o chamado orçamento participativo.
- A redução dos gastos militares em benefício dos gastos sociais.
Essa velha reivindicação pacifista dos anos 70 continua tendo pleno sentido atualmente. Os exercícios didáticos sobre gastos militares e o uso destes em gastos alternativos continuam sendo necessários. Um exemplo disso é a unidade didática que realizamos no Seminário de Educação para a Paz da Associação Pró-Direitos Humanos (APDH) da Espanha (1990).
- O cumprimento de 0,7% para ajuda ao desenvolvimento.

114 XESÚS A. JARES

Como já assinalamos, apenas cinco países cumprem a porcentagem de 0,7% do PIB fixado pelas Nações Unidas em 1970 para ajuda ao desenvolvimento. Segundo um Informe da OCDE, em 2000 a Espanha destinou 0,22%, mas depois das importantes mobilizações cidadãs em favor dos 0,7% em 1994, chegou a firmar o chamado Pacto pela Solidariedade em 1995, mediante o qual a ajuda ao desenvolvimento se elevaria a 0,5% em 1996 e aos ansiados 0,7% em 2000. Infelizmente, esse pacto não saiu do papel. A distribuição dessa ajuda por países, segundo dados da OCDE para o ano 2000, é a seguinte: Dinamarca, 1,06%; Holanda, 0,84%; Suécia, 0,80%; Noruega, 0,80%; Luxemburgo, 0,71%; Bélgica, 0,36%; França, 0,32%; Reino Unido, 0,32%; Finlândia, 0,31%; Japão, 0,27%; Alemanha, 0,27%; Portugal, 0,26%; Espanha, 0,22%; Grécia, 0,19%; Estados Unidos, 0,10%.
– A eliminação dos paraísos fiscais.
Os chamados paraísos fiscais são pequenos territórios ou estados que não têm legislações, ou quando as têm são muito pouco rígidas, em matéria de controle e impostos para capitais. A idéia básica com que operam esses territórios é: "traga-nos seu dinheiro que não lhe perguntaremos de onde tirou". Susan Strange (1999) assinalou que as funções dos paraísos fiscais são três: ocultar as receitas provenientes da fraude privada e do crime financeiro, eludir as normas fiscais dos Estados e facilitar a malversação cometida por políticos e funcionários corruptos. A estes últimos não podemos deixar de acrescentar, nessa lista tétrica empresas, esportistas de elite ou estrelas do cinema ou da música. A desregulamentação e a falta de controle sobre o capital que o neoliberalismo impõe facilitam a proliferação desses territórios, estimados entre 60 e 90 no mundo (Taibo, 2002a, p. 70).

Educar no valor do compromisso e na recusa da indiferença, que associamos à necessidade de educar para a esperança

Desde os anos 90, vem se desenvolvendo um fortíssimo discurso dominante dos ideólogos do conservadorismo que falam de aspectos como o fim da história, a única sociedade possível, etc. Como assinalou Sami Naïr (2002, p. 12), "o pensamento crítico, a esperança, a simples idéia de que outro mundo é possível têm sido tão duramente atacados nos últimos anos que qualquer proposta é tachada de 'irrealizável' pelo conformismo do pensamento único". Exemplos do que dissemos encontram-se em todos os campos do saber. Assim, em uma entrevista publicada no diário *El País* (Madri) e em outros jornais europeus no dia 10/2/2002, o historiador britânico Paul Kennedy, docente da universidade norte-americana de Yale, propugna que o mundo tem de aprender a conviver com os Estados Unidos imperiais, e termina a entrevista com estas palavras ilustrativas: "De certo modo, a questão reside na mera grande-

EDUCAÇÃO PARA A PAZ **115**

za dos Estados Unidos, mais que em sua arbitrariedade. É como se fosse uma grande jaula de macacos, na qual convivem símios de diferentes tamanhos e, em um canto, se aninha um gorila de 230 quilos. Os outros macacos menores têm de se conformar. Poderíamos inclinar-nos pelo conceito de que é preciso fazer com que o gorila pense na verdade, ainda que em sacrifício de seu destino. Se um dia cresce e vê que um macaco pequeno tem boas bananas, ele as pegará, e ninguém poderá impedi-lo".

À margem da infeliz comparação, não tanto por nos comparar com símios, mas por equiparar o mundo a uma jaula, o pensamento do historiador citado é um exemplo genuíno e atual da ideologia da resignação, da submissão ao poder, seja como for exercido. Por isso, o historiador conclui que, devido ao poder sem precedentes na história dos Estados Unidos – afirmação que do ponto de vista histórico não discutimos, ainda que não deixe de ser discutível –, nada podemos fazer diante do gorila, mesmo que ele pegue as bananas de nossa horta.

A partir da pedagogia crítica, contudo, vem se insistindo na necessidade de "recuperar o valor da utopia como motor da transformação da sociedade" (Torres, 2001, p. 12), em face da generalização da inércia, da passividade, da indiferença, do fatalismo, da resignação, etc. Igualmente, a partir do modelo crítico-conflituoso-nãoviolento da educação para a paz insistiu-se no papel da educação junto com o compromisso social e com a ação política como recursos do ser humano para transformar aquelas situações injustas e perversas, por mais difíceis que sejam. Daí o papel outorgado à ação.[16] Tanto no plano educativo como no social, não devemos ficar indiferentes em face desse tipo de situação que significa violação dos direitos humanos, por mais que tenhamos de enfrentar os poderes políticos, midiáticos, econômicos, etc. A educação para a paz, como diria o poeta espanhol Antonio Machado, abre caminho ao avançar. Como expusemos no livro, a educação para a paz é uma educação a partir "da" e "para" a ação, no quadro da esperança de uma sociedade mais justa e respeitosa com os direitos humanos.

NOTAS

1. Segundo dados do jornal *New York Times*, o número de afegãos carentes de ajuda alimentar teria aumentado 50% como resultado do bombardeio, chegando a 7,5 milhões de pessoas. Por sua vez, a Alta Comissária de Direitos Humanos da ONU, Mary Robinson, advertiu para a catástrofe humanitária após os bombardeios.
2. Para evitar equívocos, deixamos claro que não somos antiamericanos, mas sim críticos de uma política determinada, nem defensores dos regimes ditatoriais dos três países citados.
3. Sem dúvida, os grandes beneficiários do 11/9/2001 foram os falcões do exemplo político-militar-industrial norte-americano para aumentar seus grandes lucros e acelerar a militarização, enquanto se restringem determinados direitos civis, aprofunda-se na debilitação da democracia e cortam-se os investimentos em programas sociais.

116 XESÚS A. JARES

4. Embora já apareçam claros indícios antes da Segunda Guerra Mundial, é a partir desse período que se acentua esta estratégia. Em 1966 e em relação à Guerra do Vietnã, Noam Chomsky escrevia: "Quando começaram os bombardeios sobre o Vietnã do Norte, Jean Lacounture comentou com muita propriedade que estes atos, assim como os documentos apresentados para justificá-los, revelam simplesmente que os dirigentes norte-americanos acham que têm direitos de atacar onde e quando quiserem" (Chomsky, 1973, p. 86-87).

5. Silêncio rompido em alguns casos, como no do governo espanhol, não para questionar essa estratégia e a falta de lealdade norte-americana para com os aliados, mas para apoiar totalmente a estratégia do governo dos Estados Unidos. Como disse o ministro espanhol de Assuntos Exteriores, Joseph Piqué, "qualquer ação dos Estados Unidos será justificada" (*El País*, 23/11/2001).

6. Ramonet responde assim ao presidente Bush que, em seu discurso sobre o Estado da União de 29/1/2001, referiu-se ao eixo do mal, formado pelo Iraque, Irã e Coréia do Norte.

7. O que vimos de mais recente em relação a essa entrega foram as manifestações de Vaclav Claus, presidente da Câmara dos Deputados da República Checa e ex-primeiro ministro, que declarou sem meias palavras que, se dependesse dele, "suprimiria o Estado social conseguido na Europa" (El País, 14/3/2002).

8. Se essa fosse realmente a razão, o ataque teria atingido por outros países com maiores níveis de liberdade e qualidade de vida, como é o caso dos países nórdicos ou de alguns países centro-europeus.

9. Um breve texto introdutório que podemos utilizar em classes de ensino médio para combater esses estereótipos é o de Hélène BARNIER (1997): *Percepciones sobre el mundo árabe*. Madri, CIP.

10. Um livro pequeno e de fácil leitura para trabalhar essa temática é: CHOMSKY, N. e RAMONET, I. (1995): *Cómo nos venden la moto*. Barcelona, Icaria.

11. Uma boa análise das relações entre neoliberalismo e educação podemos encontrar no livro de Jurjo Torres (2001).

12. Um documento breve que pode ser utilizado nas classes para esse fim é o artigo de Alberto Piris (1996): "Proposta para a reforma das Nações Unidas nos âmbitos da paz e da seguridade internacionais". Em JARES, X. R.: *Construír a paz. Cultura para a paz.* Vigo, Xerais, p. 177-181. Uma versão semelhante em castelhano é *Propuestas para la reforma de las Naciones Unidas. Informes nº 7.* Madri, CIP-SIP, 1994.

13. Um país onde a luta contra a impunidade cobra pleno sentido é o Brasil. Nos anos 90, "foram assassinados 370 líderes do Movimento dos Sem terra (MST), superando assim as 281 vítimas da última ditadura militar. Estes novos mortos são conseqüência de uma ação organizada em que os fazendeiros pagam os serviços de empresas de polícia (militar) privadas, cujos atos muitas vezes ficam impunes" (Tortosa, 2001, p. 559).

14. O Brasil aparece entre os países muito corrompidos (Tortosa, 1995, p. 40), mas as multinacionais são o primeiro agente a ser considerado no terreno da corrupção internacional (ibid, p. 45).

15. Podemos encontrar um catálogo destes nos informes anuais da Anistia Internacional ou do Human Rights Watch.

16. Com relação aos atentados de 11/09/2001, a partir do "Programa educativo municipal Aprender a Conviver", que coordenamos há dois anos na cidade de Vigo (mais informação em www.aprenderaconviver.org), foi enviada a todas as escolas da cidade

uma "Carta à comunidade educativa", assinada pela Conselheira de Educação Ana Gandón (pode-se consultar na web anterior), na qual, além da condenação aos atentados, sugeria-se às diferentes comunidades trabalhar o livro "La no-violencia explicada a mis hijas", de Jacques Sémelin (2001), enviado gratuitamente a todas as escolas de Vigo. Além disso, os professores receberam um dossiê de artigos de imprensa sobre os atentados e as respostas a eles. Pretendeu ser, portanto, uma iniciativa de rechaço aos atentados, mas ao mesmo tempo oferecendo uma alternativa: a compreensão dos fatos e suas conseqüências, junto com o compromisso por uma cultura da paz, que simbolizamos na estratégia da ação nãoviolenta. Posteriormente, no "XV Encontro Galego e IX Galego-Português de educadoras/es pela paz", realizado em A Guarda (Pontevedra), de 16 a 18 de novembro de 2001, foi aprovada a resolução de condenação tanto dos atentados de 11/9/2001, como da resposta bélica dos Estados Unidos sobre o Afeganistão.

REFERÊNCIAS BIBLIOGRÁFICAS

AIPAZ
(Asociación Española de fuvestigación para la Paz)
Rector López Argüeta, s/n. 18071 GRANADA.
Tfno./Fax: 958.24 41 42
e-mail: aipaz@platon.ugr.es

ACSUR-LAS SEGOVIAS
C/Cedaceros, 9-3" izqda. 28014 MADRID
Tfno. 91.429 16 61. Fax. 91.429 15 93
e-mail: acsured@eurosur.org
http: //www.eurosur.org/ ACSUR

AMNISTIA INTERNACIONAL
C/Barquillo, 17-6° B. 28004 MADRID.
Tfno. 91.310.12.77. Fax: 91.319.53.34
e-mail: amnistia.intemacional1@a-i.es
http: //www.combios.es/amnistia Ediciones
AI: http: //www.edai.org

AUDIOVISUALES ECOE
C/Javier de Miguel, 92-1.
Posterior local 3. 28018 MADRID.
Tfno. 91.477.13.42
http: //www.eurosur.org/ECOE

BAKEAZ
Avda. Zuberoa, 43-bajo. 48012 BILBAO.
Tfno. 94.421.37.19. Fax. 94.421.65.02
e-mail: bakeaz@sarenet.es

CATEDRA Unesco SOBRE PAZ y DERECHOS HUMANOS
Facultad de Ciencias Políticas. Universidad Autónoma de Barcelona 08193

BELLATERRA (BARCELONA)
Tel/fax: 93.581 24 14
e-mail: unescopau@pangea.org
http: //www.pangea.org/unescopau

CENTRO Unesco DE CATALUNYA
C/Mallorca, 285, pral., 08037 BARCELONA.
Tfnos. 93.207.17.16 e 93.207.58.05

CHAVOS
(Colectivo de enseñantes con gitanos)
C/Vila do Conde, Torre 2-baixo. 15406 FERROL
(A CORUÑA).
Tfno./Fax. 981.31 68 06

CIP (Centro de Investigación para la Paz)
C/Duque de Sesto, 40.28009 MADRID.
Tfno.91.431.02.80. Fax: 91.577.95.50
e-mail: cip@fuhem.es o cd@fuhem.es
http: //www.cip.fuhem.es

COLECTIVO NOVIOLENCIA Y EDUCACIÓN
C/ Alverja, 5-7° B. 28011 MADRID
COMISION ESPAÑOLA DE LA Unesco
Paseo de Juan XXIII, 5. 28040 MADRID.

EDUCADORES POLA PAZ-NOVA ESCOLA GALEGA
Apdo. 577. 36080 VIGO ó Rúa Betanzos, 1.1°.
15703 SANTIAGO DE COMPOSTELA.
Tfno./Fax: 981.5625 77
e-mail: neg@iaga.com
http: //www.iaga.com/neg

118 XESÚS A. JARES

ESCUELAS ASOCIADAS ALA Unesco
Coordinadora: Flora Fondevila R/Bernardino
Fondevila, s/n. 36002 PONTEVEDRA.

FUNDACIO PER LA PAU
Pau Clarís, 89-entrec., 2ª. 08010 BARCELONA
e-mail: perlapau@pangea.org
http: //www.pangea.org/perlapau

GERNIKA GOGORATUZ Artekale, l-lº.
48300 GERNIKA (VIZCAYA)
Tfno: 94.625 35 58. Fax: 94.625 67 65
e-mail: gernikag@sarenet.es
http: //www.sarenet.es/gernikag

HEGOA
C/Manuel Iradier, 6-bajo. 01006 VITORIA-
GASTEIZ
Tfno/Fax: 945.13 15 87

INSTITUTO DE ESTUDIOS
TRANSNACIONALES (lNET)
C/ Sagunto, s/n. 14007 COROOBA
Tfno. 957.43 77 44. Ext. 137. Fax: 957.43 64 04
Correo electrónico: inetemas@jet.es

INSTITUTO SOBRE LA PAZ Y
LOS CONFLICTOS
Fac. de CC. Sociales y Políticas C/Rector López
Argüeta, s/n. 18071 GRANADA
Tfno/Fax: 958.24 41 42
e-mail: eirene@goliat.ugr.es
http: //www.ugr.es/ - eirene

INTERMON
Roger de Llúria, 15. 08010 BARCELONA
Tfno: 93. 482 07 00. Fax: 93. 482 07 07
e-mail. webmaster@intermon.org
http: //www.intermon.org

SEMINARIO DE EP DE LA APDH
(Asociación Pro Derechos Humanos) C/ Ortega
y Gasset, 77-2º A. 28006 MADRID.
Tfnos. 91.402.32.04 e 91.402.23.12. Fax.
91.402 84 99
e-mail: apdh@cibeles.com

SEMINARIO INVESTIGACION PARA
LA PAZ-CENTRO PIGNATELLI
Paseo de la Constitución, 6. 50008 ZARAGOZA.
Tfno: 976.21 72 17. Fax: 976.23 01 13.
e-mail: sipp@pangea.org
http: //www.pangea.org/spie/sipp.html

UNICEF
C/Mauricio Legendre, 36. 28046 MADRID.
Tfnos: 91.378.95.55 ou 91.378.95.57. Fax:
91.314.74.75
e-mail: unicef-es@seker.es

SEGUNDA PARTE
Fundamentação de uma Pedagogia da Paz

7

O Suporte Conceitual

Antes de entrarmos na estruturação pedagógica da Educação para a Paz (EP), vamos desenvolver os dois conceitos significantes e definidores nos quais ela se assenta: os conceitos de paz e de conflito.

CONCEITO DE PAZ

Tradicionalmente, e em particular na segunda metade do século XX, apela-se à paz como um dos pilares básicos dos discursos filosóficos, sociológicos e educativos, assim como políticos. Mais do que isso, a partir de posições ideológicas distintas e com interesses diversos, constantemente refere-se e apela-se à paz, o que a converte em um dos termos mais fácil e profusamente manipulados. "Poucas palavras foram usadas com tanta freqüência e de poucas abusou-se tanto, talvez porque a paz sirva de meio para obter um consenso verbal: é difícil ser inteiramente contra a paz" (Galtung, 1985, p. 27).

Além disso, não há dúvida de que a conceituação diferente que se fez e se faz do termo, assim como a falta de uma idéia precisa, nítida e clara do que é a paz – à parte outros possíveis interesses mais pontuais –, faz com que nos encontremos em uma situação de certa confusão sobre o que é ou significa a paz. Do que foi dito, deduzimos também que não existe uma idéia universal e precisa, já que, conforme as distintas civilizações e culturas, deparamo-nos com claras diferenças em sua concepção e natureza, o que nos "leva à óbvia necessidade de um diálogo entre civilizações em torno dos conceitos de paz, com o objetivo de chegar a conceitos de paz mais ricos" (Galtung, 1981c).

A conceituação tradicional

O objetivo deste ponto não é realizar um percurso histórico pormenorizado do conceito de *paz* nas diferentes culturas (Apud Arenal, 1989, p. 24-27; Galtung, 1985, p. 75-97; Galtung, 1996, p. 139-142; Lederach, 1984, p. 17-27). Trata-se antes de analisar, sem pretender cair em uma postura etnocêntrica, a situação do conceito de paz ocidental, que, além de ser própria de nossa tradição cultural, é a dominante no mundo. É óbvio que, parafraseando Galtung (1985, p. 99), essa concepção ocidental foi herdada do conceito de *pax* romana; um conceito pobre e insuficiente, que se refere unicamente à ausência de conflitos bélicos entre estados. Em um plano interpessoal, a expressão popular "deixe-me em paz" é muito comum e define a paz como tranqüilidade. Levado ao extremo, esse conceito de paz poderia significar simplesmente a não-associação, uma condição de tranqüilidade pelo fato de que não há interação e, portanto, não há possibilidade de conflitos" (Lederach, 1984, p. 16).

Podemos sintetizar as características fundamentais desse conceito tradicional de paz como segue:

1. A paz é essencialmente um conceito negativo, ao ser definido como ausência de conflito bélico ou como estado de não-guerra. "Por isso, é um conceito muito limitado, que foi definido cada vez mais em função do fenômeno da guerra e do fato bélico até o extremo de que, fora de seu contraste com a guerra, a paz carece de conteúdo palpável" (Lederach, 1984, p. 21).
2. A paz é concebida em função de dois fenômenos:
   - A manutenção da unidade e da ordem interior, situação que favorece os interesses dominantes.
   - Defesa em face do exterior: *si vis pacem para bellum*.
   Em ambas as circunstâncias, a capacidade de atuação em relação à paz é reservada ao Estado.
3. Conceito restritivo. Pelo que foi dito nas duas características anteriores, a concepção tradicional de paz dominante é um conceito limitado quase que exclusivamente ao sentido de pactos entre estados.
4. Junto com as anteriores, também podemos citar outra característica que aparece muito presente na tradição popular quando se fala de paz como harmonia, serenidade ou ausência de conflitos. Essa qualidade costuma estar associada a uma experiência intimista, de tranqüilidade pessoal interior, no sentido do *eiréne* grego "que era quase sinônimo de *harmonía* (harmonia). Ambos se referiam principalmente a um estado ou condição plena de tranqüilidade e serenidade" (Lederach, 1984, p. 17).
5. Essa idéia negativa de paz, unida à sua acepção de serenidade, não-conflitos, etc., desenvolveu uma imagem passiva da paz, sem dina-

EDUCAÇÃO PARA A PAZ **123**

mismo próprio e criada antes como conseqüência de fatores externos a ela, aos quais se atribui essa capacidade dinâmica. É, em suma, o "estado entre guerras" que define o *eiréne*; "o tempo de paz" no qual os conflitos não afloram.

6. Por último, e como dedução do que foi dito até agora, a negatividade e a passividade dessa acepção vão determinar uma dificuldade no momento de concretizar a compreensão do que é a paz. Dada a difusão que se fez da idéia tradicional de paz, especialmente pelo próprio sistema educativo, é mais fácil concretizar a idéia de guerra e o que gira em torno dela do que a idéia de paz, que parece condenada ao vazio, a uma não-existência difícil de concretizar e precisar.

Em suma, o conceito de paz vigente hoje continua sendo o conceito ocidental tradicional, isto é, aquele que associa a paz com idéias como não-agressão bélica e, em geral, como ausência de todo tipo de conflito. Conceito pobre, classista e interessado politicamente e até mesmo perverso, em certo sentido, visto que mantém o *status quo* vigente. Tudo isso nos leva a concluir com Galtung que existe hoje uma "pobreza do conceito de paz dominante" (Galtung, 1985, p. 99), que é necessário reformular.

A concepção positiva

Como vimos na parte histórica, marco decisivo no desenvolvimento de uma nova concepção de paz, e, portanto, da Pesquisa para a Paz (PP), foi a publicação em 1964 do *Journal of Peace Research* pelo International Peace Research Institute (PRIO) de Oslo. Em suas páginas, deu-se destaque especial à divulgação da concepção positiva da paz. No editorial do primeiro número do *Journal*, Galtung apresenta os diferentes conceitos de paz e insiste para que a PP avance na linha positiva: "Não concebemos a pesquisa para a paz unicamente em relação ao conflito internacional. Há muitas fronteiras separando a humanidade, criando diferentes graus de integração e complacência no uso da violência. Somente algumas dessas fronteiras são fronteiras nacionais. Usar o fenômeno transitório conhecido como Estado-nação como único critério para definir uma disciplina de pesquisa é, ao mesmo tempo, etnocêntrica e estrategicamente míope" (Galtung, 1964, p. 2). Por essa tese, a concepção de paz repousa em suas idéias essenciais:

– Em primeiro lugar, a paz já não é o contrário de guerra, mas sim de sua antítese, que é a violência, dado que a guerra é apenas um tipo de violência, mas não o único.

– Em segundo lugar, a violência não é unicamente a que se exerce mediante a agressão física direta ou por meio de diferentes artifícios bélicos que se podem usar, mas é preciso levar com conta também outras

124 XESÚS A. JARES

formas de violência menos visíveis, mais difíceis de reconhecer, mas também mais perversas no sentido de produzir sofrimento humano.

Assim se chega a uma classificação de enorme transcendência e repercussão nos estudos da Pesquisa para a Paz (PP): a distinção entre violência direta e violência estrutural, ligadas às concepções de paz positiva e paz negativa, respectivamente. Vejamos essas duas idéias com um pouco mais de detalhes.

A concepção de Galtung, em finais dos anos 60 e princípio dos 70, parte de uma noção ampla de violência. Todo seu discurso sobre a paz e a PP realiza-se em função da violência. Para Galtung, paz é ausência de violência, e, por isso, a pesquisa sobre a paz e a ação pela paz estruturam-se do mesmo modo que a reflexão acerca da violência. Para ele, seguindo o pensamento gandhiano, a violência está presente quando "os seres humanos estão de tal forma influenciados que suas realizações afetivas, somáticas e mentais ficam abaixo de suas realizações potenciais" (Galtung, 1985, p. 30). É por essa razão que define a violência como "a causa da diferença entre o potencial e o efetivo... quando o potencial é maior que o efetivo e isso for inevitável, existe violência (p. 31). Essa concepção ampla da violência "implica uma concepção ampliada da paz" (p. 64). A irreversibilidade que Galtung atribui à ligação entre o conceito de paz e o de violência é ratificada quando afirma que "qualquer análise da paz deveria estar vinculada a uma análise da violência, já que desse modo revelam-se mais facetas nos conceitos, o que nos permite fazer mais escolhas conscientes" (Galtung, 1985, p. 103).

Em torno de suas reflexões sobre a violência, ele vai estabelecer, como já afirmamos, uma série de distinções ou tipos de violência às quais atribui importância distinta. A distinção mais importante, em sua opinião, é entre a violência pessoal ou direta e a violência estrutural ou indireta. Esta última, chave de toda a sua concepção, é a que significa uma ruptura com o enfoque tradicional em torno do fenômeno da violência, enquanto a maioria costuma ocupar-se exclusivamente da violência direta. "O tipo de violência na qual existe um ator que comete a violência chamaremos de violência pessoal ou direta, e a violência na qual não há um ator chamaremos de violência estrutural ou indireta" (Galtung, 1985, p. 36). A violência estrutural "está edificada dentro da estrutura e se manifesta como um poder desigual e, conseqüentemente, como oportunidades de vida distintas. Os recursos são distribuídos de forma desigual, como ocorre quando a distribuição de renda é muito distorcida, ou quando a alfabetização/educação é distribuída de forma desigual, ou quando os serviços médicos existentes em determinadas zonas são apenas para certos grupos, etc. Acima de tudo, quando o poder de decisão acerca da distribuição dos recursos está distribuído de forma desigual" (Galtung, 1985, p. 38-39).

Em outras palavras, vemos que para Galtung, assim como para o pensamento nãoviolento, a violência social tem correspondência com a injustiça social (Galtung, 1969). Dessa perspectiva, Galtung propõe dar um enfoque positivo à compreensão da violência, ainda que paradoxalmente o apresente

EDUCAÇÃO PARA A PAZ **125**

em negativo, "a idéia da violência como algo evitável que impede a auto-realização humana" (Galtung, 1981a, p. 96). Por *auto-realização humana* entende-se a satisfação das necessidades básicas, materiais e não-materiais" (Galtung, 1981a, p. 97). Dessa forma, chega a estabelecer os quatro tipos de violência quando as necessidades básicas não são satisfeitas:

- A violência clássica, da guerra ao homicídio.
- A pobreza e, em geral, as privações no campo das necessidades materiais.
- A repressão e a privação dos direitos humanos.
- A alienação e a negação das necessidades "superiores".

Por tudo isso, Galtung conclui taxativo: "chamar de paz uma situação em que imperam a pobreza, a repressão e a alienação é uma paródia do conceito de paz" (Galtung, 1981a, p. 99). Dessa forma, "a teoria da paz está intimamente relacionada com a teoria do desenvolvimento" (Galtung, 1969, p. 185), como veremos mais adiante.

Em uma linha similar, situam-se muitos outros autores. É o caso do inglês Adam Curle, no qual encontramos também uma concepção negativa e positiva da paz semelhante à de Galtung quando ele fala de relações pacíficas e não-pacíficas. "Em uma definição negativa, as relações pacíficas são aquelas que carecem de conflito. A ausência de conflito pode, no entanto, significar não muito mais que a ausência de associação... Mas a isso eu chamaria de paz negativa. Outro tipo de paz negativa é o que caracteriza aquelas relações nas quais a violência foi evitada ou mitigada, porém sem que tenha desaparecido o conflito de interesses, ou nas quais o conflito foi mistificado, isto é, foi encoberto ou disfarçado" (Curle, 1978, p. 18).

Por isso, a tal acepção contrapõe a noção de paz positiva: "Prefiro definir a paz de forma positiva. Em contraste com a ausência de luta declarada, uma relação pacífica deveria significar – em escala individual – amizade e compreensão suficientemente amplas para superar quaisquer diferenças que pudessem surgir. Em escala maior, as relações pacíficas deveriam implicar uma associação ativa, uma cooperação planejada, um esforço inteligente para prever ou resolver conflitos em potencial. Esse aspecto da paz entranha em boa medida aquilo que chamo de *desenvolvimento*. Se deve ocorrer o desenvolvimento, isto é, se uma relação deve crescer de forma harmoniosa e em sentido eficaz, é axiomático que deva haver uma grande dose de igualdade e reciprocidade" (Curle, 1978, p. 28-29). Como se pode observar, Curle enfatiza a igualdade e a reciprocidade para que se possa falar de relações pacíficas. Essa idéia e sua experiência de mediador em diversos conflitos levam-no a considerar a paz de forma muito realista ao defini-la como "a situação caracterizada por um nível reduzido de violência e um nível elevado de justiça" (Curle, 1974, p. 182).

Outros autores que coincidem nessa mesma direção são a norte-americana Betty Reardom, que define a paz como uma "ordem social, ou um conjunto

126 XESÚS A. JARES

de relações humanas, na qual a justiça pudesse ser conseguida sem violência" (Reardom, 1978b, p. 30); o colombiano Jaime Díaz, membro ativo da Corporação Integral para o Desenvolvimento Cultural e Social (CODECAL) de Bogotá, igualmente associa o conceito de paz ao de justiça e desenvolvimento: "o conceito de paz é inseparável do conceito de justiça em todos os níveis, internacional, social e interpessoal. A paz situa-se não apenas com relação à guerra armada, porque há muitas formas de guerra: cultural, econômica, política, social, etc. Em última instância, a injustiça social produz uma situação que é a semente da guerra" (Díaz, 1979).

Também Willian Eckhardt, para quem é necessário mudar as relações da exploração para a justiça para todos (Eckhardt, 1982), considerando que "a pesquisa para a paz deve ser um esforço a fim de promover a atualização das definições radicais dos valores humanos" (Eckhardt, 1986, p. 58); Naidu, para quem o postulado fundamental da paz é a preservação da vida humana o mais humanamente possível. Isso supõe adotar um conceito de paz tanto negativo como positivo, pois ambos são complementares. Dessa ótica, atribui à paz cinco dimensões: não violência, justiça econômica, igualdade social, liberdade política e fraternidade psicológica (Naidu, 1986, p. 9-11).

Finalmente, é preciso registrar que, em anos posteriores, Galtung introduzirá em seu pensamento um terceiro tipo de violência, a violência cultural, com o que define a violência com os três vértices de um triângulo que são: a violência direta, a violência estrutural e a violência cultural; estas duas últimas, não diria que são invisíveis, como assinala Galtung, mas, antes, menos visíveis. Com esse triângulo, Galtung rechaça igualmente a suposta natureza violenta do ser humano e assinala acertadamente que "a paz deve construir-se na cultura e na estrutura, não apenas na 'mente humana', pois o triângulo da violência tem círculos viciosos integrados" (Galtung, 1998, p. 16). Um exemplo importante do papel da violência cultural encontra-se na masculinização da violência: "mais de 90% da violência direta em todo o mundo é praticada por homens, de modo que é preciso desmistificar os mitos masculinos" (Galtung, 1998, p. 74).

Paz-desenvolvimento-direitos humanos-democracia

Como acabamos de ver, a concepção positiva de paz leva-nos a relacioná-la com o conceito de justiça social e de desenvolvimento, mas também com os conceitos de direitos humanos e democracia. Essas conexões são colocadas não apenas nas propostas da PP, como também a Carta das Nações Unidas reconhece que a paz e a estabilidade entre as nações estão vinculadas ao reconhecimento e ao respeito aos direitos humanos, estabelecendo um vínculo entre os direitos humanos e o desenvolvimento econômico e social. Por outro lado, direitos humanos e democracia são dois conceitos que se requerem mutuamente. Vejamos, pois, a relação entre eles.

Paz e desenvolvimento

Como dissemos, a noção de *desenvolvimento* está imersa na de *paz* em acepções diversas: a paz como sinônimo de justiça social; a paz como superação das violências estruturais, começando pelas que têm a ver com as próprias necessidades básicas; a paz como plena realização das potencialidades humanas, etc. Nesse sentido, Galtung conclui: "Paz é igual a desenvolvimento, de certo modo são a mesma coisa!" (1985, p. 107). Nas palavras de Paulo Freire, "A paz se cria e se constrói com a superação das realidades sociais perversas. A paz se cria e se constrói com a edificação incessante da justiça social" (1986, p. 46).

O conceito de *desenvolvimento*, como ocorre com o de *paz*, é suscetível de ser enfocado pelo menos de duas posições diferentes: "em sentido restrito, desenvolvimento equivale ao simples crescimento econômico ou, mais concretamente, de determinadas variáveis quantitativas (PIB, etc.). Se, ao contrário, analisarmos o desenvolvimento em sentido amplo, forçosamente teremos de concluir que implica a satisfação das necessidades humanas básicas: sobrevivência, bem-estar, identidade e liberdade" (Fisas, 1987a, p. 77). Pelo que foi exposto, é óbvio que entendemos o conceito de *desenvolvimento* em seu sentido amplo, isto é, não-limitado às suas vertentes econômicas, visto que todo desenvolvimento em si mesmo refere-se inevitavelmente a "considerações sociais" (Adongo, 1986, p. 13). Ao mesmo tempo, nas palavras das Nações Unidas, "o processo de desenvolvimento deve promover a dignidade humana (Nações Unidas, 1981), o que o associa não apenas ao conceito de paz, mas também ao de direitos humanos, que veremos posteriormente.

Essa estreita relação entre paz e desenvolvimento deu origem a uma enorme quantidade de estudos dentro da PP e das Nações Unidas, sendo particularmente significativos os que analisaram a relação entre desarmamento e desenvolvimento. Assim, podemos citar, entre eles, as conclusões de um comitê de especialistas das Nações Unidas entre as quais destacam-se (Rana, 1984, p. 304-305):

– Os gastos militares, por definição, caem na categoria de consumo, e não de investimento.
– Uma coexistência de altas taxas de gastos militares e de altas taxas de crescimento econômico não reflete um vínculo de causa e efeito entre armamento e desenvolvimento.
– A corrida armamentista e o desenvolvimento estão em relação competitiva, não apenas em termos de recursos, mas na dimensão vital das atitudes e percepções.

Também insiste-se em ressaltar a enorme importância de compatibilizar as necessidades humanas básicas com um meio ecológico sadio. Na Cúpula Mundial de Desenvolvimento Social de março de 1995, a ONU concordou que

128 XESÚS A. JARES

"o desenvolvimento social deve ter o ser humano como objetivo principal". Ao mesmo tempo, assinalou-se que ele deve estar baseado na participação ativa dos indivíduos e das coletividades; no pleno exercício dos direitos humanos e liberdades civis, sem nenhum tipo de discriminação; na livre determinação dos povos e em pleno respeito à sua identidade cultural.

Essas questões nos levam a considerar outra variável fundamental na análise de como é o poder e seu uso nas sociedades. Como assinala Robin Burns, "a justiça requer algo mais que o reconhecimento do desenvolvimento e da paz como direitos humanos; implica uma certa idéia da manutenção, do exercício e da distribuição do poder... Existem vínculos evidentes entre a corrida armamentista e a malversação dos recursos que poderiam ser aplicados no desenvolvimento. O que se sugere aqui é que estes são sintomas de fatores subjacentes, que favorecem o complexo militar-industrial como força de divisão fomentadora da insegurança e baseiam-se em estruturas opressoras que provocam a discórdia entre as periferias e a distribuição desigual de recursos" (1981, p. 141).

Em suma, vemos que o conceito de *desenvolvimento* pressupõe as mesmas condições e os mesmos objetivos e valores que aqueles enumerados anteriormente quando nos referimos ao de *paz*.

Paz e direitos humanos

Assim como ocorre com o conceito de *desenvolvimento*, o conceito de *direitos humanos* está igualmente associado ao de paz, "já que o estudo da paz configura-se como teoria da liberdade e identidade do homem e a paz abarca tudo o que é necessário para que os homens possam realizar-se plenamente" (Arenal, 1989, p. 34). Como já expressamos, "o conceito de *direitos humanos* refere-se primeiramente ao sentido de dignidade, da dignidade humana, que é, mais do que qualquer formulação jurídica ou política, uma condição ou qualidade moral, inerente a todo ser humano sem nenhum tipo de limitações, sejam econômicas, físicas, culturais, raciais, sexuais, etc. Dignidade humana que se situa entre suas qualidades essenciais: a liberdade e a plena igualdade de todos os seres humanos. Nesse sentido, podemos dizer que a Declaração promove um conjunto de valores, princípios e normas de convivência que devem conformar essa dignidade humana e a vida em sociedade, ao mesmo tempo em que rechaça aqueles que sejam contrários a eles" (Jares, 1999, p. 21-22).

Dessa forma, temos de concluir que uma dinâmica de paz implica o cumprimento dos direitos humanos. Nas palavras de N. Bobbio, a paz é "o pressuposto necessário para o reconhecimento e a efetiva proteção dos direitos humanos, tanto nos estados como no sistema internacional" (Bobbio, 1991, p. 14). De fato, a acepção positiva de paz aparece associada, desde sua formulação nos anos 60, à de direitos humanos. Paz e direitos humanos estão tão intimamente interconectados que a realização da primeira exige a presença

EDUCAÇÃO PARA A PAZ **129**

dos outros. Os direitos humanos "engendram a necessidade da paz" (Fortat e Lintanf, 1989b, p. 23), e vice-versa; para que se dê uma situação de paz os direitos humanos devem ser cumpridos.

Além disso, como ocorre com o conceito de *desenvolvimento, paz* e *direitos humanos* configuram-se como conceitos sinônimos: "se para a pesquisa sobre a paz o conceito de paz está intimamente ligado à obtenção de um grau mais elevendo de justiça, parece deduzível que a justiça e o cumprimento dos direitos elementares da pessoa são conceitos sinônimos" (Fisas, 1987a, p. 267). Se a paz exige a realização das necessidades humanas básicas – fisiológicas, sociais, ecológicas e intelectuais –, estas coincidem fundamentalmente com a realização dos direitos humanos; entendendo por direitos humanos "a resposta operacional a algumas necessidades inalienáveis pertencentes à natureza própria e específica de cada ser humano" (Borreli, 1984a, p. 125). Essas necessidades são de vários tipos (Borreli, 1984a):

- O primeiro nível dos direitos humanos baseia-se no exercício dos órgãos fisiológicos.
- O segundo nível faz referência à exercitação da própria inteligência.
- O terceiro nível refere-se às necessidades de tipo social: a exercitação de sua sociabilidade.
- O quarto nível baseia-se no exercício da própria autonomia e da autoconfiança.

Paz, direitos humanos e direito à paz estão tão intimamente interconectados que a realização de uns exige a realização dos outros. Atualmente, o chamado direito à paz, que faz parte da chamada terceira geração de direitos humanos (Jares, 1999), "inclui e engloba praticamente todos os demais direitos humanos, visto que sua realização efetiva supõe a afirmação de todos os demais... A teoria da paz é, desse modo, a teoria dos direitos humanos" (Arenal, 1989, p. 35). Em um sentido negativo, a paz é a antítese da violação dos direitos humanos: não pode haver paz enquanto existirem relações de domínio, enquanto "uma raça dominar a outra, enquanto um povo, uma nação ou um sexo deprecie o outro" (Kelly, 1997, p. 87). Essa idéia de violação dos direitos humanos como causa de não-paz está presente, como assinalamos, na própria Constituição das Nações Unidas, em 1945, ao advertir que "não se conseguirá um mundo pacífico sem uma eficaz proteção internacional dos direitos humanos" (Unesco, 1969, p. 9).

A própria exigência da unidade e indivisibilidade dos direitos humanos (apud Jares, 1999) ressalta a estreita relação entre estes, o desenvolvimento e a paz, dado que os direitos humanos, tanto os chamados direitos da primeira geração (os direitos civis e políticos) como os da segunda (os direitos econômicos, sociais e culturais), e aos quais é necessário acrescentar os chamados de terceira geração (entre eles estão incluídos o direito ao meio ambiente, à paz, ao desenvolvimento, à livre determinação dos povos e ao patrimônio

130 XESÚS A. JARES

comum da humanidade), fazem referência, em suma, ao desenvolvimento e à paz, como também à democracia, que vemos a seguir.

Paz e democracia

A partir da cultura da paz em geral e da educação para a paz em particular, vem-se insistindo na necessidade de regenerar a vida democrática. Regeneração que, no mínimo, tem de ocorrer em quatro direções (Jares, 1996a): democratizando o conhecimento e possibilitando o acesso à cultura ao conjunto da cidadania; favorecendo a participação e o controle social dos assuntos públicos; exigindo uma nova forma de fazer e entender a política, que rompa com a atual tendência altista, "que separa as regras estabelecidas dos comportamentos reais, os princípios consagrados pela Constituição da conduta de governos e instituições" (Sotelo, 1995, p. 34); e, em quarto lugar, contrariando a concepção de democracia liberal limitada unicamente ao âmbito político, democratizando a economia. Como assinala Norberto Bobbio sobre este último ponto, "a democracia se detém nas portas das fábricas".

Por conseguinte, a democracia é algo mais que votar. Circunscrever a democracia ao mero fato de votar de tempos em tempos é uma paródia e uma falsificação da democracia. Que sirvam de testemunho as seguintes palavras de Pérez Esquivel para o caso da América Latina, mas que podemos extrapolar a todos os continentes: "As democracias que vivemos são mais formais que reais, mudaram os governos e se exerce o direito ao voto, mas não se respeitam os direitos humanos das pessoas e dos povos, que são violados permanentemente, persistindo em muitos países as perseguições, os assassinatos, a marginalidade e a discriminação de setores sociais" (1999).

A democracia, assim como os direitos humanos, é "mais um estilo de vida, uma idéia moral que uma forma de governo, em que os indivíduos, respeitando seus diferentes pontos de vista e projetos vitais, esforçam-se mediante o debate e a ação política, a participação e a cooperação ativa, por criar e construir um clima de entendimento e solidariedade, no qual os conflitos inevitáveis são oferecidos abertamente ao debate público, em que é preciso fomentar a pluralidade de formas de viver, pensar e sentir, estimulando o pluralismo e cultivando a originalidade das diferenças individuais como expressão mais genuína da riqueza da comunidade humana e da tolerância social" (Pérez Gómez, 1992, p. 30). Como afirma Bobbio, "direitos humanos, democracia e paz são três elementos necessários do mesmo movimento histórico: sem direitos humanos reconhecidos e protegidos não há democracia; sem democracia não existem as condições mínimas para a solução pacífica dos conflitos" (1991, p. 14).

Em suma, paz, desenvolvimento, direitos humanos e democracia são conceitos interdependentes que se requerem mutuamente. O que, logicamente, deve ter sua aplicação concreta no plano pedagógico.

Visão de conjunto

Para completar o que foi exposto, sintetizamos de forma global as características fundamentais da concepção positiva de *paz*:

1. A paz é um fenômeno amplo e complexo que exige uma compreensão multidimensional. Ao mesmo tempo, uma compreensão ampla da paz exige uma compreensão ampla da violência, conceito que é a antítese de paz e de não-guerra – como se costuma fazer –, já que esta é apenas um tipo de violência, não o único. Por violência entendemos tudo aquilo que impede as pessoas de se auto-realizar como seres humanos, seja por qualquer tipo de violência direta ou pelas chamadas violências estruturais. Em conseqüência, esse conceito amplo e positivo de paz não tem a ver unicamente com a guerra e o armamentismo, como habitualmente nos é apresentado, mas "está relacionado com a forma como vivem os seres humanos" (Cole, 1980). A paz, além disso, é um estado, uma situação, um processo "que nos afeta a todas e a todos em algo tão essencial, imediato e tangível como é a vida, em suas possibilidades e qualidades, no lugar e na forma de vivê-la, tal como ocorre neste momento com milhões de pessoas em todos os continentes do planeta" (Jares, 1996a, p. 11).

2. A paz refere-se a uma estrutura e a relações sociais caracterizadas pela ausência de todo o tipo de violência e pela presença de justiça, igualdade, respeito e liberdade. Por isso, dizemos que a paz se refere a três conceitos intimamente ligados entre si: o desenvolvimento, os direitos humanos e a democracia.

3. Por tudo que foi visto percebemos que a paz não é apenas a ausência de estruturas e relações não-desejadas, mas também a presença de condições e circunstâncias desejadas. Em conseqüência, a paz exige a igualdade e a reciprocidade nas relações e interações. Citado de forma negativa, "não pode haver paz positiva se há relações caracterizadas pelo domínio, pela desigualdade e pela não-reciprocidade, ainda que não haja conflito aberto" (Lederach, 1984, p. 29).

4. A paz é um valor, um dos valores máximos da existência humana que, como ocorre com sua compreensão, está conectado com todos os níveis daquela. Por conseguinte, a paz afeta todas as dimensões da vida: interpessoal, intergrupal, nacional, internacional... Ou seja, não está associada unicamente ao plano internacional nem à política de Estado.

5. A paz é, portanto, um processo dinâmico – não uma referência estática e imóvel – que exige a participação da cidadania em sua construção.

132 XESÚS A. JARES

6. O fato de a paz significar a ausência de todos os tipos de violência não nos exime, como veremos no ponto seguinte, da presença de conflitos. A paz nega a violência, não os conflitos que fazem parte da vida, como desenvolveremos a seguir.

CONCEITO DE CONFLITO

Assim como ocorre com o conceito de paz, atualmente, tanto na sociedade em geral como no sistema educativo em particular, predomina a concepção tradicional de *conflito* derivado da ideologia tecnocrática-conservadora que o associa com algo negativo, não-desejável, sinônimo de violência, disfunção ou patologia e, conseqüentemente, como algo que é necessário corrigir e sobretudo evitar. "O conflito e a dissensão interna de uma sociedade são considerados inerentemente antitéticos ao bom funcionamento de uma ordem social" (Apple, 1986, p. 125). Como se assinalou (Ross, 1995; Galtung, 1996; Lederach, 1984), nas culturas ocidentais predomina uma concepção negativa do conflito. Vejamos isso mais detalhadamente no ponto seguinte.

A concepção tradicional

Como dissemos, a concepção tradicional de conflito dominante atualmente é aquela que o considera como negativo em diversas acepções, que podem ser: conflito como sinônimo de desgraça, de má-sorte; conflito como algo patológico ou aberrante; conflito como disfunção; etc. A conseqüência desse estado de coisas é que o conflito é uma situação a ser evitada ou pelo menos é algo não-desejável. "Infelizmente, o conflito costuma ser concebido quase unicamente em termos negativos. Tanto a intuição popular como muitas das definições científicas apresentam o conflito como um fenômeno desagradável e intrinsecamente mau. A própria Real Academia Espanhola, em seu *Diccionario ideológico*, denota um juízo negativo quando o explica de forma figurativa como apuro, dificuldade e perigo" (Lederach, 1984, p. 43).

Outra acepção tradicional de "conflito" é aquela que o associa à violência, como é o caso de Fullat (1982, p. 77), confundindo determinadas manifestações ou respostas ao conflito com sua própria natureza. Assim, associa-se erroneamente a violência ao conflito, como se entre eles existisse uma relação de estímulo-resposta. Até mesmo em algumas publicações específicas de EP (Unesco, 1983a, p. 67 e 69), ao tratar do tema do conflito e sua resolução, propõe-se como "modelo" didático o estudo da violência, suas causas, tipos e formas de dominá-las.

Detectamos essa concepção negativa de "conflito" e associada à da violência, nos últimos 15 anos, tanto nos alunos de ensino médio como nos universitários/as, e também no coletivo docente nos cursos de formação. Expres-

EDUCAÇÃO PARA A PAZ **133**

sões como "conflito é surrar", "inimizade", "má-vontade", "atacar", etc., assim como a desesperança que se produz quando se corrobora que a paz não pressupõe a ausência de conflitos – "como pode continuar havendo conflitos na paz?", pergunta uma aluna universitária –, confirmam ano após ano a visão tradicional de conflito.

Essa visão negativa também é corroborada quando se associa um componente pejorativo às partes em litígio. Assim, muitas vezes apresenta-se certas pessoas ou entidades como "conflituosas" em sentido negativo, quando manifestam condutas diferentes e/ou críticas em relação a determinados valores ou comportamentos estabelecidos. Tachar um/a aluno/a ou professor/a de conflituoso/a é sinônimo de rotulá-los negativamente, sem questionar-se se os conflitos ou as desobediências que possam ter expressado ou apresentado são realmente necessários com base em critérios de justiça.

No âmbito escolar, o conflito configura-se igualmente de uma perspectiva negativa. A partir de opções ideológico-científicas tecnocrático-positivistas, o conflito apresenta-se como disfunção ou patologia e, conseqüentemente, como uma situação que é preciso corrigir e sobretudo evitar. Por essa razão, a configuração habitual do conflito é:

"1. Perturbação da ordem da aula.
 2. Desacordo entre necessidades, que geralmente leva à perturbação (ativa ou passiva) da efetividade da aula" (Pearson, 1984, p. 9).

Por essa visão, "pensa-se a escola afastada dessa realidade de conflito e luta que supõe a existência de interesses diversos defendidos pelas diferentes classes e grupos sociais" (Torres, 1991a, p. 53). Por seus pressupostos reducionistas, simplificadores no científico e interessados no político, é necessário desenvolver uma visão alternativa fundamentada em valores públicos, democráticos e coletivos, que situe a existência do conflito como elemento consubstancial e "indispensável do fenômeno organizacional" (Schlemenson, 1987, p. 208), necessário para a vida em geral e para o desenvolvimento organizacional das escolas em particular. Além disso, o conflito não apenas é uma realidade e um fato mais ou menos cotidiano nas organizações, como também é necessário encará-lo como um valor, "pois o conflito e as posições discrepantes podem e devem gerar debate e servir de base para a crítica pedagógica e, naturalmente, como uma esfera de luta ideológica e articulação de práticas sociais e educativas libertadoras" (Escudero, 1992, p. 27).

Além disso, todas as instituições, e a escola não é precisamente uma exceção, caracterizam-se por viver diversos tipos de conflito, de natureza distinta e de intensidade diversa. Até o ponto de, sob a aparente imagem de não-conflitividade, o cotidiano dos conflitos é um processo e uma das características centrais e definidoras das escolas: conflitos entre professores; conflitos entre professores e alunos; conflitos entre professores e pais de alunos; confli-

134 XESÚS A. JARES

tos entre professores e à direção da escola; conflitos entre alunos; conflitos entre pais; conflitos entre a escola como tal, ou seus órgãos colegiados, e a administração educativa ou municipal; etc. constituem uma pequena amostra das múltiplas situações de conflitos que todos vivemos de alguma maneira em nossas escolas e que, inevitavelmente, provam a evidência empírica da natureza conflituosa de tais instituições (Ball, 1989; Hoyle, 1986; González, 1998; Jares, 1993a; 1995a).

A reformulação da perspectiva tradicional do conflito

Como conseqüência do legado filosófico-ideológico da nãoviolência, da Teoria Crítica da Educação e da Pesquisa para a Paz (PP), produz-se uma passagem de concepção, reunida no modelo crítico-conflitual-nãoviolento da Educação para a Paz (EP), e no qual assume-se o conflito como o que realmente é, um processo natural, necessário e potencialmente positivo para as pessoas e os grupos sociais. Vejamos isso com mais detalhe.

Em primeiro lugar, afirma-se que o conflito é consubstancial e inevitável à existência humana: "o estado natural do homem é o conflito" (Mendel, 1974, p. 13). Não se trata, portanto, de negar tal realidade, já que "o conflito existe desde o início" (Muller, 1983, p. 13), mas de oferecer os meios adequados e enfatizar suas estratégias de resolução pacífica e criativa. "Enfrentar o desacordo não equivale a um processo autodestrutivo. O conflito não é mal em si, embora as pessoas possam responder a ele de forma negativa" (Pallares, 1982, p. 103). Por conseguinte, a chave não está em sua eliminação, mas em sua regulação e resolução de forma justa e nãoviolenta: "temos de detalhar, aprender e praticar métodos não de eliminar o conflito, mas de regulá-lo e conduzi-lo a resultados produtivos" (Lederach, 1985, p. 1).

Não apenas se considera o conflito como natural e inevitável na existência humana, como atribui-se a ele, em segundo lugar, uma característica realmente antitética à concepção tradicional: sua necessidade. "O conflito é um processo natural e necessário em toda a sociedade humana, é uma das forças motivadoras da mudança social e um elemento criativo essencial nas relações humanas" (Arenal, 1989, p. 26). Coser (1956, p. 67) sustenta a tese de que o conflito social é um importante fator de socialização no nível coletivo. Segundo esse autor, "o conflito intragrupal e intergrupal é um fator de renovação e de mudança social" que "pode evitar o empobrecimento da criatividade". Além disso, no plano social, o conflito também é considerado positivo visto que "o enfrentamento dos valores, dos interesses, das normas, a luta pelo poder e pela igualdade de oportunidades são fatores de vitalidade social" (Coser, 1956, p. 67). Por conseguinte, seja qual for o tipo de conflito, podemos dizer que, em geral, "é um fenômeno necessário para o crescimento e desenvolvimento tanto dos indivíduos como das sociedades globalmente consideradas" (Smith, 1979, p. 180).

EDUCAÇÃO PARA A PAZ **135**

Em terceiro lugar, e em decorrência do que foi explicado anteriormente, defende-se por "perspectiva positiva do conflito: o conflito como um desafio; a incompatibilidade de metas é um desafio tremendo, tanto intelectual como emocionalmente, para as partes envolvidas. Assim, o conflito pode ser enfocado basicamente como uma das forças motivadoras de nossa existência, como uma causa, um concomitante e uma conseqüência da mudança, como um elemento necessário para a vida social, como o ar para a vida humana" (Galtung, 1978, p. 486). É por essa razão que, do ponto de vista do educador, um objetivo pedagógico prioritário é "mostrar aos alunos que o conflito pode ser uma força positiva"; além disso, "a experiência demonstra que os grupos são muito mais criativos em situações de conflito intenso que em situações de baixa conflitividade" (Pallares, 1982, p. 103).

Para concluir, podemos afirmar, parafraseando J. P. Lederach, que "o conflito é essencialmente um processo natural a toda a sociedade e um fenômeno necessário para a vida humana, que pode ser um fator positivo na mudança e nas relações, ou destrutivo, conforme a maneira de regulá-lo" (Lederach, 1984, p. 45).

Conceito

Como todo processo social, o conflito é suscetível de ser definido a partir de diferentes ópticas. Assim, as teorizações que trataram dele podem ser agrupadas em três tipos: as que se centram ou dão preferência à dimensão estrutural da organização, as que se centram ou dão preferência às condutas dos indivíduos e as que combinam ambos os enfoques. Em todo o caso, a maioria das definições que foram dadas em um e outro caso faz referência a um fenômeno de incompatibilidade. De fato, podemos dizer que existe unanimidade em boa parte de diversos autores que estudaram ou refletiram sobre o conflito a partir de diferentes disciplinas (Curle, 1978; Galtung, 1987, 1996, 1998; Gandhi, 1988; Hocker e Wilmut, 1978; Lederach, 1984; Pallarés, 1982; Touzard, 1981; Wren, 1977; etc.) em defini-lo como sinônimo de incompatibilidade entre pessoas ou grupos, ou entre estes e aquelas, ou pelo menos que existem ou se percebem fins e/ou valores inconciliáveis entre uns e outros. De nossa parte, coincidimos com essa visão, isto é, entendemos por *conflito* um tipo de situação na qual as pessoas ou os grupos sociais buscam ou percebem metas opostas, afirmam valores antagônicos ou têm interesses divergentes. Ou seja, o conflito é essencialmente um fenômeno de incompatibilidade, de choque de interesses entre pessoas ou grupos, e faz referência tanto às questões estruturais como às mais pessoais. "Um conflito existe quando se dá qualquer tipo de atividade incompatível" (Deutsch, 1973, p. 47).

Tal unanimidade em sua definição ou caracterização fundamental, contudo, não ocorreu historicamente devido às diferentes interpretações das causas do conflito, de seus componentes e de suas funções. É por essa razão que surgiram várias escolas que estudaram seus motivos, tipos, processos desencadeadores, variáveis intervenientes e estatuto de cada uma delas, etc. Em suma, estamos nos referindo às diferentes interpretações ou concepções que surgiram para explicar essas e outras questões paralelas ou derivadas do estudo do conflito.

Em segundo lugar, queremos ressaltar que o conflito não é um momento de eclosão mais ou menos forte, ou um ponto estático no qual se produz determinado desencontro; ao contrário, como dissemos, é um processo social e, como tal, segue determinada trajetória com seus altos e baixos de intensidade, seus momentos de inflexão, etc. Para dizer isso graficamente, o conflito é um conflitograma, isto é, parece-se mais com um eletro ou cardiograma que com um ponto ou linha fixa, e é dessa perspectiva processual que se deve estudá-lo. A perspectiva do conflito como processo é ressaltada também por diversos autores, como J. Galtung, J. P. Lederach ou M. H. Ross. Este último o denomina "fenômeno evolutivo": "não se pode dizer que o conflito seja um acontecimento de um único momento; mas é preciso antes considerá-lo como um fenômeno evolutivo" (1995, p. 101).

Uma terceira idéia importante tem a ver com a distinção que estabelecemos entre conflito e falso conflito. Entendemos que é útil e necessário diferenciar entre conflito genuíno, real ou simplesmente conflito o que denominamos falso conflito. O primeiro tem a ver com a definição apresentada anteriormente, isto é, quando se dá algum tipo de incompatibilidade ou choque de interesses de qualquer tipo; o segundo é um conflito gerado não por causas objetivas – interesses ideológicos, econômicas, educativas, etc. –, mas fundamentalmente por um problema de percepção ou má-comunicação (Lederach, 1985; Moore, 1994), tanto na gênese e/ou desenvolvimento do conflito como nas propostas de resolução. A percepção é tão importante que às vezes o conflito deixa de existir quando as percepções dos supostos opositores são esclarecidas. Para efeitos práticos, porém, e às vezes não deixa de ser trágico, um falso conflito pode originar ou manifestar-se como um conflito real. Isto é, por meio de falsas percepções ou de processos comunicativos com "ruídos" ou "interferências" podem surgir conflitos reais. Devemos, entretanto, reiterar nossa posição discordante com aqueles que caracterizam o conflito como um problema de percepção, ainda que em muitos casos o seja.

Um exemplo que utilizamos durante muitos anos para exemplificar a distinção entre conflito e falso conflito é a leitura do conto de David McKee, *Los dos monstruos* (Madrid, Espasa Calpe, 1987). O livro narra a história de dois monstros que vivem cada um de um lado da montanha que os separa, um olhando para o leste e o outro para o oeste. Os dois monstros nunca se viram e falam-se por um buraco da montanha. O suposto conflito surge quando um dos monstros manifesta ao outro: "Você viu que bonito? O dia se vai". Ao que o outro responde: "O dia se vai? Você estará querendo dizer que a noite chega, seu ignorante!" A partir desse momento, enredam-se em um processo inequivocamente violento. No início, de violência verbal – com os insultos cada vez

EDUCAÇÃO PARA A PAZ **137**

mais e mais fortes e longos – e depois prossegue a escalada violenta, atirando-se pedaços da montanha – que aos poucos vai se desintegrando (violência ambiental) –, mas, por milagre e felizmente para eles, má-pontaria faz com que nenhuma dessas pedras chegue a atingi-los. Quando por fim cada um agarra a última rocha que restava à montanha, os dois monstros se vêem pela primeira vez, precisamente quando começava um novo pôr-do-sol. E o desenlace do conto, para nossa análise da distinção entre conflito e falso conflito, é revelador.

> "– Incrível! – disse o primeiro monstro, soltando a rocha que tinha nas mãos. – A noite está chegando. Você tinha razão.
> – É assombroso! – suspirou o segundo monstro, deixando cair sua pedra. – Você tem razão, é o dia que se vai.
> Reuniram-se em meio ao desastre que tinham produzido e contemplaram juntos a chegada da noite e a partida do dia."

Como se pode constatar, não havia nenhum tipo de incompatibilidade nem choque de interesses (econômicos, territoriais, ideológicos, educativos, etc.). Trata-se de um falso conflito que se converte em real, derivado de sua percepção distinta de um mesmo fenômeno meteorológico: "e contemplaram juntos a chegada da noite e a partida do dia". Na análise desse "falso conflito", é preciso levar em conta o papel que desempenha a montanha como contexto que impossibilita uma boa comunicação que, junto com sua percepção distinta e sua incapacidade de olhar da perspectiva do outro, precipitam a aparição do conflito.

A estrutura do conflito

Existem diversas teorias acerca da estrutura do conflito. Assim, por exemplo, C. Mitchell (1981) fala da estrutura do conflito como um triângulo cujos vértices referem-se à situação conflituosa, às atitudes e ao comportamento conflituoso. A situação conflituosa seria o conflito propriamente dito, isto é, quando os indivíduos ou grupos percebem algum tipo de incompatibilidade em seus interesses, objetivos ou modos de ação.

Lederach fala de três elementos que compõem a estrutura do conflito: causas, protagonistas e processo. Estrutura que teve uma ampla ressonância na Espanha no campo da pesquisa e da Educação para a Paz. Entendemos, no entanto, que a esses três elementos é preciso acrescentar um quarto de vital importância, que é o contexto. O contexto no qual se produz um conflito não é um mero receptáculo ou cenário que não incide nele mesmo, mas que, ao contrário, pode modificar, alterar, etc., em um sentido ou outro, tanto a gênese e a intensidade do conflito como as próprias possibilidades de resolução.

Por conseguinte, dizemos que, na estrutura de todo conflito, devemos distinguir quatro elementos:

- Causas que o provocam.
- Protagonistas que intervêm.
- Processo que se seguiu.
- Contexto no qual se produz.

Esses quatro elementos estão sempre presentes em todo conflito e configuram o que chamamos de estrutura do conflito. Além deles, temos de levar em conta outro aspecto, que são as conseqüências ou os resultados que todo conflito produz para as partes em litígio e/ou, em alguns casos, para terceiros alheios a ele. Vejamos mais detalhadamente cada um desses elementos.

As causas

Diversos autores de várias escolas e disciplinas polemizaram sobre as causas dos conflitos. Para alguns, todos os conflitos são provocados pelo poder; para outros, além do poder, acrescentam a auto-estima; para outros, ainda, as causas dos conflitos se psicologizam e se reduzem aos diferentes tipos de necessidade humana e/ou a um problema de diferentes percepções. No pólo oposto, determinados enfoques sociológicos explicam a causalidade dos conflitos escolares pelas contradições inerentes ao sistema capitalista no qual vivemos.

Em outras palavras, as causas dos conflitos variam em função da teoria e da disciplina a partir da qual se teoriza. Marc H. Ross (1995, p. 19), embora manifeste que prefere combinar as explicações das teorias socioestruturais com as psicoculturais, "invariavelmente todos os conflitos complexos de natureza social ou política têm múltiplas raízes. O conflito tem a ver com os fins concretos que os adversários perseguem e, ao mesmo tempo, com as interpretações que estes fazem daquilo que está em disputa". Em seu trabalho, contudo, há uma clara preferência pelas chaves psicoculturais, chegando até mesmo a incorrer em um certo determinismo psicologista com relação à aprendizagem em torno do conflito nos primeiros anos (p. 30, 31, 96): "É no começo da infância que as culturas imprimem orientações – como a confiança, a segurança e a eficácia – no mundo social de cada um. As primeiras relações sociais são as que proporcionam os fundamentos que configuram o modelo de conduta social (o que chamo de disposições psicoculturais) que cada um levará durante toda a sua vida" (p. 30).

EDUCAÇÃO PARA A PAZ **139**

Em nossa opinião, a enorme conflitividade, manifestada e latente, que ocorre na instituição escolar só pode ser entendida, como já assinalamos (Jares, 1995a), a partir da dialética entre a macroestrutura do sistema educativo e as políticas gerais orientadas a ele e os processos micropolíticos que têm lugar no interior de cada escola. Por isso, e com a intenção apenas de exemplificar e reconhecendo o papel-chave e o controle, podemos enquadrar a origem dos conflitos na instituição escolar em quatro tipos de categoria, intimamente ligadas entre si e às vezes dificilmente separáveis (Jares, 1995a):
Causas dos conflitos na instituição escolar:

1. Ideológico-científicas: opções contrapostas tanto no plano pedagógico, ideológico (definição de escola) ou organizacional. Também cultura ou culturas escolares que convivem na instituição, etc.
2. Relacionadas com o poder: controle da organização; promoção profissional; acesso aos recursos e à tomada de decisões, etc.
3. Relacionadas com a estrutura: ambigüidade de metas e funções; estrutura de célula; debilidade organizacional, etc.
4. Relacionadas com questões pessoais e de relação interpessoal: autoestima, afirmação; segurança; insatisfação trabalhista; comunicação deficiente e/ou desigual, etc.

Vejam-se exemplos representativos de cada categoria em Jares (1997).

Os protagonistas

Deixando de lado os conflitos pessoais, que não são objeto de nosso campo de estudo, em todo conflito há pelo menos dois protagonistas, sejam pessoas, grupos ou entidades. Em geral é necessário distinguir, em muitas ocasiões, entre protagonistas diretos, aqueles que têm uma relação direta com as causas desencadeantes do conflito, e protagonistas indiretos, que não estão na origem do conflito, mas que em um dado momento intervêm no processo do conflito, podendo influir em um sentido ou em outro e no processo de resolução. No meio escolar, tradicionalmente só se fala dos alunos como protagonistas do conflito. Veja-se, por exemplo, que nas atividades do Conselho Escolar fala-se apenas de conflitos entre alunos/as. Parece que os demais membros da comunidade educativa não apresentam conflitos. Como já foi visto, contudo, entendemos que no meio escolar todos os membros da comunidade educativa podem entrar em situações conflituosas, sem esquecer das administrações educativas.

140 XESÚS A. JARES

O processo

No processo que normalmente seguem os conflitos, pode intervir um grande número de variáveis. Na linha das formulações de M. Deutsch (1971), podemos enumerar as seguintes:

- As características das partes em confronto (valores, aspirações e objetivos, seus recursos intelectuais, suas atitudes em face do conflito, estratégias e táticas possíveis).
- Suas relações mútuas anteriores (a evolução das atitudes e das previsões de um com relação ao outro).
- A natureza do problema que originou o conflito (sua extensão, seu significado, sua motivação, sua periodicidade).
- O ambiente social em cujo interior se desenvolve o conflito (restrições, encorajamento ou dissuasão diante da resolução do conflito, normas e regras institucionais que o regulam).
- Os públicos e suas relações com o tema do conflito (os interesses desses públicos, colocados em jogo pelo conflito).
- A estratégia e as táticas empregadas (utilidades positivas e negativas e as probabilidades subjetivas que implicam, as pressões e ameaças tratadas com futilidade, a liberdade de escolha, as possibilidades de comunicação e a troca de informações, a credibilidade da informação trocada).
- As conseqüências do conflito para cada parte, a curto e médio prazos (as mudanças possíveis decorrentes do conflito, para cada parte e para as relações entre as partes, o prestígio que se pode angariar ou perder).

Variáveis que podemos agrupar em dois grandes campos: as que se referem a situações estruturais e estratégicas, e as emocionais-afetivas. Entre as primeiras, desempenha um papel relevante o tipo e a natureza do poder que se põe em jogo (Raven e Kruglanski, 1970). Por aspectos afetivos do conflito entendem-se variáveis como as atitudes, os estereótipos e as representações que se formam dos grupos em conflito, assim como os aspectos relativos ao personalismo dos protagonistas, em especial os conflitos interpessoais. Aspectos estruturais e aspectos afetivos influenciam-se mutuamente, seja perpetuando-os, seja modificando-os (Touzard, 1981, p. 64).

O contexto

Em quarto lugar, todo conflito, além dos protagonistas, das causas que o desencadeiam e do processo que segue, produz-se e evolui em um contexto sociocultural determinado. Como dissemos, normalmente só se fala dos três primeiros, porém o contexto é um elemento central, tanto para entender a gênese, seqüência, intensidade como as possibilidades de resolução. Todos os conflitos ocorrem em um contexto social e cultural que, direta ou indiretamente, pode influir tanto no início como no desenvolvimento e na resolução dos conflitos. "A cultura afeta a conduta do conflito, mas este também pode ser considerado como conduta cultural. Todos os conflitos acontecem em um contexto cultural. O simples conhecimento do contexto cultural no qual o conflito se desenvolve nos diz muito sobre suas raízes, sua provável evolução e seu manejo" (Ross, 1995, p. 252).

Visão de conjunto

De tudo o que foi dito, e pretendendo fazer uma síntese, podemos deduzir as seguintes premissas ou hipóteses de trabalho acerca do conflito:

1. O conflito, assim como a crise, é consubstancial ao ser humano. "Em tudo o que há vida há conflito" (Dahrendorf, 1970, p. 210).
2. O conflito é um fenômeno multidimensional que precisa ser explicado a partir de uma perspectiva multidisciplinar.
3. Os elementos que fazem parte da estrutura do conflito são: os protagonistas, as causas, o processo e o contexto.
4. O conflito não apenas não é negativo em si mesmo, mas, sem que seja crônico, "é um fenômeno indispensável para o crescimento e desenvolvimento do indivíduo e da sociedade" (Smith, 1979, p. 180).
5. Devemos diferenciar a própria existência do conflito com algumas formas não-positivas de resolução. "O autêntico problema não é a supressão do conflito, mas sua resolução por meios nãoviolentos, desmilitarizados" (Vela, 1984, p. 183).
6. Conseqüentemente, é necessário diferenciar a agressão ou qualquer resposta violenta de intervenção em um conflito do próprio conflito. "A confusão ocorre porque iguala-se violência a conflito. Quando a violência é apenas um dos meios para resolver o conflito, destruindo o outro. A violência tende a suprimir o conflito, apontando para a eliminação do adversário. A violência é um meio, o conflito é um estado de fato..." (Sémelin, 1983, p. 44).
7. Também é preciso distinguir, e em geral existe acordo, entre agressão ou outras condutas violentas de agressividade ou combatividade. "O primeiro termo designa um ato efetivo e o segundo refere-se a uma tendência ou uma disposição" (Van Rillaer, 1977, p. 20). A agressividade faz parte da conduta humana, não-negativa em si mesma, mas positiva e necessária como força para a auto-afirmação, física e psíquica, do indivíduo, e especialmente determinada pelos processos culturais de socialização. A violência não é "sinônimo de agressividade" (Van Rillaer, 1977, p. 27). Ou seja, da

"inevitabilidade da agressividade não decorre a inevitabilidade da violência" (Etxeberría, 1985, p. 35).

8. A agressão ou as condutas violentas não estão geneticamente determinadas na natureza biológica humana. Como se afirma, por exemplo, na *Declaración de la violencia* (AA.VV., 1986), "exceto em casos patológicos, os genes, por si mesmos, não produzem indivíduos necessariamente predispostos à violência, nem tampouco determinam o contrário". Em qualquer caso, "a agressão, é preciso repetir, é mais uma questão de percepções, de valores e de significados, que de hormônios ou de instintos" (Van Rillaer, 1977, p. 192).

9. Conseqüentemente, existe concordância geral em ressaltar a "educabilidade" do ser humano.

10. Pela própria dinâmica do conflito, assim como pelas repercussões pedagógicas que isso implica, deve-se destacar a importância especial da percepção dos protagonistas tanto na gênese do conflito como em seu desenvolvimento, a ponto de que "regular ou resolver um conflito significa muitas vezes esclarecer as percepções e torná-las compreensíveis aos olhos de ambas as partes" (Grasa, 1987, p. 58).

8

A Estruturação Pedagógica

Vimos na primeira parte desta obra diferentes colocações, enfoques e denominações que teve e tem a Educação para a Paz (EP) ao longo de sua história. Uns e outros respondem, em muitos casos, às várias posições ideológico-científicas; à própria determinação de quais devem ser os objetivos ou interesses prioritários da EP; ao meio sociopolítico em que se produz a reflexão ou experiência, e até mesmo no próprio nível educativo no qual se trabalha. Por tudo isso, começamos este capítulo explicitando os três paradigmas conceituais em que, a nosso ver, podemos inserir as diferentes concepções da EP.

MODELOS E PARADIGMAS

Como ficou estabelecido, "cada sistema pedagógico depende de determinado paradigma social que o transmite" (Burns, 1981, p. 139). Dentro do campo das Ciências Sociais em geral e das Ciências da Educação em particular, podemos falar de três grandes paradigmas: o lógico-positivista; o hermenêutico-interpretativo e o sociocrítico. Esses três modelos diferem em questões básicas, como a própria natureza do ser humano e do próprio conhecimento social, os efeitos da ciência e da técnica, a relação entre teoria e prática, etc. (apud Carr e Kemmis, 1986; Kemmis, 1988).

No campo específico da Educação para a Paz, é preciso assinalar o escasso desenvolvimento desse tipo de reflexões, o que, associado ao já significativo avanço dessa dimensão educativa, torna necessário com mais motivo seu esclarecimento, dada a evidente confusão que existe a respeito, misturando enfoques com componentes e/ou conteúdos; atividades com tendências, etc. Nesse sentido, chegar a um mínimo de rigor nas colocações, começando pela própria terminologia, seria bom para todos.

Os italianos D. Novara e L. Ronda (1986b) estão entre os poucos autores que se ocuparam dessa questão. Analisando os tipos de experiências que ocorreram na Itália, assim como as diferentes conceituações em torno de paz e de violência, estabelecem três tipos de "escolha ou modelo" de Educação para a Paz:

a) Modelo intimista: caracterizado pela consideração da violência como algo inevitável no ser humano; conseqüentemente, os únicos métodos que podem ser postos em prática para combatê-la são os de tipo moral. Necessidade de evitar os conflitos.
b) Modelo conflitual-violento: também se associa a violência ao ser humano, embora sua utilização seja aprovada para a resolução de determinados conflitos. A ética individual deve estar sujeita à coletiva.
c) Modelo conflitual-nãoviolento: diferencia-se entre agressividade e violência. Apela-se tanto à ética individual como à estrutura social. A paz não é apenas uma meta, mas um processo. Trata-se de aprender a entrar nos conflitos e sair deles de forma positiva, sem usar a violência.

No início da década de 80, foram difundidos no mundo anglo-saxão dois tipos de enfoque, e portanto classificação de fato, que tiveram grande repercussão no movimento da EP. Essa classificação divide as orientações ou os enfoques em dois grandes grupos: educação sobre a paz e educação para a paz (Hicks, 1980; Young, 1984). Um exemplo dessa classificação são os "dilemas" de N. Young (1984, p. 105), citados em diversas publicações européias (*Bulletin of Peace Proposals*, 1984; *Revista Galega de Educación*, 1988, n. 6; *Salio*, 1986; *Cruz Roja Española*, 1989, etc.), e que resumem a controvérsia entre esses dois enfoques.

Os dois modelos diferem em aspectos básicos, como o papel da informação; a integração da EP no currículo escolar; a relação fins-meios; etc. O enfoque de educação sobre a paz centra-se na transmissão de informação sem questionar a forma de conhecer nem a estrutura educativa. Ao contrário, um modelo de educação para a paz pressupõe não apenas informar sobre a ampla cosmovisão da paz, mas paralelamente exige uma recolocação do próprio processo de ensino-aprendizagem, conforme os valores da paz. É precisamente nessa linha que tentamos construir na teoria e na prática nossa ação educativa, e é sobre ela que versa este capítulo.

Entretanto, ainda que sugestivas, nenhuma das classificações anteriores nos satisfaz por completo. Assim, julgamos necessário expor a nossa. Para isto, seguimos, como já foi dito, os três modelos ou paradigmas expressados para o conjunto das ciências sociais e que relacionamos com as reflexões e experiências da Educação para a Paz. Em função dessa relação, os três grandes modelos de Educação para a Paz são:

EDUCAÇÃO PARA A PAZ **145**

a) Modelo técnico-positivista:

1. Centrado nos fenômenos externos observáveis e mensuráveis. A EP consiste precisamente na transmissão dos aspectos observáveis e quantitativos da paz. Os próprios resultados educativos da EP devem ser especificados e avaliados sob essas condições.
2. Conceito de paz negativo, como antítese da guerra. A paz seria a ausência de guerra entre estados.
3. Conceito de EP negativo, orientado a sensibilizar as pessoas para evitar a guerra.
4. Não questiona as atuais estruturas nacionais e internacionais. Fazer isso seria invadir o campo da política.
5. Em conseqüência, a educação deve ser neutra.
6. Concepção negativa do conflito. A EP deve buscar a harmonia, a ausência de conflitos. Uma "boa" educação para a paz seria aquela que consegue evitar todo conflito na sala de aula.
7. Modelo de professor centrado em desenvolver os objetivos cognoscitivos que os especialistas proporcionam.
8. Clima escolar centrado no professor e na consecução dos objetivos. Relação vertical professor-alunos e ausência de interação entre os alunos.
9. A EP integra-se no currículo escolar, seja como matéria independente, seja como unidade ou escolha das matérias tradicionais do campo das ciências sociais.

Para concluir, trata-se de um modelo de EP negativo, cognoscitivo e dependente.

b) Modelo hermenêutico-interpretativo:

1. Centrado na interdependência dos fenômenos e das pessoas e na subjetividade.
2. A paz é entendida não apenas como ausência de guerra, mas também de todo tipo de violência, do mesmo modo que o conceito de paz positiva, mas centrada nas relações interpessoais. Por isso, acredita-se que é "na mente dos homens que se produzem as guerras", e é na mente dos homens que será preciso proporcionar os meios para evitá-las. Forte componente psicologista em suas análises.
3. Portanto, embora propugne a utilização mista dos enfoques cognoscitivos e afetivos, atribui importância especial a estes últimos, assim como ao cultivo das subjetividades interpessoais e aos processos comunicativos entre as pessoas.
4. Essa colocação idealista originará o utopismo pedagógico: a educação para a paz como criadora de um mundo sem guerras e violências.

146 XESÚS A. JARES

5. Ênfase e priorização das interações e relações interpessoais como objetivo e meio de aprendizagem. A respeito, podemos distinguir duas posturas diferentes:

   a) A que se centra nas relações interpessoais descontextualizadas socialmente e veiculadas basicamente por meio de apelos de tipo moral: "tratarem-se bem uns aos outros", "não brigar", "a guerra é má", etc., que se vincula com a concepção intimista descrita anteriormente.

   b) A acumulativa ou integral que, em seu afã de consensuar enfoques, vê na EP uma oportunidade de "reciclar a educação para a paz nos objetivos habituais tantas vezes programados: educação para a criatividade, para a escuta, nos valores, para a compreensão, para a mundialidade, nos direitos humanos, para a fraternidade, etc." (Novara e Ronda, 1986b:30), feitos de forma asséptica e assim diluídos, perdem sua "capacidade de renovação educativa e escolar...; desligados de qualquer contexto sociopolítico, são neutralizados com relação à urgência histórica, dilatando-se ao infinito sem uma meta precisa" (Novara e Ronda, ibid).

6. Modelo de professor não apenas como provedor de informação, mas também e fundamentalmente como coordenador das interações e aprendizagens escolares. Sua relação com os especialistas da PP e pedagogos é a do trabalho conjunto, ainda que da direção, explícita ou conjunta daqueles.

7. Participação dos alunos como agentes da aprendizagem e da organização da turma. Propugnam-se sistemas de autogoverno.

8. Conseqüentemente, a obtenção de um clima positivo na sala de aula é tarefa prioritária. Coerência da forma de educar com os fins a perseguir.

9. A integração da EP tem duas posições: a) para os que a consideram como educação moral, faria parte basicamente das matérias de religião ou ética; b) os que a concebem como educação integral, mostram-se radicalmente contrários a convertê-la em uma matéria, considerando-a como dimensão que afeta todas as matérias do plano de estudos tradicional.

c) Modelo sociocrítico:

1. Baseado nos conceitos de paz positiva e na perspectiva criativa do conflito.

2. Concepção ampla e global da paz, inter-relacionada com os obstáculos políticos, sociais, econômicos, etc. que a dificultam.

3. Simetria entre os enfoques cognoscitivos e afetivos, morais e políticos. Utilização dos métodos socioafetivos e em transpor os limites da sala de aula.

EDUCAÇÃO PARA A PAZ **147**

4. Orientada por valores onicompreensivos (Mead, 1975); não-neutra; questiona as atuais estruturas sociais, tanto as nacionais como as que existem entre estados, assim como as do próprio sistema educativo.
5. Fundada na conscientização e orientada para a ação e transformação das estruturas violentas.
6. Ênfase no conflito, o conflito como centralidade da EP e em sua resolução de forma nãoviolenta. Podemos estabelecer duas tendências: a) a perspectiva conflitual nãoviolenta, que rechaça todo o tipo de violência; b) a conflitual violenta, que admite a violência como consubstancial ao ser humano e/ou justifica seu uso para combater situações de injustiça.
7. Importância de lutar contra a violência estrutural e simbólica do sistema educativo, assim como a necessidade de conseguir um currículo emancipador.
8. O modelo de professores que se propugna está em sintonia com o do enfoque hermenêutico, embora existam duas claras diferenças: a) do ponto de vista didático assume-se o chamado conceito de professor-pesquisador; b) quanto à interação escola (profissão)-sociedade, o professor "sociocrítico" tem um compromisso sociopolítico com os valores da paz, ao mesmo tempo que procura situar seu trabalho educativo nesse contexto. Por outro lado, consciente de sua dimensão exemplificadora, busca uma coerência entre sua vida e seu trabalho educativo.
9. No que diz respeito à integração curricular, a posição majoritária dos que se situam nesse modelo é a de ser abertamente contrários à sua conversão em matéria nos níveis não-universitários do ensino. Insiste-se em uma reformulação do currículo atual para superar suas violências. Atribui-se grande importância aos projetos extra-escolares.

Não é preciso dizer que, como em toda a classificação, existem características que podem se enquadrar em diferentes categorias e, em segundo lugar, ocorrem outros fatores que costumam dificultar as classificações anteriores, como, a) a amplitude que se atribui a cada uma delas com relação a seus currículos ou objeto de estudos – enfoques amplos ou restritos; b) a temporalização e c) prioridade dos objetivos – quais objetivos a curto prazo e quais objetivos a médio e a longo prazos.

Definição

Do que foi dito no ponto anterior, situamos nossa concepção de Educação para a Paz (EP) no paradigma sociocrítico, integrando determinados aspectos e propostas do enfoque interpretativo. Dessa perspectiva, entendemos a EP como um processo educativo, dinâmico, contínuo e permanente, fundamentado nos conceitos de paz positiva e na perspectiva criativa do conflito, como elementos significativos e definidores, e que, mediante a aplicação de enfoques sociafetivos e problematizantes, pretende desenvolver um novo tipo de cultura, a cultura da paz, que ajude as pessoas a desvendar criticamente a realidade para poder situar-se diante dela e atuar em conseqüência.

Realidade que é complexa e conflitiva e que entendemos em relação a três dimensões nas quais o ser humano se desenvolve: consigo mesmo e com os outros; com e a partir das interações e estruturas sociais por ele criadas; e com o meio ambiente no qual transcorre a vida. Nesse sentido, falamos da EP como "cruzamento de uma educação afetiva, uma educação sociopolítica e uma educação ambiental" (Jares, 1983; 1986). De forma esquemática, expressamos como segue no quadro:

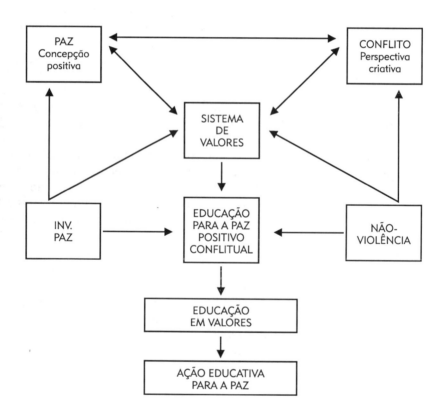

CARACTERÍSTICAS

Dos dois conceitos de apoio, *paz* e *conflito*, assim como da concepção ou do modelo de Educação para a Paz que propusemos, deduzimos as seguintes características pedagógicas (aquelas relacionadas com a forma, conteúdos, estrutura e relações interpessoais são tratadas na parte 3 deste livro):

1. A EP faz parte do que chamamos de educação em valores. Como se afirmou, tanto o conceito de paz como a disciplina encarregada de seu estudo, a PP, fundamentam e promovem a realização de determinados valores. Do conceito de educação, tal como se estudou amplamente, começa a existir um certo consenso em admitir a evidência de que a educação não é um fenômeno neutro. Ou seja, faz-se a partir de e com determinada ideologia (Sánchez Vázquez, 1976), com um sistema de valores. É claro que isso pode se realizar de forma não-consciente, mas em todo o caso, não invalida o fato de que, para os educadores, não existe a possibilidade de "assumir uma posição de indiferença, a posição de quem tranqüilamente se declara neutro" (Freire, 1987, p. 13). Por conseguinte, tanto do ponto de vista da educação como do próprio conceito de paz, a EP é uma educação em valores.

De um ponto de vista metodológico, devemos determinar que, previamente à educação em valores, está o "esclarecimento de valores" (Howe e Howe, 1977; Pascual, 1988; Raths e outros, 1967; Seminario EP-IME Badalona, 1987; Simón e outros, 1977), como processo que procura tornar as pessoas conscientes de seus valores e agir em conseqüência. Por isso, não se trata de ensinar o "bom" ou o "mau", o "justo" ou o "injusto", mas de tornar as pessoas conscientes dos mecanismos pelos quais atuam de acordo com valorações implícitas. A EP, contudo, vai além do esclarecimento de valores, que em todo o caso é concebida como um primeiro passo. A EP não apenas pretende tornar as pessoas conscientes de seu processo de valoração e das suas razões, mas também apresenta criticamente determinados valores, como o conformismo, o individualismo, a intolerância, o enocentrismo, o androcentrismo, etc., ao mesmo tempo que se apresenta outro tipo de valores alternativos, onicompreensivos (Mead, 1975), públicos (Reardon, 1978a) e em concordância com o valor paz: justiça, igualdade, respeito, reciprocidade, solidariedade, etc. Tudo isso sem cair na doutrinação (outra velha polêmica relacionada com a educação em valores). Para evitar isso, a EP tem seus antídotos baseados em sua natureza e configuração: sua forma de educar (não-impositiva, participativa, com ênfase especial no conflito); seus objetivos (fomento da capacidade de dissidência, desobediência, etc.); sua estrutura (horizontal, democrática); etc.

2. A consideração da educação como atividade política destinada a aumentar nos sujeitos a consciência do funcionamento dos processos socioeconômicos, entre eles a paz (Cobalti, 1985; Haavelsrud, 1984). Como se afirmou no encontro do PEC de 1977, "a educação é sempre uma atividade política, associada a finalidades políticas... A Educação para a Paz é um processo

150 XESÚS A. JARES

pelo qual um grupo de pessoas se torna consciente de sua capacidade potencial e aprende a identificar os meios mediante os quais se pode chegar à solução desse problema". Em suma, pretende-se responder e ser consciente da pergunta "conhecer para quê", sabendo que, como já foi dito, "não existe neutralidade no ato de conhecer" (Freire, 1987, p. 12). Por isso, "a Educação para a Paz – e a educação em geral, diríamos nós – não é apenas um fato educativo, mas também uma experiência política" (Borrelli, 1984a, p. 33). Por outro lado, "que se faça de forma astuta ou ingênua, separar a educação da política não apenas é artificial como perigoso" (Freire, 1990, p. 167).

3. A orientação "sistêmica", "holística" e interdisciplinar com que se relacionam os problemas da paz. "É uma linha da tendência nos estudos sociais, que leva a reconhecer o emergir de uma sociedade global" (Becka, 1976). Nessa sociedade global, "as diferentes situações de falta de paz estão cada dia mais estreitamente ligadas umas às outras" e, por isso, "é impossível trabalhar de forma eficiente enfrentando os problemas de uma delas sem levar em conta os problemas das situações a elas ligadas" (Mushakoji, 1974). Tal orientação tem sua tradução pedagógica na perspectiva global e integradora dos diversos componentes da EP e na noção de transversalidade que abordamos no ponto cinco deste capítulo.

A interdisciplinaridade é uma característica-condição básica que se depreende dos dois conceitos em que se sustenta a EP: o conceito de paz positiva e a perspectiva criativa do conflito. Além disso, o próprio processo de aprender requer um enfoque interdisciplinar (sobre este último e sua relação com a didática, apud D. Antiseri, 1976; C. Scurati e E. Damiano, 1977; Torres, 1994). De fato, como vimos, da compreensão da paz e do conflito, deduz-se uma compreensão multidirecional e multidisciplinar da EP, tanto em sua dimensão cognoscitiva ou de áreas de conhecimento (relação com os conteúdos), como no uso de estratégias metodológicas diferentes.

4. Relação orgânica entre pesquisa, educação e ação para a paz. Como se afirmou, "pesquisa para a paz, educação para a paz e ação para a paz devem ser integrados em um todo unificado. É óbvio que se estiveram separados é por reflexo da tendência à divisão do trabalho da sociedade circundante e não uma necessidade interna" (Galtung, 1974b, p. 153). Os três elementos estão "indissoluvelmente unidos e, como educadores, estamos em uma boa posição para reforçar e esclarecer as relações entre eles" (Hicks, 1980, p. 13).

5. Orientada para a ação e a mudança social. A EP deve implicar mudanças de comportamento orientadas para a consecução da paz. A base dessa atitude para a ação, ou o "elemento orientador, catalizador" (Galtung, 1985, p. 118) é a consciência: a EP compreenderá as aprendizagens que tornarão as pessoas capazes de contribuir para a reforma da estrutura social e para os procedimentos voltados para a diminuição da violência e o aumento da justiça. Nesse sentido, ressalta-se a ênfase especial que se dá à necessidade de que a EP leve a uma tomada de posição que gere um comportamento ativo na vida real.

EDUCAÇÃO PARA A PAZ **151**

Essa orientação para a ação (Haavelsrud, 1976a) é que dá sentido e até mesmo valida o próprio processo educativo: "tanto a PP como a EP implicarão, se tiverem algum valor, a ação pela paz" (Galtung, 1974a). Longe de buscar a passividade, a tranqüilidade, a não-ação, sua orientação é dirigida para formar pessoas ativas e combativas (Fortat e Lintanf, 1989a, p. 19). Como afirmam Nicklas e Ostermann (1977, p. 51): "a contribuição particular da EP em comparação com a educação social e política em geral está no desenvolvimento da consciência, atitude e habilidade de primeira importância para a participação na sociedade mundial. Relações pacíficas não significam ausência de problemas, conflitos e hostilidade". E concretizam: a EP "não deve ser uma educação para tornar as pessoas mais pacíficas, mas para torná-las capazes de examinar a estrutura econômica e social enquanto estrutura violenta" (1979, p. 37).

6. Realista e possível. Com isso referimo-nos a duas idéias. Em primeiro lugar, trata-se de combater a crença que associa a EP a algo utópico no sentido de quimérico, conceitos claramente diferenciados, mas que comumente se confundem, e muito menos aquela que a associa a um "sonho" (Fullat, 1982, p. 77). Educar para a paz é uma tarefa "realista e responsável, em vista da situação e das necessidades do mundo em que vivemos" (Lederach, 1984, p. 125). Em segundo lugar, queremos distanciar-nos do chamado "utopismo pedagógico", característico da Escola Nova, e que, como vimos no Capítulo 1, caracteriza-se por atribuir à educação o papel principal na mudança social e, conseqüentemente, o meio para obter a paz. Esse pensamento manifestou-se em outras formulações mais recentes:

- A educação e os educadores como protagonistas e impulsionadores da mudança social (Chico González, 1970, p. 147; Dewey, p. 1952, p. 46).
- Em alguns representantes da tradição nãoviolenta (Rey-Herme e outros, 1967, p. 141).
- Em certas publicações da Unesco (1969, p. 16-17) e no próprio estatuto de sua fundação, ao afirmar que, se as guerras se fazem nas mentes dos homens, é nas mentes dos homens que se deve colocar as bases da paz.
- Em autores diversos que refletiram sobre a EP, como é o caso da pensadora espanhola M. Zambrano, que, em 1967, em seu exílio em Roma, escreve: "Parece-nos que está assinalado com clareza suficiente que a paz deve nascer do interior do homem, justamente onde a educação tem seu campo apropriado, sua ação mais específica. Sem educação para a paz não haverá paz duradoura. Mais uma vez, o professor é o responsável, embora não apenas ele, pelo destino do mundo" (Zambrano, 1996, p. 159).

O utopismo em questão refletiu a tal ponto no discurso pedagógico que ainda hoje está muito arraigado na EP. Veja-se a respeito o estudo experimen-

152 XESÚS A. JARES

tal sobre os educadores para a paz no Estado espanhol (Jares, 1989a, p. 55-101), no qual, a respeito dessa questão, mais de 50% dos entrevistados inserem-se na mesma linha da Escola Nova; porcentagem que aumentaria em 35% se levássemos em conta os que se aproximam dessa posição.

Contudo, mais do que qualquer outro argumento, a crua realidade da história demonstrou a inexatidão dessa proposta ou dessas expectativas em relação à educação em geral e à EP em particular. Como afirmaram vários autores (Carbajales, 1933; Hicks, 1980, p. 87; Freire, 1987, p. 14; Harris, 1986, p. 10; Nicklas e Ostermann, 1974, p. 173), a educação por si mesma não pode erradicar as violências estruturais que negam a paz e que afetam a própria sobrevivência da espécie humana. A paz não chegará pela via escolar, mas mediante a ação social e política. Contudo, a escola e a EP podem ajudar a obtê-la em seu trabalho de facilitar a consciência que nos exercite nessa ação social. Nas palavras imaginativas e paradoxais de Freire, "a educação não pode ser a alavanca para a transformação do mundo" (Freire, 1987, p. 5).

7. Integrada em seu meio. A realidade circundante na qual se produz a experiência educativa deve ser, além de objeto e lugar de estudo e intervenção educativa, princípio e recurso metodológico fundamental na EP, não apenas por aplicar o princípio didático de partir do imediato e conhecido para chegar ao mais distante e desconhecido, mas pela própria orientação para a ação da EP, que exige o cumprimento de tais características. Nesse sentido, inscreve-se no lema ecologista: "Pensa globalmente e atua localmente".

8. Integrada plenamente no currículo como um dos "eixos vertebrais de uma prática educativa crítica e emancipatória" (Escudero, 1990, p. 19). Tal como foi conceituada, optamos por uma via transversal de integração que afete tanto o conjunto de áreas escolares como a própria forma e organização escolar. Nesse sentido, parece-nos interessante ressaltar a necessária reciprocidade entre a EP e o próprio desenvolvimento curricular, no sentido de que aquela intervenha no segundo e de que este contribua (Escudero, 1980, p. 6) e seja em si mesmo uma resposta de paz. Desenvolvemos essa questão no ponto 5 deste capítulo.

9. Assentada no jogo e no riso, e não na conquista e na seriedade (Van Rillaer, 1977, p. 206). A ênfase no jogo se faz não apenas por sua vertente lúdica, o que constitui por si mesmo um objetivo e uma forma de entender a educação longe da seriedade e do aborrecimento da escola tradicional (Moncada, 1985; Snyders, 1987), mas também se ressalta seu valor por ser um instrumento insubstituível na aprendizagem de determinados valores. Por isso, partindo da consideração de que a atividade lúdica também não é neutra, interessa-nos potencializar um tipo de jogo que fomente os valores relativos à paz, como a cooperação, a participação, a auto-afirmação, a comunicação, a empatia, etc. Referimo-nos a esse tipo de jogo, conhecido sob a epígrafe

EDUCAÇÃO PARA A PAZ **153**

de jogo cooperativo e que temos utilizado com um êxito notável há muitos anos, e apresentaremos diversos exemplos no Capítulo 10.

10. Da reformulação e centralidade compartilhada do conceito de conflito, deduzimos quatro pressupostos pedagógicos:

- Em primeiro lugar, ressalta-se a idéia de que "educar para a paz não pode consistir em educar para a supressão da agressividade" (Etxeberría, 1985, p. 36). Nesse sentido, educar para a paz é educar para a luta como forma de realizar e projetar a agressividade. Luta que deve se dar com métodos nãoviolentos. "Em nossa escola, a palavra 'luta' é sempre perturbadora. Diz-se que na escola tudo deve tender à harmonização das relações interpessoais, e não à sua tensão. A luta representa a tensão extrema de uma relação. Poder-se-ia objetar que tal afirmação peca por certa falta de realismo, já que parece ignorar uma das características mais importantes do comportamento infantil: a agressividade" (Alfieri e outros, 1981, p. 132).
- O cultivo desde pequenos da "tolerância da diversidade", ou, na palavras de A. de Saint-Exupéry, "se discordo de você, em vez de prejudicá-lo, o faço crescer" (in Van Rillaer, 1977, p. 197).
- Necessidade de potencializar a auto-afirmação e a auto-estima como passo prévio para desenvolver a confiança em si mesmo e no grupo. Dessa perspectiva, interessa-nos desenvolver tal característica não apenas em negativo, para evitar determinadas agressões que às vezes se produzem "quando o sujeito já não tem o sentimento de ser reconhecido e valorizado" (Van Rillaer, 1977, p. 172-173), mas também em positivo, para favorecer "o compromisso com a justiça, mediante a ação e, nesse caso, a desobediência" (Ibáñez, 1988, p. 5). No capítulo seguinte, no ponto dedicado à Educação para o conflito e a desobediência, deteremo-nos com mais detalhe nessa questão.
- Estimular as formas nãoviolentas de resolução dos conflitos e desenvolver na prática aquelas "estratégias adequadas para que os estímulos indutores da agressão não se desenvolvam e para ajudar o menino ou a menina a superarem as dificuldades e tensões que induzam à agressão" (Asensio, 1989, p. 114).

Em suma, a caracterização positiva que a EP faz do conflito supõe sua "entronização" no processo educativo em três planos diferentes, mas complementares:

- Como finalidade e objetivo.
- Como caracterização do próprio conceito de EP.
- Como componente, meio e instrumento educativo.

OBJETIVOS

Se fazemos uma análise dos autores que trataram dessa questão de forma explícita, veremos que podem ser enquadrados em três grupos possíveis:

- Os que estabelecem ou referem-se a determinados objetivos, mas sem precisá-los, seja porque se referem e eles de forma genérica (Fortat e Lintanf, 1989a, p. 149; Rosa e Milito, 1984, p. 19), ou porque enfatizam um aspecto, componente ou dimensão da EP sem precisá-lo.
- Há outro grupo de autores que, ao contrário, elaboram grandes listas de objetivos, mais ou menos especificados (Nicklas e Osterman, 1974).
- Os que apresentam suas propostas de objetivos, estruturando-os em diferentes categorias (Allahwerdi, 1979; Das e Jangira, 1986; Jares, 1986; Novara e Ronda, 1983, 1984 e 1986b; Reardon, 1982).

Obviamente, interessa-nos centrar-nos no terceiro grupo. Contudo, é preciso mencionar que, embora no segundo Nicklas e Osterman apresentem uma extensa lista de objetivos sem classificá-los, podemos agrupá-los em capítulos distintos referentes a diversos conhecimentos/procedimentos: objetivos referentes à autonomia e à relação da liberdade individual com a sociedade; à relação interesses particulares-interesses gerais; às condições sociais alienantes e desiguais; à violência estrutural; aos conflitos; à agressividade; aos preconceitos; à interdependência mundial; à guerra; e, finalmente, objetivos referentes à paz positiva. Em sua lista, há um claro viés no sentido dos objetivos cognoscitivos, basicamente proporcionados pela PP.

No terceiro grupo, os critérios que se seguem não são comuns. Assim, por exemplo, B. Reardon (1982, p. 64-67) classifica-os em dois conjuntos: objetivos relacionados com as pessoas, nos quais mescla os cognoscitivos com os de procedimento; e objetivos relacionados com os problemas, todos eles de tipo cognoscitivo e centrados, como é clássico nessa autora, nos relacionados com o desarmamento. Novara e Ronda estabelecem os objetivos a médio e longo prazos (1983; 1984), embora nas últimas publicações falem unicamente nos últimos (1986a, p. 43); para eles, todos os objetivos a longo prazo estão relacionados entre si e os fundamentam na "centralidade" do homem, que é "um homem que cresce e que crescendo entra em relação consigo mesmo, com os outros e com o ambiente que o circunda". Por isso, estabelecem três tipos de objetivo que enquadram no que chamam de educação para as relações, educação para a justiça e educação para o desarmamento.

Por último, H. Allahwedi (1979) e Das e Jangira (1986) estabelecem classificações semelhantes em sua estrutura. Para esses autores, os objetivos da EP são de três tipos: os socioafetivos ou de atitudes, os cognoscitivos ou de conhecimento, e os operacionais ou desenvolvimento e apreciação de atitudes. Classificação que coincide com a que trabalhamos (Jares, 1986), e que traduz em sua totalidade a definição de EP anteriormente exposta.

EDUCAÇÃO PARA A PAZ **155**

Como é lógico, as classificações anteriores apresentam objetivos comuns, tanto em sua dimensão negativa (favorecer a recusa da violência e com ela da guerra; as violações aos direitos humanos; os preconceitos) como em sua dimensão positiva: desenvolver a autonomia e a confiança em si mesmos; a resolução pacífica de conflitos; a capacidade de mudança, individual e social; a solidariedade; a capacidade para trabalhar e jogar juntos; a conscientização da interdependência mundial; a defesa dos direitos humanos; a consciência crítica, etc. Em uma zona intermediária entre as dimensões negativa e positiva situam-se os objetivos relacionados com a agressividade e seu controle positivo.

A seguir, apresentamos nossa própria classificação que procura contemplar os objetivos básicos da EP. Nós os classificamos em três tipos:[*] os conceituais, os atitudinais e os procedimentais. Seguindo as formulações de César Coll (1986a e b; 1987), os conceituais incluem fatos, conceitos e princípios; os atitudinais incluem valores, normas e atitudes propriamente ditos. Aprender um objetivo procedimental significa que se é capaz de utilizá-lo em diversas situações e de maneiras diferentes, com a finalidade de resolver os problemas colocados e conseguir as metas fixadas. Em cada um deles, nós os agrupamos levando em conta os diferentes componentes da EP, com exceção dos objetivos de procedimento que são comuns a todos eles.

A classificação, pelo próprio fato de sê-lo, não pode ser exaustiva, mas sim suficientemente ampla e precisa para refletir de forma significativa os objetivos essenciais da EP. Por outro lado, não se deve contemplar de modo uniforme, já que, por exemplo, deve ser adaptada, separada, etc., conforme os diferentes níveis educativos e ao meio no qual se desenvolve a experiência.

Partindo do objetivo genérico da EP, que não é senão o de sensibilização e conscientização em torno das idéias expostas sobre a paz positiva e a perspectiva criativa do conflito, os objetivos – e por conseguinte os conteúdos – da EP são:

1. Objetivos conceituais:

   a) Relacionados com o conceito de paz:
   - Descrever as diferentes conceituações da paz, tanto longitudinalmente – ao longo da história –, como transversalmente – diferentes culturas.
   - Situar no espaço e no tempo as principais lutas que ocorreram na história em favor da paz.
   - Conhecer os diferentes movimentos sociais que atualmente lutam pela paz.
   - Identificar a mudança social como possível e como resultado da ação das pessoas.

---

[*]N. de R.T. Os termos utilizados – e conhecidos – da obra de César Coll em português, referindo-se aos tipos de conteúdo são: conceituais, atitudinais e procedimentais. (Coll et al., 1998)

– Reconhecer as condições que encerra a idéia de paz positiva e suas diferenças em relação ao conceito de paz negativa.
– Reconhecer que as atitudes violentas são aprendidas.
– Identificar as causas sociais que geram violência.
– Conhecer os fatores que contribuem para a paz, a cooperação e o respeito aos direitos humanos.
– Identificar os obstáculos que não a tornam possível, isto é, os diferentes tipos de violência e suas repercussões, tanto no meio local como no internacional.
– Identificar os fatores geradores de uma cultura de paz.

b) Relacionados com o conflito:
– Reconhecer o conflito como natural e inevitável na vida humana.
– Saber reconhecer a estrutura do conflito.
– Discernir os motivos e as variáveis que intervêm em um conflito.
– Reconhecer os diferentes tipos de conflito.
– Identificar os interesses reais das ideologias que estão por trás de determinados conflitos.
– Conhecer os diferentes métodos e técnicas de resolução nãoviolenta de conflitos.
– Reconhecer a capacidade de cada um e a dos demais para resolver os conflitos.
– Identificar os requisitos para uma convivência pacífica.
– Diferenciar conflito de violência.
– Indagar sobre as causas, cenários e tipos de violência.
– Identificar a violência como a antítese da convivência pacífica.
– Identificar e analisar as possíveis condutas de perseguição e intimidação que possam produzir-se no meio escolar.
– Indagar sobre as práticas sociais de desobediência diante de situações de injustiça.

c) Relacionados com os direitos humanos:
– Explicar o significado do conceito de direitos humanos como um processo que se constrói historicamente.
– Conhecer os principais antecedentes históricos dos direitos humanos.
– Saber relacionar o conceito de direitos humanos com os de justiça, paz e democracia.
– Analisar os direitos humanos e as necessidades humanas básicas.
– Entender os direitos humanos de forma universal e indivisível.
– Reconhecer as diferentes gerações de direitos humanos.
– Localizar historicamente a Declaração Universal dos Direitos Humanos, seu significado e os direitos que a conformam.
– Identificar as possíveis violações que no próprio país e no mundo possam-se produzir.

EDUCAÇÃO PARA A PAZ **157**

- Interpretar suas possíveis causas.
- Identificar a discriminação como a antítese dos direitos humanos.
- Conhecer os diferentes tipos e formas da discriminação.
- Examinar a prática dos direitos humanos na escola e na comunidade.
- Conhecer as diferentes organizações que, localmente e internacionalmente, trabalham em favor dos direitos humanos.
- Indagar sobre a relação direitos humanos-ingerência. O direito internacional e o Tribunal Penal Internacional. Problemática e perspectivas.

d) Relacionados com o desenvolvimento:

- Conhecer o conceito de desenvolvimento e analisar suas relações com o de paz e direitos humanos.
- Explicar as causas socioeconômicas e políticas do subdesenvolvimento.
- Descobrir seus antecedentes históricos.
- Conhecer a situação socioeconômica dos chamados países do Terceiro Mundo: agricultura, alimentação e fome, comércio de armas e militarismo, ensino e cultura, demografia e saúde, situação da mulher e da infância, etc.
- Localizar geograficamente os países do Terceiro Mundo e, sociologicamente, saber reconhecer o chamado "terceiro mundo em casa" ou quarto mundo.
- Analisar o conceito de intercâmbio desigual, com a conseqüente repartição desigual de bens no mundo, e o problema da dívida externa.
- Assinalar possíveis soluções alternativas.
- Distinguir as diferentes organizações que, local, nacional e internacionalmente, trabalham em favor da paz e do desenvolvimento.
- Classificar as ações que podem ser levadas à prática de modo a contribuir para a paz e a solidariedade.
- Analisar o conceito de solidariedade e suas diferentes manifestações.

e) Relacionados com o mundialismo, multiculturalismo e interculturalismo:

- Identificar a humanidade como um todo global, formada por diferentes culturas e raças.
- Distinguir entre diversidade e desigualdade.
- Interpretar o conceito de interdependência em seus diferentes níveis: interpessoal, intergrupal, internacional.
- Analisar culturas minoritárias e indagar sobre a noção de identidade. A concepção hegemônica ocidental e o neocolonialismo. Transculturação e desculturação.

158 XESÚS A. JARES

- Interpretar as diversas culturas mundiais dentro do respeito e do direito à diferença.
- Reconhecer e praticar as habilidades para viver em uma sociedade multicultural.
- Conhecer diferentes expressões da cultura cigana, sua história e seus costumes.
- Conhecer a situação da imigração na Espanha e seu controle legal. Idem na Europa.
- Estabelecer conexões entre racismo, xenofobia e economia.
- Conhecer líderes, movimentos e instituições anti-racistas.

f) Relacionados com o desarmamento:

- Conhecer as causas, a natureza e as conseqüências do rearmamento.
- Explicar a idéia do desarmamento e inferir suas conseqüências positivas em torno da segurança, meio ambiente e melhoria das necessidades sociais.
- Identificar as diferentes alternativas de desarmamento.
- Explicar os conceitos de Estado-nação e de segurança como históricos e modificáveis.
- Analisar as propostas de defesa nãoviolenta e a objeção de consciência ao serviço militar. A objeção fiscal aos gastos militares.
- Reconhecer as causas das guerras e seu papel na história da humanidade.
- Conhecer a situação do comércio de armas e as campanhas contra ele.
- Indagar sobre a relação entre militarismo, subdesenvolvimento e direitos humanos.
- Identificar as diferentes conseqüências trágicas da guerra em todas as suas vertentes: humana, social, econômica, ecológica...

g) Relacionados com a compreensão internacional e as relações internacionais:

- Descrever e analisar as diversas formas de cooperação internacional.
- Deduzir as conclusões pertinentes em torno das diferentes mudanças que teve para um mesmo país o conceito de inimigo e seu uso pelos Estados.
- Relacionar o sistema internacional vigente como algo histórico.
- Conhecer o funcionamento e a estrutura das Nações Unidas e de outros organismos internacionais, assim como suas propostas de reforma.
- Conhecer os principais problemas da humanidade.

EDUCAÇÃO PARA A PAZ **159**

2. Objetivos atitudinais:

a) Relacionados com o conceito de paz:
- Apreciar os esforços que, historicamente e na atualidade, produzem-se em favor da paz.
- Comportar-se de acordo com os valores da paz.
- Dar-se conta das possíveis violências de nosso entorno imediato e do mundo e agir em face delas para provocar seu desaparecimento.
- Valorizar positivamente as mudanças sociais tendentes a libertar a humanidade de todo tipo de violência.

b) Relacionados com o conflito:
- Apreciar as qualidades positivas de cada um e as dos demais.
- Saber relativizar nossa posição em um conflito.
- Ter consciência de possíveis ideologias ou interesses por trás de determinados conflitos.
- Respeitar as opiniões dos demais e ser capazes de nos colocar no lugar do outro.
- Aceitar as decisões tomadas democraticamente.
- Perceber as vantagens da resolução nãoviolenta dos conflitos e agir em conseqüência.
- Valorizar negativamente a obediência cega e, ao contrário, sentir a necessidade da desobediência diante de situações ou leis injustas.
- Apreciar a luta nãoviolenta diante das situações de injustiça nas quais não é possível a resolução nãoviolenta dos conflitos.

c) Relacionados com os direitos humanos:
- Valorizar os direitos humanos como uma das principais conquistas da humanidade.
- Ter consciência da fragilidade dos direitos humanos e que, como conseqüência, é necessário estar sempre vigilantes para seu cumprimento.
- Respeitar e praticar os direitos humanos.
- Estar sensibilizado às violações dos direitos humanos e agir em conseqüência.
- Ter consciência da dupla moral que existe em nossa sociedade sobre a aplicação dos direitos humanos: o que se diz ou legisla e o que se pratica.
- Ser sensível e apoiar as campanhas de defesa dos direitos humanos.
- Ter consciência de que dois terços da humanidade estão muito longe de poder desfrutar dos direitos humanos.

160 XESÚS A. JARES

d) Relacionados com o desenvolvimento:

– Ter consciência dos desequilíbrios que existem dentro e entre os estados e agir em favor de seu desaparecimento.
– Reagir diante do não-cumprimento das necessidades humanas básicas, evitando a indiferença.
– Respeitar e apreciar as peculiaridades culturais dos países subdesenvolvidos.
– Interessar-se pelos grupos carentes.
– Ser críticos diante dos processos de marginalização e exclusão social e agir para seu progressivo desaparecimento.
– Tomar consciência da necessidade de um trabalho solidário e agir em processo de cooperação em diferentes níveis.

e) Relacionados com o mundialismo, o multiculturalismo e o interculturalismo:

– Valorizar positivamente a diversidade cultural e étnica.
– Apreciar a contribuição dos diferentes povos à humanidade.
– Dar-se conta dos pontos de vista do outro e respeitar as diferenças de costumes, credo e opinião que não sejam atentatórios aos direitos humanos.
– Praticar com os demais as habilidades de "competência transcultural" (Husen e Opper, 1984, p. 82).
– Ser sensíveis aos problemas das minorias, dos imigrantes e dos ciganos.
– Rechaçar todo tipo de comportamentos e atitudes racistas e xenófobas.

f) Relacionados com o desarmamento:

– Valorizar positivamente o desarmamento.
– Ter consciência do papel da pressão da opinião pública em favor do desarmamento e da paz em geral.
– Preocupar-se com os países que sofrem conflitos bélicos.
– Dar-se conta da importância das defesas alternativas não-agressivas.
– Estar sensibilizados a favor da objeção de consciência ao serviço militar e aos gastos militares (objeção fiscal).
– Identificar a guerra como fracasso da humanidade.

g) Relacionados com a compreensão internacional e as relações internacionais:

– Valorizar positivamente a substituição paulatina da diplomacia dos estados pela diplomacia dos povos.
– Valorizar positivamente a crescente interdependência mundial, dentro da identidade de cada povo.
– Praticar a comunicação e os contatos internacionais.

EDUCAÇÃO PARA A PAZ **161**

- Valorizar positivamente a existência de organismos internacionais que regulem a convivência entre os países.

3. Objetivos procedimentais:

- Experimentar determinados comportamentos e atitudes tipificados como próprios da idéia de paz.
- Planejar determinadas ações adaptadas ao nível evolutivo dos educandos.
- Executar trabalhos e jogos de forma cooperativa.
- Provar os diversos métodos de resolução nãoviolenta de conflitos.
- Aplicar as formas de luta nãoviolenta.
- Confeccionar diferentes trabalhos e com diferentes meios sobre os diferentes objetivos expostos anteriormente.
- Simular diversas situações em relação aos objetivos expostos.
- Desenvolver a capacidade de coleta de informações, de análise e de síntese.
- Manejar diferentes informações sobre um mesmo problema.
- Construir uma imagem inter-relacionada dos problemas e de suas alternativas.
- Utilizar diferentes formas de comunicação.
- Experimentar diversas técnicas e procedimentos para analisar os valores próprios de cada um e as implicações destes na vida.
- Observar os diferentes processos de tomada de decisões: na sala de aula, na família, em diversas instituições, etc.
- Representar mundos alternativos aos que conhecemos hoje.

A EDUCAÇÃO PARA A PAZ COMO TEMA TRANSVERSAL

Com nome diferente da idéia de transversalidade citada na LOGSE, foi defendida principalmente pelas pessoas, grupos e instituições que trabalharam ou estão trabalhando alguns dos temas transversais dessa lei, e particularmente na EP, como vimos ao analisar seu desenvolvimento histórico. Por conseguinte, contrariando certas visões, nem os temas transversais nem a idéia de transversalidade foram criados ou "inventados" pela LOGSE.

Como assinala J. Carbonell, a introdução desses temas "não é senão uma atualização do discurso do conhecimento integrado-globalizado e interdisciplinar e da retomada da educação ético-moral-humanística" (1994, p. 8). O que a LOGSE faz é dar-lhe estatuto jurídico, tanto no plano das intenções ou finalidade do sistema educativo, como já havia feito anteriormente a LODE, como, e esta é a novidade, no plano curricular mediante o que foi chamado de "temas transversais".

A denominação e os conteúdos de alguns deles variam de uma comunidade autônoma para outra; mas, em geral, podemos dizer que se seguiram os

162 XESÚS A. JARES

denominados para o território MEC, que são a educação moral e cívica, a educação para a paz, para a saúde, para a igualdade de oportunidades entre os sexos, a educação ambiental, a educação sexual, a do consumidor e de trânsito. Nas palavras do MEC, constituem conteúdos como uma "forte demanda social". "Trata-se de conteúdos educativos valiosos, que respondem a um projeto válido de sociedade e educação, e que, portanto, são plenamente justificados dentro do marco social em que deve desenvolver-se toda a educação, principalmente a educação obrigatória" (MEC, 1992).

Não constituem novas matérias nem blocos temáticos paralelos a elas, mas são um conjunto de conteúdos que devem ser mencionados em todas as áreas curriculares de todas as etapas educativas, visto que impregnam e afetam todos os elementos do currículo. Conseqüentemente, "têm de ser incorporado à programação de cada professor para cultivá-los nas atividades específicas e nos métodos gerais de sua especialidade, ampliando o sentido educativo desta. Em certos casos, será preciso decidir atividades especialmente dirigidas a esses objetivos transversais do currículo, mas é conveniente que façam parte de uma filosofia educativa e de uma metodologia que impregne toda a atividade" (Gimeno, 1992a, p. 325).

Em outras palavras, os temas transversais introduzem novos conteúdos no currículo, mas sobretudo reformulam e reintegram os existentes a partir de um enfoque integrador e interdisciplinar. Isto é, mais do que entendê-los como outros conteúdos a acrescentar aos já por si só sobrecarregados programas escolares, supõem "um novo enfoque com o qual trabalhar a partir de diversas áreas ou disciplinas do currículo" (Vilarrasa, 1990, p. 39). Por exemplo, em uma escola em que, além da Educação para a Paz (EP), tem como objetivo global em seu Projeto Educativo o fomento do interesse e o desfrute com a leitura, a adoção da EP faz com que, em vez de acumular uma série de propostas desconexas, esse programa de fomento da leitura se realize impregnado desde e para a dimensão paz. Dessa forma, a seleção de livros para a biblioteca da escola e as leituras da turma, as atividades de animação, etc., não apenas desenvolverão o objetivo inicial de formar cidadãos/ãs leitores/as que desfrutem com a leitura, mas que simultaneamente trabalharão valores e outros tipos de conteúdo ligados à EP a partir de livros, textos e atividades de animação leitora.

Para completar o que foi dito, expomos a seguir o que em nossa opinião são as características básicas dos temas transversais:

1º. Se, como dissemos, os temas transversais afetam toda a ação educativa em todas as áreas e níveis educativos, requerem seu planejamento e sua correspondente execução e avaliação por parte de toda a comunidade educativa, especialmente da equipe docente. Em particular, têm de estar presentes no projeto educativo da escola, no projeto curricular da etapa e nas programações que os professores realizam" (MEC, 1992). Em outras palavras, os temas transversais têm de estar presentes no trabalho cotidiano de toda a equipe

EDUCAÇÃO PARA A PAZ **163**

docente da escola, evitando o perigo de que, por ser território de todos, fique na competência de ninguém. Perigo que o próprio Ministério da Educação reconhece no documento *Centros educativos y cualidad de la enseñanza. Propuesta de actuación*, mais conhecido como as *77 Medidas para la mejora de la enseñanza* (MEC, 1994).

2º. Nesse mesmo terreno, é necessário evitar reduzir os temas transversais ao trabalho pontual de celebrar uma efeméride. As efemérides ou campanhas pontuais concretas só têm valor educativo se são propostas como ponto de motivação ou de arranque, mas nunca de chegada. A realização de atividades pontuais totalmente descontextualizadas, de caráter burocrático (são realizadas porque se pede que sejam feitas no BOE, Diário Oficial da Galícia, etc.), desinformadas e até mesmo em ambientes organizacionais hostis ao que se pretende celebrar, pode levar-nos a situações grotescas, como as que vivemos em algumas escolas às quais comparecemos como conferencistas no Dia Escolar pela Paz (30 de janeiro).

Essa tendência às efemérides vem sendo reforçada nos últimos anos pela própria administração educativa. Assim, a única proposta concreta que se levou a cabo, pelo menos conhecida por nós, é a Resolução de 7 de setembro de 1994 da Secretaria de Estado da Educação, pela qual são dadas orientações para o desenvolvimento da educação em valores nas atividades educativas dos centros docentes para o território MEC (BOE, 23/9/94). Nela, a primeira coisa que chama muito a atenção é esta tendência de querer fazer reformas pelo BOE, justamente no nível em que, se não for acompanhado de outros tipos de medida, como se verificou mais de uma vez, é incapaz de levá-las a cabo. Principalmente quando, como se reconhece na própria Resolução, constata-se a "escassa tradição no sistema educativo" desse tipo de ensino.

Em segundo lugar, dado que a educação em valores, como os temas transversais, é contemplada por lei e nos Reais Decretos que estabelecem os currículos de educação infantil, ensino fundamental e ensino médio, assim como nos Regulamentos Orgânicos das escolas de educação infantil, de ensino fundamental e ensino médio, uma Resolução desse tipo teria sentido se comportasse medidas concretas de atuação, o que não é o caso. Até mesmo com uma intenção muito menos ambiciosa, embora pertinente, como seria a de nos servir como mecanismo meramente de lembrança, tanto para os professores, equipes diretivas, como para a inspeção – tal como se faz na Resolução, para impulsionar, avaliar e supervisionar os temas transversais –, perde todo seu valor e converte-se em mera retórica, se reconhecemos, como faz a própria Resolução, a "escassa tradição no sistema educativo" desse tipo de ensino. Ou será que é nisso que consiste a tão propalada autonomia das escolas?

Por outro lado, apresenta-se um novo problema, e nisso talvez resida o mais criticável, quando a única proposta concreta que nos fazem é a de apresentarmos uma lista de datas para comemorar nas escolas as efemérides ligadas aos diferentes temas transversais. Isto é, a única orientação explícita consiste nas efemérides, o que já questionamos no ponto anterior, e na ambigüi-

164 XESÚS A. JARES

dade de solicitar aos agentes anteriormente citados que impulsionem os temas transversais. Diante dessa situação, ocorrem-nos as seguintes perguntas:

- De que forma a administração está supervisionando a inclusão ou não dos temas transversais nos projetos de escola?
- De que forma supervisiona o papel das equipes diretivas e a própria inspeção nesse empenho?
- O que ocorre com as escolas e/ou equipes diretivas que direta ou indiretamente se oponham à inclusão dos temas transversais, ou de alguns deles, nas propostas de escola?
- O que ocorre quando as equipes diretivas ou os professores se declaram incapazes de impulsionar um projeto educativo a partir dos valores dos temas transversais?
- É suficiente comemorar as datas que se propõem?
- É suficiente ler os livros das "caixas vermelhas" sobre os temas transversais, como também se diz na Resolução citada?
- Não seria contraditória a simplicidade da proposta com a complexidade da educação em valores?

A concepção global de transversalidade citada na Resolução, concepção na qual apostamos, faz referência explícita a quatro âmbitos de intervenção: programação do ensino, prática docente, organização e funcionamento das escolas e programação das atividades complementares, além de citar a necessidade de avaliação tanto das aprendizagens dos alunos como da programação e prática docente – embora deixem de lado a avaliação da escola –, não é igualmente contraditória com a simplicidade da proposta realizada? Por que não são impulsionados programas que desenvolvem cada um dos quatro aspectos?

3º. Existe uma interação mútua entre os conteúdos das áreas e os dos temas transversais, assim como entre os próprios temas transversais. Essa idéia ou característica tem uma dupla implicação. Em primeiro lugar, é preciso evitar o erro de criar compartimentos estanques que caracterizaram e caracterizam o ensino das disciplinas tradicionais nas escolas. Os temas transversais e sua correspondente transversalização, não apenas pela inter-relação temática que abordam, mas também por estarem assentados no conceito de interdisciplinaridade, devem servir precisamente para romper com essa compartimentalização. Não se trata, pois, nem de entender os temas transversais em sentido somatório e desconectados uns dos outros, e sim plenamente integrados entre si e com as matérias e elementos do currículo.

Todos eles são dimensões de um mesmo processo educativo global e, conseqüentemente, é necessário trabalhar de forma globalizada e interdisciplinar, visto que existem inequívocas conexões conceituais, axiológicas e didáticas entre todos eles. Além disso, a Educação para a Paz dificilmente pode ser

EDUCAÇÃO PARA A PAZ **165**

separada de outros temas transversais enumerados pelo MEC, como a educação não-sexista (o sexismo não deixa de ser um tipo de violência e uma violação dos direitos humanos), a educação para o consumo (em sua vertente social e em sua vinculação nas relações econômicas Norte-Sul, por exemplo) e da educação ambiental (já que toda agressão ao meio ambiente não deixa de ser um tipo de violência). A própria Recomendação da Unesco de 1974, sobre a educação para a compreensão, a cooperação e a paz internacionais e a educação relativa aos direitos humanos e às liberdades fundamentais, faz referência explícita a essa necessária visão integradora quando se afirma: "Os temas de paz, segurança e compreensão internacional já não são entendidas independentemente das aspirações ao desarmamento, à distensão, a uma ordem econômica internacional justa, à aplicação dos direitos humanos, à exploração racional dos recursos naturais e à eliminação total do racismo, do fascismo, do *apartheid* e do neocolonialismo. A educação requer por parte dos docentes certo conhecimento dessas relações e uma clara vontade de ensinar essa problemática mundial" (Unesco, 1983a).

Em segundo lugar, a relação entre as áreas curriculares e os temas transversais não deve ser, na verdade não tem por que ser, de tipo unidirecional. Como assinala o próprio MEC, "carece de sentido que os professores se perguntem, em um dado momento do trabalho de aula, se estão desenvolvendo determinada área ou um tema transversal concreto. A impregnação é recíproca: os temas transversais estão presentes nas áreas e estas também estão presentes nos temas" (MEC, 1992).

4º. Os temas transversais, ainda que façam referência fundamental a valores e atitudes, também pressupõem conteúdos de tipo conceitual e procedimental, existindo entre todos eles uma estreita e necessária relação. Necessidade didática que é dada não apenas pela simbiose entre o afetivo e o cognitivo nos processos de ensino-aprendizagem (Wolsk, 1975; Unesco, 1983a; Jares, 1992b; Yus, 1993), mas também pelos requisitos ético-pedagógico-políticos de buscar a formação integral dos cidadãos e cidadãs para determinado tipo de sociedade. No caso da EP, vejam-se no ponto anterior os três tipos de objetivo que descrevemos, correspondentes aos três tipos de conteúdo.

5º. Consideramos o conflito como conceito central no qual se assentam os temas transversais, tanto por seu significado conceitual na maioria deles – é o caso da Educação para a Paz; o conflito entre sexo e gênero no caso da educação não-sexista ou de igualdade entre sexos; o conflito entre desenvolvimento e natureza no caso da educação ambiental, para citar alguns exemplos – como pelo conflito que podem gerar ao chocar-se com os valores dominantes de nossa sociedade ocidental. Por isso, afirmamos que os temas transversais são em si mesmos conflitivos, tanto em sua configuração interna como em sua relação com os valores sociais. Nesta última dialética, coloca-se, como em todo processo educativo, a tensão entre reprodução em face da reconstrução.

Como assinala Gimeno, tal distinção entre reprodução em face da construção, crítica e reflexão, "implica basicamente uma atitude epistemológica e

166 XESÚS A. JARES

social ante a qualquer espécie de conteúdo, mas fundamentalmente diante de temas que são conflituosos" (Gimeno, 1992c, p. 181), e naturalmente os conteúdos relativos aos temas transversais o são, e muito. Dessa perspectiva, fazemos nossas as palavras de Sarup: "a finalidade do currículo crítico é o reverso daquela do currículo tradicional; este último tende a 'naturalizar' os acontecimentos; o primeiro tenta obrigar o aluno a questionar atitudes e comportamentos que considera "naturais". O currículo crítico oferece uma visão da realidade como um processo cambiante e descontínuo, cujos agentes são os seres humanos que, portanto, estão em condições de levar a cabo sua transformação. A função do currículo não é "refletir" uma realidade fixa, mas sim pensar sobre a realidade social; é demonstrar que os conhecimentos e os fatos sociais são produtos históricos e, conseqüentemente, poderiam ter sido diferentes (e que ainda podem ser)" (Sarup, 1990, p. 217).

6º. A própria complexidade e a ambigüidade das temáticas a que se referem os temas transversais, em oposição aos objetivos mais elementares e mais facilmente avaliáveis das disciplinas tradicionais, associadas à própria conflitividade de valores que podem gerar nos professores e no meio em que se realiza o trabalho educativo, podem ser dois fatores impeditivos muito importantes para generalizar a ação educativa informada a partir de e para os valores e conteúdos dos temas transversais. Apesar disso, não podemos esquecer tais complexidade, ambigüidade e conflitividade, visto que fazem parte das características da profissão docente. Além disso, tomar partido dos valores que pressupõem os temas transversais não é apenas um exercício de profissionalidade responsável, mas nos conecta com alguns dos problemas vivos da sociedade e das gerações futuras.

7º. Não obstante, a tradição legislativa e pedagógica de conceder prioridade, para não dizer exclusividade, aos conteúdos de tipo conceitual das disciplinas das áreas curriculares pode ou, melhor dizendo, deve forçosamente chocar-se com a atual formulação dos conteúdos transversais. E não apenas pela tradição, pela inércia e pelas rotinas pedagógicas, mas também pelas hierarquias de poder que se estabelecem não apenas entre as matérias (por exemplo, a clássica divisão entre disciplinas de ciências e de humanidades) e suas conseqüências didático-organizativas (ver Fernández Enguita, 1987 e Yus, 1994) em relação à transversalidade, mas também dentro delas, de tal forma que, em boa medida, os conteúdos de atitudes e de valores continuam sendo considerados em um segundo plano ou são abordados "se tivermos tempo para dar o programa", como se eles também não fizessem parte do programa.

Não podemos ignorar a opinião, facilmente contrastável, de que o currículo aprovado mantém a tradição de dar prioridade às áreas. De fato, "da leitura do Decreto de Ensinos Mínimos das diferentes etapas não se deduz um critério coerente: a maioria dos objetivos gerais das etapas refere-se às questões que depois se consideram transversais, enquanto os conteúdos respondem às disciplinas acadêmicas que fundamentam as áreas. Os documentos de avaliação, de caráter obrigatório, referem-se às áreas, e não há menção algu-

EDUCAÇÃO PARA A PAZ **167**

ma aos objetivos nem aos possíveis temas transversais. Não se pode negar que, em conjunto, tende a uma visão dos conteúdos curriculares de caráter disciplinar. A presença, ainda que seja transversal, dos temas de interesse social não é assegurada, mas deixa-se a decisão para cada escola. E, em todo o caso, exige-se que tal decisão seja respeitosa e compatível com as áreas que serão objeto final da avaliação dos alunos" (Otano e Sierra, 1994, p. 25). Essa mesma opinião é compartilhada por Porlán e Rivero (1994, p. 30), para quem "não se chega a questionar a lógica disciplinar, que provavelmente continuará influindo na organização interna dos conteúdos nem se propõe uma alternativa epistemológica qualitativamente diferente".

8º. A construção do discurso educativo sobre os temas transversais tem de se realizar, como ocorre com o discurso educativo em geral, em íntima conexão com a sociedade, dado que se trata de problemas sociais, ecológicos, econômicos, etc. e a partir da co-responsabilidade e coerência nas políticas globais a seguir. A análise das práticas sociais, políticas, econômicas e legislativas, tanto em nível interno como documentação internacional referendada por nosso Estado, deve servir não apenas para conhecer as realidades e os princípios que se sancionam nelas, mas, em geral, também para tomar consciência das possíveis contradições entre o que se diz ou legisla e o que realmente se pratica; desvendar essa dupla moral e denunciar as possíveis violações do proclamado ou articulado devem fazer parte de todo projeto de educação em valores, como o que se realiza na Espanha sob a denominação de "temas transversais".

Nesse mesmo sentido, devemos ressaltar as contradições entre as políticas socioeconômicas e as educativas. Por exemplo: uma educação intercultural, componente da Educação para a Paz, é compatível com uma política de expulsão dos estrangeiros, tanto por via do legislativo como por via de fatos concretos? Uma educação para a paz é compatível com uma política chamada de defesa que apóia o comércio de armas ou a prisão de opositores de consciência e insubmissos? Uma educação ambiental é compatível com uma política ambiental e econômica que destrói a camada de ozônio, que abandona as reservas naturais, que refloresta os bosques com espécies exógenas, pensando não na conservação dos bosques, mas nos interesses das indústrias de papel? Uma educação para o consumo e para a saúde é compatível com a produção de produtos inequivocamente prejudiciais à saúde? Uma educação para o consumo e para o desenvolvimento é compatível com as políticas de intercâmbio desigual entre o Norte e o Sul do planeta? Uma educação para a igualdade entre os sexos é compatível com as práticas publicitárias em uso?; etc., etc. Essa questão é abordada também por Yus (1994, p. 35-36), quando fala do "conflito das transversalidades": "Um modelo de sociedade que entra em contradição com as expectativas que ela mesma põe na escola... Para ser conseqüente com o predicado de valores, seria preciso mudar também o modelo de sociedade, ou substituí-lo por outro mais de acordo com os valores que se promovem na escola".

168 XESÚS A. JARES

Enfim, vemos que, embora originalmente e a partir da administração, os temas transversais fossem circunscritos unicamente à dimensão curricular dos conteúdos – conceitos, procedimentos e atitudes –, seu desenvolvimento, tal como aparece na maioria dos livros das chamadas "caixas vermelhas" sobre os diferentes temas transversais – o documento das *77 Medidas,* assim como a bibliografia sobre educação em valores – deve levar-nos a outras dimensões curriculares, como as estratégias de aprendizagem ou os materiais, e, sobretudo, aos outros dois elementos fundamentais do processo de ensino institucional: a organização dos professores, tal como abordamos, em boa medida, na terceira parte deste livro.

Por outro lado, continuamos achando que a idéia de transversalidade é a correta em oposição a outras propostas, como a do tratamento como matéria ou a do simples abandono. Também nos parece muito importante o reconhecimento jurídico dos temas transversais por parte da LOGSE, embora também julguemos que se subespecializaram demasiadamente alguns deles, que se referem claramente a campos comuns. No caso da separação da educação para o trânsito, da educação sexual e da educação para a saúde, que em nossa opinião são claros componentes de um mesmo eixo de conteúdos ou tema transversal; outro, como a educação moral e cívica, não tem muita lógica como está colocado.

Nessa questão, coincidimos com Lucini (1993, p. 31), entre outros autores, quando afirma que a educação moral e cívica "não é um tema transversal em si mesmo, mas trata-se antes do grande marco no qual deve desenvolver-se não apenas o conjunto da transversalidade, mas também todo o enfoque que nos propõe o currículo sobre os valores e sobre os conteúdos atitudinais". Mas, em qualquer caso, creio que é justo reconhecer e valorizar o avanço que significa, em termos gerais, o reconhecimento dos temas transversais, e que em boa medida deveu-se ao impulso dos movimentos sociais alternativos e à sensibilidade da sociedade sobre esses temas, além da incidência, no caso da EP, do movimento de educadoras/es para a paz. Por isso, as preocupações que expusemos, assim como as que expressaram outros autores (Vilarrassa, 1990; Jares, 1993b; Yus, 1993), longe de significar sua recusa, devem obrigar as autoridades educativas, centros de formação dos professores e o corpo docente em seu conjunto a extremar as medidas de apoio. Além do mais, parafraseando colocações feministas, acreditamos que requerem uma discriminação positiva para que deixem de ser a fachada progressista da reforma.

9

Componentes

Com este capítulo, queremos integrar em um todo os diversos componentes da Educação para a Paz que foram desenvolvidos no transcurso do tempo e que constitui uma das contribuições mais ricas dessa dimensão educativa da história da educação.

Já que tratamos muitos aspectos de alguns deles na primeira parte desta obra, nos deteremos com mais detalhe naqueles que foram incorporados mais recentemente.

A idéia de situar todos eles sob o rótulo da EP obedece, portanto, como já manifestamos, a duas idéias fundamentais. Primeiramente, à própria história e, em segundo lugar, ao próprio conceito integrador e multidisciplinar de paz positiva. Este, como vimos, requer:

- A justiça social.
- O desenvolvimento.
- Os direitos humanos.
- A democracia, etc.

Em qualquer caso, mais do que rotular ou discutir a questão, creio que o mais importante é não perder de vista a visão integradora que requer todo projeto educativo renovador.

Por outro lado, em um trabalho cotidiano de sala de aula, a maior ou menor ênfase de cada um desses componentes dependerá, entre outras coisas, do nível evolutivo de nossos alunos, dos objetivos a alcançar e, até mesmo, da área de conhecimento na qual nos situemos.

Vejamos no Figura 9.1 os componentes que a EP engloba:

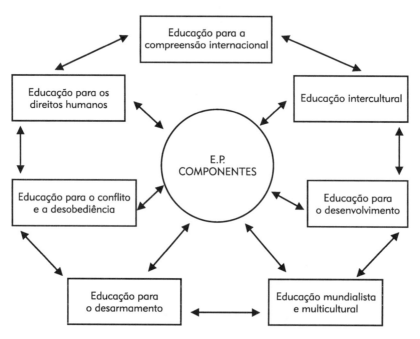

Figura 9.1

EDUCAÇÃO PARA A COMPREENSÃO INTERNACIONAL

A educação para a compreensão internacional, como vimos no Capítulo 1, é o significado pioneiro que teve a Educação para a Paz desde seu início. Parte do pressuposto da interdependência cada vez maior das nações para, com base nesse axioma, favorecer tal interdependência mediante o conhecimento e reconhecimento da diversidade cultural, étnica e política dos povos de todo o mundo, ao mesmo tempo que se constatam determinados problemas que afetam o conjunto do planeta, para o que é necessário o concurso cooperativo da humanidade para sua solução. Por isso, entre os programas mais comumente recomendados se dá ênfase ao combate a todos os tipos de preconceito e estereótipo (Rosa Acosta, 1977, p. 92-93). Os objetivos desse componente foram vistos no capítulo anterior.

EDUCAÇÃO PARA A PAZ **171**

Entre as atividades citadas com mais freqüência, destacam-se aquelas que facilitam o conhecimento e contato com os outros países:

- Correspondência interescolar.
- Visita às salas de aula de outros países.
- Conferências e projeções audiovisuais sobre outros países e culturas.
- Elaboração de jornais escolares com itens dedicados ao comentário de problemas internacionais.
- Leitura de textos literários de autores estrangeiros, assim como de revistas e jornais, etc.
- Estudos comparativos de folclore e audições musicais de música tradicional de diferentes países.
- Audição de programas radiofônicos.
- Exposições de fotografias.
- Viagens e intercâmbios de estudantes e professores (Unesco, 1959; Unesco, 1983a; Rosa Acosta, 1977; Prévot, 1975).
- Comemoração de determinadas datas de alcance internacional: Dia das Nações Unidas (24 de outubro); Dia dos Direitos Humanos (10 de dezembro); Dia Mundial da Saúde (7 de março); Dia Internacional da Mulher (8 de março); Dia Internacional para a Eliminação de todas as Formas de Discriminação Racial (21 de março); etc.
- Também se dá ênfase especial às atividades extra-escolares, tais como a constituição de clubes estudantis; a arrecadação de fundos; as representações; as conferências; os jornais; etc.

Entre os projetos mais destacados de educação para a compreensão internacional estão o programa das Escolas Associadas da Unesco, a que nos referimos amplamente no Capítulo 1, e a criação do Bacharelato Internacional, que tem entre seus objetivos a formação de uma mentalidade internacional (Marín Ibáñez, 1973).

Por último, diante de determinadas propostas uniformizantes e idealistas, entendemos que a educação para a compreensão internacional deve:

- Potencializar a valorização das diferenças (étnicas, culturais, antropológicas,...), e não negar essa realidade multirracial e cultural. A educação para a compreensão internacional não deve em nenhum caso abafar tal realidade em nome de uma pretensa cultura universal uniformizante.
- Conseqüentemente, em nenhum caso deve suscitar ou supor relegar as circunstâncias e ações de nosso entorno imediato.

172 XESÚS A. JARES

- Realizar um amplo esforço em todos os níveis para combater a idéia de inimigo, "na qual se basearam, em uma infinidade de ocasiões, numerosos conflitos provocados para defender interesses particulares, não-públicos" (Jares, 1987, p. 25).
- Favorecer a tolerância. "É, pois, mediante essa educação para a tolerância que talvez possamos chegar ao autêntico diálogo, à verdadeira fraternidade humana, pois a compreensão internacional, apesar de sua importância, é apenas um aspecto do conjunto mais vasto dos contatos interpessoais" (Rosa Acosta, 1977, p. 101).

EDUCAÇÃO PARA OS DIREITOS HUMANOS

Das declarações, dos organismos e dos eventos oficiais que vimos na primeira parte do livro, assim como do trabalho daqueles grupos, associações e pessoas que se ocupam do ensino dos direitos humanos, pode-se dizer que existem dois tipos de enfoque quanto à sua extensão. Por um lado, está o enfoque restrito que se circunscreve basicamente ao estudo da Declaração Universal de 1948 e a outras declarações internacionais, enfatizando os direitos civis e políticos, e até mesmo com uma certa "aceitação implícita de uma visão freqüentemente ocidentalizada" (Seminario de EP de la APDH, 1989, p. 15). Por outro lado, está o enfoque amplo, que inclui os direitos da "terceira geração", também denominados "direitos de solidariedade": o direito à paz, ao desenvolvimento, ao respeito pelo patrimônio comum da humanidade e ao meio ambiente (Centre Unesco, 1988; Jares, 1999; Ríos, 1998). Além disso, atribui-se igual valor tanto aos direitos sociais e econômicos como aos civis e políticos; levam-se em conta possíveis interpretações ocidentalizantes e pretende-se realizar um ensino para os direitos humanos, e não simplesmente em seu enfoque informativo. A essa concepção ampla, acrescenta-se inexoravelmente a tomada de consciência das violações dos direitos humanos, tanto em nosso ambiente escolar imediato, como na comunidade local e internacional; tanto em um plano sociopolítico como em termos socioeconômicos; tanto em um plano individual como grupal e/ou nacional.

Do ponto de vista metodológico, insiste-se na necessidade de viver os direitos humanos, mais do que ensiná-los (Fortat e Lintanf, 1989b; García, 1983; Jares, 1999; Massarenti, 1984; Seminario de EP de la APDH, 1989; Tersch, 1983; Unesco, 1969, 1983a e 1983b). Nas palavras da Unesco, "o ambiente da escola deve ser o de uma comunidade em que se trata por igual todos os indivíduos. Os princípios dos direitos humanos devem refletir-se na organização e administração da vida escolar, nos métodos pedagógicos, nas relações entre professores e alunos e entre os próprios professores entre si, como também na contribuição de alunos e professores para o bem-estar da comunidade" (1969, p. 21).

EDUCAÇÃO PARA A PAZ **173**

Entre as atividades que mais se reiteram, além de coincidir com várias das já expressadas no componente anterior, estão:

- O estudo das diferentes Declarações de Proteção dos Direitos Humanos, mediante livros, folhetos, conferências, etc.
- A organização democrática da turma e a análise das relações interpessoais e dos conflitos que possam produzir-se nela.
- A comemoração das efemérides relativas aos direitos humanos.
- Representações teatrais com fatos históricos ou atuais que tenham a ver com os direitos humanos.
- Projeção de filmes que desenvolvam aspectos de defesa dos direitos humanos ou críticos com sua violação.
- Comentários de textos.
- Dinâmicas de grupo.
- Estudos de caso.
- Jogos de simulação e de papel, etc.

Talvez seja esse o componente que conta com um maior número de materiais. As recopilações mais recentes podem ser encontradas em Jares (1999, p. 253-254) e no número 33 da *Revista Galega de Educación*, monografia sobre educação e direitos humanos.

Entre as campanhas desenvolvidas, ressaltamos aquela comandada pela Anistia Internacional, "Apúntate a los derechos humanos" (Amnistía Internacional, 1989); o Programa de educação para a convivência da Cruz Vermelha Juventude (Cruz Roja Juventud, 1990); a Campanha contra o racismo de jovens contra a intolerância; e a campanha "Direitos humanos, ¡que menos!", desenvolvida na Galícia por ocasião do 50º aniversário da aprovação da Declaração Universal dos Direitos Humanos.

EDUCAÇÃO MUNDIALISTA E MULTICULTURAL

Decidi incluir em um mesmo componente a educação mundialista e a educação multicultural visto que, embora historicamente tenham nascido em datas e com motivos diferentes, seus objetivos e fundamentos estão tão estreitamente entrelaçados que uma pressupõe a outra. A única diferença significativa é, como dizíamos, seu enfoque de partida; uma vai do geral ao concreto, enquanto a outra surge com a análise e aplicação do processo inverso. A educação mundialista, óptica que consideramos macroestrutural, parte da unidade do ser humano para favorecer a formação de uma consciência mundial, que integre as peculiaridades lingüísticas, étnicas e culturais de cada povo. A educação multicultural, ao contrário, nasce ao refletir sobre o que ocorre em uma realidade concreta na qual convivem etnias e culturas diferentes, desembocando na necessidade de formar uma mentalidade universal que respeite a identidade cultural de cada povo. Enfim, ambas valorizam positivamente a diversidade multicultural e multiétnica do gênero humano (apud Husén e Opper, 1984).

O pensamento mundialista parte da idéia de que os graves problemas que afetam a humanidade, como o da paz mundial, só poderão ser resolvidos mediante soluções nesse plano, em nível mundial. Para essa corrente, portanto, é necessário criar um sentimento de irmandade universal e a convicção de que todos fazemos parte de uma grande família humana (Giatso, 1987; Gomis, 1986). "A aceitação da unidade da raça humana é a primeira condição *sine qua non* da reorganização e da administração do mundo considerado como um único país, o lar da humanidade" (Maison Universelle de Justice, 1985, p. 19). Coerentemente com esse princípio-constatação, o mundialismo busca o desenvolvimento "de uma consciência mundial para que, por meio dela, cada indivíduo cumpra seu papel como membro da comunidade mundial... Deverá ser parte da consciência de cada indivíduo que a unidade básica de cooperação humana e, portanto, de sobrevivência, transfira-se do nível nacional ao global" (Mesarovic e Pestel, 1975, p. 189).

Embora a citação anterior possa suscitar certas dúvidas, o mundialismo ressalta que tal derivação para uma consciência mundial não se contrapõe, nem tampouco nega as peculiaridades socioculturais de cada país; "a cidadania universal é o complemento da cidadania nacional" (François, 1955, p. 7). O próprio Gandhi referia-se a essa falsa polêmica deixando bem claro que era "internacionalista por ser nacionalista" (Gandhi, 1988, p. 170). Outros autores comprometidos com uma cultura de paz reafirmaram esse princípio: "Para construir essa cultura de paz, o reforço da identidade de cada indivíduo e de cada povo é uma condição prévia; ... lutar pela defesa da língua e cultura próprias é um ato de paz" (Gelpi, 1990, p. 42 e 39).

Outro princípio de tipo ideológico-cultural no qual se assenta tanto o mundialismo como o multiculturalismo é sua crítica à concepção ocidental dominante no mundo. "O problema fundamental da cultura de hoje é acabar com a concepção hegemônica da cultura ocidental e substituí-la por uma concepção sinfônica, interrogando as sabedorias do mundo não-ocidental. Os problemas estão colocados já em escala planetária. Somente podem ser resolvidos nessa escala. E isso só pode ser feito entabulando um verdadeiro diálogo de civilizações com as culturas não-ocidentais" (Garaudy, 1977, p. 82).

Portanto, o objetivo genérico da educação mundialista e multicultural é a formação nos alunos de uma consciência mundial que integre os "valores sintéticos planetários", ao mesmo tempo que os torna conscientes da interdependência humana (Washburne, 1967, p. 10); de suas culturas e da unidade da raça humana. Dessa perspectiva, deve servir para desmantelar todo preconceito sobre a etnia, raça ou nacionalidade, e "contribuir para que todas as pessoas sintam-se orgulhosas de sua identidade cultural e, por conseguinte, aceitem-se a si mesmas e às demais" (Torres, 1991, p. 175).

EDUCAÇÃO PARA A PAZ **175**

Vemos no Quadro 9.1, a seguir, as diferenças entre o enfoque tradicional e o enfoque mundialista que R. Burns e H. Weston (1981, p. 59) apresentam-nos de forma gráfica e lúcida.

Quadro 9.1

Enfoques Tradicionais	Enfoque Próprio da Ordem Mundial
1. O foco geopolítico é o sistema nação-Estado.	O foco geopolítico é a comunidade global.
2. Os problemas são considerados como assuntos isolados, discretos.	Os problemas são considerados como questões sistemáticas, estruturalmente inter-relacionadas.
3. A análise é considerada livre de valores, desvinculada axiologicamente.	Parte-se de uma concepção da análise como atividade axiologicamente estruturada.
4. A dimensão temporal prioritária é constituída pelo presente e pelo passado.	A dimensão prioritária é o futuro; passado e presente são analisados em função do futuro.
5. O objetivo analítico último é a descrição e a previsão.	Os atores primários vão, pela ordem, dos indivíduos às organizações nacionais e às instituições supranacionais.
6. O objetivo operacional último é a conscientização para gerir o problema.	Os objetivos da política são considerados em termos da maximização do bem-estar e da realização humana.
7. Os atores primários são o Estado-nação e as elites governamentais.	O poder é considerado primariamente com referência à persuasão moral e à força das pessoas unidas na ação não-violenta.
8. Os objetivos da política são considerados em termos de maximização da riqueza e poder nacional.	O uso da violência em grande escala para pôr em prática uma política é considerada inaceitável.
9. O poder é considerado primariamente com referência à força militar e econômica.	A sobrevivência humana é considerada problemática.
10. A violência em grande escala é considerada geralmente como um meio aceitável de pôr em prática uma política.	O objetivo analítico último é a previsão e a prescrição.
11. A sobrevivência humana é dada como suposta.	O objetivo operacional último é a participação para conseguir resolver o problema básico. Enfatiza-se o compromisso individual.

No Estado espanhol, até meados dos anos 80 produziu-se uma elaboração própria de materiais didáticos ou projetos educativos fundamentados apenas nessa óptica. Inicialmente, o que se fez foi um trabalho de sensibilização difundindo seus princípios gerais, ao mesmo tempo em que se reclamava uma revisão das propostas educativas em uso, basicamente mediante a revisão das

176 XESÚS A. JARES

disciplinas tradicionais, especialmente a história e a filosofia no ensino médio (Fontan, 1986b, p. 77 e 78), assim como a proposta de criar uma disciplina de "educação cívica mundialista" (Fontan, 1986b, p. 81) nas Escolas de Formação dos Professores de EGB.*

Com uma óptica multicultural, temos de destacar o trabalho de diversos coletivos de educadores com a comunidade cigana desde o início dos anos 80. Criou-se a Associação de Professores com Ciganos, organizadora das "jornadas de professores com ciganos". Nas jornadas VIII, realizadas em La Coruña em 1988, faz-se uma análise muito crítica a respeito da diversidade da LOGSE (Boletín del Centro de Documentación, nº 2, 1988). Críticas que, por outro lado, generalizam-se ao conjunto do sistema educativo (APDH, 1987, p. 27-50). Posteriormente, apareceram dois livros interessantes, produzidos pelo grupo de professores com ciganos do movimento de renovação pedagógica Adarra (1990a e 1990b), e algumas publicações por organismos oficiais (Generalitat de Valencia, 1990 e Comunidad de Madrid, 1990). Destacamos também o número de setembro de 1990 da revista *Perspectiva Escolar*. Posteriormente, a educação multicultural teve uma grande eclosão, mas em sua vertente intercultural, que abordamos especificamente como componente próprio.

Na Itália, temos de destacar o projeto Mondialitá, em torno da revista do mesmo nome. Projeto muito crítico sobre determinadas propostas mundialistas, consideradas paternalistas e que ocultam até mesmo um certo neocolonialismo. O conceito básico no qual fundamentam sua ação educativa é o da diferença: "a centralidade da diferença é o que parece caracterizar a educação para a mundialidade" (Nanni, 1987, p. 69).

O projeto educativo mais elaborado na teoria e na prática, contudo, é o World Studies Project, criado em Londres em 1973 pelo One World Trust, sociedade beneficente com fins educativos, com sede em Londres (Richardson, 1979), e dirigida por Robin Richardson. Para os autores desse projeto, a perspectiva mundialista ou estudos mundiais significa (Fisher e Hicks, 1985, p. 9):

– Estudo de culturas e países diferentes do nosso.
– Estudo dos problemas que nascem na interação entre países e culturas.
– Aprender a viver em uma sociedade multicultural.

O World Studies Projet "não é um plano de estudos estruturado", mas um conjunto de idéias, "um compêndio de atividades, jogos e exercícios para desenvolver em sala de aula..." (Richardson, 1976). Podemos ver uma síntese dos objetivos e núcleos didáticos que desenvolvem na Figura 9.2, a seguir, (Richardson, 1982, p. 32).

O curso ou projeto é dirigido para o grupo de idade entre 12 e 16 anos (Richardson, 1979, p. 195) e consta de três fases principais, cada uma delas

---

*N. de R. Na Espanha, Educação Geral Básica.

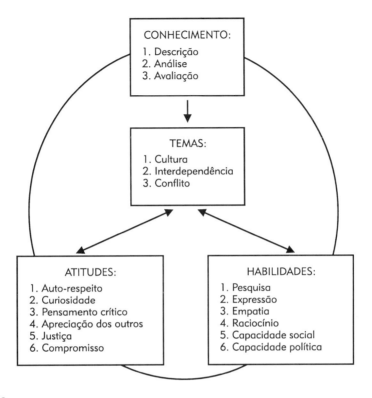

Figura 9.2

dividida, por sua vez, em duas. "Na primeira, trata-se de estabelecer um clima apropriado; na segunda, os alunos desenvolvem seus conhecimentos e a compreensão; na terceira fase, deduzem em conjunto e para si mesmos as diversas tendências do curso" (Richardson, 1979, p. 196).

Posteriormente, surgiu outro projeto de educação mundialista para idades inferiores, concretamente para os de 8 a 13 anos. Sua fundamentação é semelhante ao que acabamos de ver e também foi criado na Grã-Bretanha por iniciativa dos professores S. Fisher e D. Hicks, entre outros. O World Studies 8-13 desenvolveu-se basicamente em Bristol e Lancaster no triênio 1980-1983 (Fisher e Hicks, 1985, p. 5). A estrutura do curso é dividida em quatro temas (Fisher e Hicks, 1985, p. 17 e 18):

1. Vivendo com os outros, o que inclui as relações no interior da sala de aula, em casa e na comunidade e estende-se até considerar as relações mundiais. Está centrado na importância da comunicação, na cooperação e na solução pacífica dos conflitos.

178 XESÚS A. JARES

2. Conhecendo outros povos, estudo de outros povos, dando ênfase especial aos conceitos de igualdade e diversidade, à interdependência e à mudança social, dedicando particular atenção aos países do Terceiro Mundo.
3. Entender as notícias que os meios de comunicação nos proporcionam e desenvolver uma consciência crítica em relação a eles.
4. O mundo de amanhã: que tipo de futuro as crianças desejam para si mesmas, para seus países e para o mundo? Esse tema inclui trabalhos sobre os recursos mundiais, o ambiente, a tecnologia e os estilos de vida.

EDUCAÇÃO INTERCULTURAL

Todos os componentes da EP apóiam-se em pelo menos um conceito que lhes confere sua especificidade. No caso da educação intercultural é o da diferença ou diversidade, "a centralidade da diferença" (Nanni, 1987, p. 69). A diferença ou diversidade tem uma longa tradição na história da educação, embora se referisse principalmente às diferenças psicológicas e de aprendizagem; orientação restrita que é a que se encontra fundamentalmente nos DCBs[*] da Reforma Educativa em curso. Diversas publicações circunscrevem a diversidade a uma mera aposta de individualização do processo de ensino-aprendizagem, de adaptação às necessidades educativas especiais, etc.; reducionismo que em algumas delas encontramos até mesmo relacionadas especificamente com a educação intercultural (Amorós e Pérez, 1993, p. 11 e 13).

A partir do enfoque intercultural que adotamos, consideramos que é preciso ser muito críticos com relação a essas propostas psicologicistas, por isso reducionistas e tergiversadoras da diversidade, tal como mostraram nesses últimos anos diversas personalidades e associações (Argibay, M.; Celorio, G. e Celorio, J.J. (1991); Asociación de Enseñantes con Gitanos, 1988 e 1990; Torres, 1993). De nossa perspectiva, entendemos a diversidade em sua acepção dinâmica (Juliano, 1991, p. 9): "o que permite descartar o projeto assimilacionista, que implica propor como modelo válido o de um setor social da sociedade principal (representado pela cultura dominante) e transforma as crianças das minorias étnicas em reproduções de segunda classe das crianças do setor tomado como modelo. Mas, por outro lado, libera da necessidade de considerar as culturas de origem das minorias como estáticas e acabadas e, ao reconhecer-lhes seu nível de conflito interno e sua potencialidade de mudança, evita o alinhamento com os setores dominantes e tradicionalistas de uma sociedade de origem da minoria étnica" (Juliano, 1991, p. 9).

---

[*]N. de R. Na Espanha, Desenho Curricular de Base.

EDUCAÇÃO PARA A PAZ **179**

Sem renunciar às diferenças por motivos de aprendizagem, a partir da educação intercultural pretende-se evitar a psicologização dos problemas interculturais. Por isso, insiste-se em reivindicar a diferença e a valorização da diferença no sentido cultural e étnico: "o desafio consiste em ver a diferença cultural não como um obstáculo a superar, mas sim como um enriquecimento a obter" (Juliano, 1991, p. 9). Dessa forma, a valorização das diferenças deve "contribuir para que todas as pessoas sintam-se orgulhosas de sua identidade cultural e, por conseguinte, aceitem-se a si mesmas e às demais" (Torres, 1991, p. 175). Ao mesmo tempo, a educação intercultural, assim como a educação para a paz em geral e a educação para os direitos humanos em particular, tem como objetivo genérico o desmantelamento de todo o tipo de preconceito sobre a etnia, raça ou nacionalidade para favorecer a convivência e para essa pluralidade.

Ambos os pólos, o construtivo e o crítico, devem estar unidos tanto na análise teórica como no momento de realizar as propostas de intervenção. Em outras palavras, os conceitos nos quais se apóia a educação intercultural têm uma dupla leitura. Uma em positivo, o que se trata de afirmar e divulgar; outra em negativo, o que se trata de questionar. Dessas duas perspectivas, a construtiva e a crítica, devemos formular projetos curriculares informados pela e para a educação intercultural. Um exemplo disso encontramos no World Studies Project, estruturado em quatro elementos que são (Burns e Weston, 1981, p. 59):

– Cultura própria e outras culturas.
– Interação e interdependência.
– Conflito e conflitos resultantes da relação anterior.
– A convivência em uma sociedade multicultural.

Sobre este último, todos sabem pelas pesquisas realizadas por Tomás Calvo Buezas e a Asociación de Enseñantes con Gitanos, entre outros, que o principal foco de racismo e discriminação dos espanhóis é a etnia cigana. Também nos conteúdos escolares a cultura cigana não aparece de forma explícita, sendo sem dúvida um dos silêncios mais eloqüentes e críticos do currículo atual. É evidente que para amenizar essa situação, deve-se proceder ao pleno reconhecimento e à integração da cultura cigana no currículo escolar. Sem isso, não há dúvida de que o fato positivo do reconhecimento jurídico dos temas transversais feito pela LOGSE, e particularmente da EP, fica claramente distorcido e incompleto.

O direito à identidade é um aspecto essencial da Educação para a Paz. Uma cultura e uma sociedade de paz só serão possíveis com o reconhecimento e a integração das diferentes culturas que a conformam. Do mesmo modo, deve-se proceder à elaboração de uma política global e educativa em particular de educação anti-racista, na qual os conteúdos referentes à etnia cigana devem ser preferenciais. Nesse sentido, é necessário estender a educação relativa à etnia cigana ao conjunto da população e não apenas aos meninos e às meninas.

180 XESÚS A. JARES

Não quero finalizar esse ponto sem chamar a atenção para o relativo avanço em nossa sociedade do que podemos chamar de presença cigana. Pois bem, esse processo não esteve livre de conflitos e mal-entendidos de ambas as partes, não-ciganos e ciganos, nem estará no futuro. E, para que a situação chegue a um bom termo, é necessário justamente que essa realidade de conflito subterrâneo se torne ainda mais patente, mais visível para a maior parte da cidadania como primeiro passo para sua resolução. Mediante essa tomada de consciência e do princípio inviolável da dignidade humana, que exige respeito entre pessoas e culturas, e, conseqüentemente, exclui toda atitude de desprezo, assimilação e dogmatismo, será possível o diálogo entre culturas, tal como ocorreu em diversos momentos da história espanhola, mas que nunca houve em relação à cultura cigana. É hora, portanto, de enfrentar de forma nãoviolenta, não-ciganos e ciganos, essa dívida histórica, e pensar juntos que a história ainda pode ser diferente.

EDUCAÇÃO PARA O DESARMAMENTO

Embora o conceito de desarmamento possa relacionar-se com outros, como se fez particularmente com o conceito de desenvolvimento e mesmo com o de direitos humanos, sem dúvida pela própria definição (Savater, 1984, p. 85; Unesco, 1980, p. 6-7), assim como pelo tratamento educativo que lhe foi dado, é certo que a educação para o desarmamento é o componente mais restrito e mais claramente delimitável da EP. Ainda que isso não seja um óbice para ser rechaçado por alguns autores, por seu caráter ambíguo, sua falta de idoneidade para ser tratado por crianças pequenas e por ser o desarmamento a expressão de um mal, não o mal em si mesmo (Fortat e Lintanf, 1989a, p. 14-16).

Em contraposição a essa postura, para outros a educação para o desarmamento é o componente fundamental, o objetivo prioritário da EP devido à conjuntura mundial em que vive a humanidade (Reardon, 1987b, p. 437). Para uma terceira posição, a educação para a paz se limitaria à educação para o desarmamento e, por isso, se confundiria com ela, no sentido de que, embora não se manifeste explicitamente, os objetivos, os conteúdos e as atividades daquela se centrariam nos que são próprios da educação para o desarmamento em seu sentido restrito, isto é, em facilitar informação e em favorecer atitudes de recusa em face da corrida armamentista, do perigo nuclear e do sistema de guerra (Babansky, 1986a; FISE, 1987; Nastase, 1986).

Como sugerimos e tal como ocorre com outros componentes da EP, na educação para o desarmamento ocorrem também dois tipos de enfoque, tanto no que se refere à sua orientação ou característica, como ao objeto ou campo de estudos: educação sobre e educação para o desarmamento. A educação sobre o desarmamento, restrita, fundamenta-se no conceito clássico de desar-

EDUCAÇÃO PARA A PAZ **181**

mamento como redução, limitação de armamento e tudo aquilo relacionado com a corrida armamentista e o sistema de guerra; dentro dessa corrente há dois grandes grupos: os que reduzem a EP à educação para o desarmamento (Babansky, 1986a e b; FISE, 1987; Nastase, 1986), e os que utilizam igualmente um conceito restrito de desarmamento para a integração em um conceito global de EP, como um componente desta (Lederach, 1984, p. 102-104; Novara, 1987b e 1989b; etc.).

De nossa parte, o enfoque de uma educação para o desarmamento com o qual nos identificamos apóia-se nas inter-relações do conceito de desarmamento com o desenvolvimento e os direitos humanos. Além disso, esse enfoque amplo combina os aspectos informativos com os aspectos favorecedores de criação de atitudes críticas que gerem nos estudantes condutas opositoras à "incitação à guerra, à propaganda e ao militarismo em geral" (Unesco, 1980, p. 7). Enfim, pretende-se "ensinar não tanto o que pensar acerca do desarmamento, e sim como pensar sobre ele. Portanto, deveria tratar-se da solução de problemas com o objetivo de desenvolver a capacidade analítica e crítica para examinar e avaliar as medidas práticas voltadas para reduzir os armamentos e eliminar a guerra como prática internacional aceitável" (Unesco, 1980, p. 8).

Nessa segunda postura, estão os trabalhos da Unesco, embora com as inevitáveis contradições nesse organismo, já que suas opiniões são formuladas por diferentes sensibilidades e autores, como Burns (1981, p. 138-141); Kapitza (1984, p. 310); Lederach (1984, p. 99-100); Reardon (1979, p. 358). Coincidimos particularmente com o que se expressa no Informe Final do Congresso Mundial de Educação para o Desarmamento, realizado em Paris em junho de 1980, no qual a educação para o desarmamento configura-se como um componente da EP, com o objetivo de sensibilização acerca de quatro questões: o conceito de desarmamento *versus* corrida armamentista e o comércio de armas; o sistema guerra e seus efeitos para a humanidade e o meio ambiente; a relação militarismo, subdesenvolvimento e direitos humanos; e, em quarto lugar, a segurança e as alternativas nãoviolentas de defesa.

As atividades propostas coincidem em geral com as que são mencionadas para os outros quatro componentes. Talvez aqui se dê prioridade aos estudos de caso e aos projetos de pesquisa.

Entre os projetos e materiais criados nesse componente, é preciso destacar o "curso orgânico" de EP, de D. Novara e L. Ronda, dividido em três "itinerários didáticos", sendo o terceiro dedicado à "Educação para o desarmamento" (Novara e Ronda, 1986a; Novara e Ronda, 1986b). Na Espanha, além das publicações da Unesco a que me referi, um dos poucos materiais que podemos incorporar especificamente como educação para o desarmamento é a unidade didática *Amemos la paz*, da qual sou co-autor, e editada pelo Seminario de EP da APDH de Madrid (1990a). Também temos de incluir os excelentes trabalhos de Anna Bastida (1994) e Pedro Saéz (1997).

182 XESÚS A. JARES

EDUCAÇÃO PARA O DESENVOLVIMENTO

Inicialmente, a educação para o desenvolvimento não se configura como um componente da EP, mas a partir das propostas da PP sobre a nova conceituação de paz, o que foi denominado de paz positiva, estabelece-se uma íntima conexão entre paz e desenvolvimento e, conseqüentemente, entre educação para a paz e educação para o desenvolvimento, como vimos. Tais conceitos estão ligados a tal ponto que falar de EP torna-se sinônimo ou, pelo menos, inclui o desenvolvimento e a educação para o desenvolvimento. "Temos consciência de que a educação para o desenvolvimento unifica nossas obras, em vista de uma finalidade comum: a educação para a paz" (Malesani, 1988, p. 9).

Entretanto, não há concordância na determinação da introdução desse componente. Alguns situam-no no início dos anos 70 (Mans Unides, 1985, p. 9), enquanto outros autores situam-no na década de 60 (Grasa, 1990, p. 101); Melandri, 1985, p. 58), coincidindo mais ou menos com as grandes descolonizações. De um ponto de vista socioeducativo, porém, considera-se que as bases desse enfoque educativo se assentarão a partir das reflexões e práticas educativas de Paulo Freire na América Latina (Burns, 1981, p. 135), em seu trabalho de alfabetização de adultos.

Outros eventos em seu devir histórico são a reunião de Bergendal, Suécia, em 1970, sobre "A escola aberta ao Terceiro Mundo", convocada pela FAO, Unesco e as autoridades suecas; o "Informe sobre a estratégia da educação", no início dos anos 70 a cargo de um grupo de especialistas internacionais, presidido por E. Faure e convocados pela Unesco, no qual se propõe "uma educação na qual todos os países, industrializados ou não, procurem um terreno e uma matriz comuns no campo educativo para eliminar o perigo que representa o fosso entre os dois mundos, os do Norte e os do Sul ... e que formam dois tipos de cidadão: os de classe A, educados segundo as exigências dos tempos, e os de classe B, relegados a uma cultura e a uma educação atrasada" (Melandri, 1985, p. 65). Em 1975, uma comissão de especialistas, por iniciativa das Nações Unidas, definia a educação para o desenvolvimento como "um tipo de educação orientada para o problema dos direitos humanos, da dignidade, da auto-afirmação, da autodeterminação e da justiça, que interessa tantos aos países desenvolvidos como àqueles em via de desenvolvimento" (Melandri, 1985, p. 65).

Esse componente também é suscetível de dois tipos de enfoque, tanto no que diz respeito a seu campo conceitual como, por outro lado, à sua orientação ideológica.

a) Quanto à sua extensão ou aos conteúdos, podemos distinguir dois tipos de enfoque: o enfoque restrito, que se circunscreve aos aspectos econômicos dos países do Terceiro Mundo e às principais seqüelas do subdesenvolvimento: a fome e a pobreza fundamentalmente; do mesmo modo, esse enfoque ou educação sobre o desenvolvimento costu-

EDUCAÇÃO PARA A PAZ **183**

ma transmitir "a concepção ocidental do desenvolvimento e uma implicação 'ativa' do aluno/a reduzida à caridade" (Grasa, 1990, p. 10); e o enfoque amplo, ou educação para o desenvolvimento, no qual, além dos aspectos anteriores, parte-se de um conceito de desenvolvimento mais extenso, próximo ao da paz, e que no plano educativo pressupõe partir de um enfoque global para poder entender não apenas as causas do subdesenvolvimento, mas também para poder operar alternativas reais que facilitem avanços, tanto econômicos como sociais e culturais. Nesse sentido, e dessa perspectiva, trata-se de rever a "concepção dominante de desenvolvimento e progresso,... levando em conta valores como o equilíbrio ecológico, o desenvolvimento da personalidade, a igualdade, a justiça social, a autonomia, a participação, a solidariedade, a heterogeneidade ..." (Suchodolski, 1984, p. 9).

b) Quanto às atitudes ou ao posicionamento ideológico, devemos distinguir dois tipos de enfoque. Um paternalista e até mesmo neocolonial, que se fundamenta em campanhas informativas e/ou de ajuda nas quais se trata antes de fazer caridade, sem questionar as causas econômicas e sociopolíticas da situação atual do Terceiro Mundo. Um segundo enfoque, crítico em relação às atuais divisões no planeta e ao próprio progresso do Primeiro Mundo, em boa parte devido ao subdesenvolvimento dos países do Sul, não apenas procura aprofundar o conceito e o significado prático da solidariedade, mas também supõe uma revisão de nossas condutas que possam fomentar a manutenção do atual *status*, por exemplo, em determinados hábitos de consumo.

A partir dos enfoques globais e críticos nos quais apostamos, em correspondência com o conceito de EP que utilizamos, a educação para o desenvolvimento enfatiza sua ação nos desequilíbrios socioeconômicos entre e dentro dos povos, assim como nos processos de alienação que eles costumam acarretar. É por isso que seu "objetivo terminal" é o de "facilitar aos alunos uma mudança de atitudes e comportamentos em relação ao problema dos desequilíbrios econômicos, sociais e culturais entre os povos e suas graves conseqüências" (Mans Unides, 1985, p. 9). Ou seja, assim como ocorre com a Educação para a Paz, a educação para o desenvolvimento fundamenta-se no conceito de *conscientização* cunhado por Paulo Freire, em seu duplo significado de objetivo e processo (Freire, 1972, p. 76). Dessa forma, a educação para o desenvolvimento é entendida como um processo de conscientização dos indivíduos para conseguir a mudança social. Nas palavras de E. Detti (1988, p. 2), podemos definir a educação para o desenvolvimento como "a formação de uma consciência que nos habitue ao respeito e à confrontação com os outros, mesmo com aqueles a princípio diferentes e distantes; e a formação de uma personalidade com uma identidade própria e, ao mesmo tempo, capaz de compreender que a escolha de cada um está relacionada, em qualquer caso, com a dos demais cidadãos do mundo".

184 XESÚS A. JARES

Em correspondência com os objetivos explicitados, os conteúdos que predominam nessa corrente da EP referem-se à situação do chamado Terceiro Mundo e sua relação com o mundo desenvolvido. É por isso que os blocos temáticos mais comumente citados são: as relações Norte-Sul e a chamada nova ordem econômica internacional; a população, a demografia e os problemas migratórios; a agricultura, a alimentação e a fome; e, em quarto lugar, o ensino e a cultura.

Entre as atividades mais usadas estão:

- Os jogos de simulação, como "A dinâmica dos cubos" (Mans Unides, 1985; Jares, 1988); sem dúvida, um dos jogos que nos proporcionam melhores resultados em nossa prática profissional, tanto com alunos de ensinos fundamental e médio como no trabalho com adultos, alunos universitários e professores; "Quem alimenta quem" ou "Os refugiados" (Mans Unides, 1985; Jares, 1988); etc.
- Correspondência e intercâmbio de objetos.
- Confraternizações (Fisas, 1987c) e campanhas de solidariedade.
- Exposições fotográficas.
- Utilização da literatura popular e mitológica dos países do Terceiro Mundo.
- Fotolinguagem.
- Oficina de documentos.
- "Seguir a pista" de um produto, desde sua produção até chegar às nossas mãos (Eroski, 1987; Mesa, 1990, p. 120); etc.

No Estado espanhol, assim como em outros países europeus, é preciso ressaltar o trabalho de sensibilização e de divulgação que vem sendo realizado pelas ONGs, verdadeiramente impulsionadoras e mantenedoras desse componente. Na maior parte dos casos elas produzem diferentes tipos de material e em grande qualidade. Algumas das campanhas educativas que têm realizado podem ser encontradas no livro da Cruz Roja Española (1990).

Finalmente, é preciso especificar os seguintes pontos críticos em relação a esse componente:

- Em primeiro lugar, devemos registrar o enorme risco que existe de cair em uma postura paternalista e até mesmo neocolonialista com relação ao chamado Terceiro Mundo. "Não se trata de 'dar ao Terceiro Mundo', mas de desenvolver em escala planetária o sentimento de solidariedade" (Fortat e Lintanf, 1989a, p. 101).
- Relacionar nossa prática educativa com nossos pressupostos cotidianos, como nossos hábitos de consumo. "A educação do consumidor deveria ressaltar a importância de nossos comportamentos no sentido de um civismo não-nacional, mas mundial" (Fortat e Lintanf, 1989a, p. 103).

EDUCAÇÃO PARA A PAZ **185**

– A educação para o desenvolvimento não deve ignorar o subdesenvolvimento em nossa sociedade, que afeta camadas significativas da população, ao mesmo tempo que essa situação não deve servir de pretexto para não "trazer o Terceiro Mundo para casa".

– Uma educação para o desenvolvimento deve concretizar-se em uma educação para a solidariedade, "a ternura entre os povos", nas palavras de Ernesto Cardenal, mediante a qual se planejem ações concretas, decididas por alunos e professores e/ou os órgãos de direção dos centros educativos (Apud IEPS, 1987, 1988). Essas ações devem ocupar um lugar de destaque, tanto por sua finalidade como por seu trabalho mediador de sensibilização.

– Por último, é preciso ressaltar nesse componente que "de modo algum trata-se de culpabilizar a criança ou de saturá-la com informações trágicas" (Mans Unides, 1985, p. 4).

Enfim, "educar e educar-se no desenvolvimento significa tanto estudar, interessar-se e tentar compreender os mecanismos que geram nosso desenvolvimento e o subdesenvolvimento dos outros, isto é, analisar as grandes desigualdades de nosso tempo, seus efeitos e, sobretudo, as maneiras para reduzir tanto os primeiros como os segundos. Mas significa fazer isso adotando uma prospectiva cultural e pedagógica inovadora, que obrigue a romper com velhos estereótipos e novos preconceitos para aprender uma nova atitude em relação aos outros, fundada em uma metodologia cognoscitiva capaz de captar a diversidade de formas que assume a experiência histórica e social que chamamos de desenvolvimento" (Gritti, 1985, p. 14).

EDUCAÇÃO PARA O CONFLITO E A DESOBEDIÊNCIA

Como já se assinalou, o conflito é consubstancial à vida e, conseqüentemente, à educação. No Capítulo 7 vimos também que o conflito, juntamente com o conceito de *paz*, é um de seus elementos definidores. Neste último sentido, pode parecer contraditório falar aqui em educação para o conflito como componente da EP. E de certa forma é, visto que, por fazer parte da natureza e do conceito fundamental da EP, todos os componentes e dimensões daquela têm de fundamentar-se, de nossa perspectiva, na educação para o conflito. Da mesma forma, opina um grande número de autores que identificam e catalogam como sinônimos as referências à EP e à educação para o conflito (Aluffi, 1985, p. 340; Barahona, 1989, p. 21; Bayada e outros, 1988, p. 95; Butturini, 1985, p. 227; Fortat e Lintanf, 1989a, p. 18; Novara, 1989b, p. 32-38; Salio, 1983; Savater, 1984; Sémelin, 1986; etc.).

Com base na premissa anterior, podemos diferenciar dois tipos de enfoque que se produzem no momento de tratar ou referir-se à educação para o conflito como componente da EP:

a) Os que consideram a educação para o conflito e sua resolução como um objetivo fundamentalmente instrumental, desligado de qualquer referência axiológica e destinado a favorecer o bom funcionamento do grupo-classe e de grupos e relações interpessoais em geral. Dessa perspectiva, enfatiza-se a análise dos conflitos e a otimização de recursos e técnicas para resolver e evitar inclusive o conflito. Essa posição vincula-se com o paradigma hermenêutico da EP, que descrevemos no capítulo anterior.

b) Os que nos referimos à educação para o conflito como um compromisso da EP, mas outorgando-lhe um caráter preferencial, como "especificidade" principal da EP. Dessa perspectiva, não interessa apenas a análise e o conhecimento das técnicas de resolução de conflitos que nos permitam intervir na sua resolução, mas trata-se ao mesmo tempo de suscitar uma atitude de sensibilização diante dos conflitos em geral, diante de determinadas situações de conflito em particular e diante dos comportamentos que podem se manifestar acerca deles. Conseqüentemente, não se trata apenas de estudar o conflito e de "aprender técnicas mais ou menos mentais e abstratas; mas sim de confrontar aquilo que se estuda com a própria experiência de vida para compreender, aprofundar, escolher uma posição precisa em um conflito" (Salio, 1983). Em outras palavras, trata-se de aprender para "intervir de forma construtiva em sua regulação" (Lederach, 1985, p. 20).

Do que foi dito no último parágrafo, deduz-se que a educação para o conflito não pode deixar de "pôr em questão a trama do conformismo, da cumplicidade, da obediência e da passividade que os indivíduos e grupos associam aos aspectos mais deletérios e violentos da sociedade em que vivemos (exército, cárceres, consumismo, monopólio da informação, destruição do meio ambiente, ...), aprendendo um confronto crítico mediante o qual se valoriza a capacidade criativa de sonhar e realizar alternativas humanizadoras" (Novara, 1989b, p. 38). A educação para o conflito vincula-se assim à crítica do conformismo, visto que este "renuncia ao conflito" (Espósito, 1985, p. 30), e o que foi chamado de educação para a desobediência.

Embora em algumas publicações a educação para a desobediência apareça como mais um componente da EP, entendemos que é mais apropriado enquadrar tal acepção como uma variante ou manifestação da educação para o conflito, visto que a desobediência não deixa de ser em si mesma uma situação de "conflito entre consciência e autoridade" (Milgram, 1973, p. 167), e além disso pode ser o resultado e/ou a atitude diante de um conflito.

A educação para a desobediência surge como conseqüência da pergunta que se faz a partir da nãoviolência ao analisar as situações de domínio e opressão que se produziram na história da humanidade: como é possível que um grupo minoritário de pessoas controle toda a sociedade? A resposta é simplesmente demolidora: apenas com a colaboração ou a cumplicidade dessa maio-

EDUCAÇÃO PARA A PAZ **187**

ria. Para chegar a esse estado de passividade e conformismo, utilizam-se, entre outros meios, a educação que se sustenta na obediência à autoridade paterna, à autoridade do professor, ao estamento religioso, militar, etc. "O que torna possível a injustiça não é a lei injusta, mas sim a obediência a essa lei injusta; a melhor maneira de lutar contra tal injustiça é desobedecer à lei" (Muller, 1983, p. 38). Dessa perspectiva e com o princípio da nãoviolência é que surgem as práticas sociais e educativas de desobediência civil e objeção de consciência que vimos na primeira parte do livro, e que foram e são incorporadas pelos/as educadores/as nãoviolentos às tarefas educativas.

Embora a educação para a desobediência tenha sido constituída e adquirido sua plena expressão a partir da nãoviolência educativa, também não é menos certo que determinados pedagogos das escolas Nova e Moderna, como María Montessori e Célestin Freinet, referiram-se à educação autoritária fundada na obediência do aluno. Para a italiana, a obediência, "que não admite razão e justiça, prepara o homem para ser submisso à fatalidade das coisas" (Montessori, ?, p. 23). Para o educador francês, o autoritarismo e a obediência cega não apenas supõem a negação de todo ensino moral (Freinet, 1972, p. 20), como também são os responsáveis pela origem da passividade e do conformismo.

Do mesmo modo de Capitini, Dolci, Milani e a maioria dos autores nãoviolentos, Freinet não apenas leva em conta o microcosmo escolar para fazer essas valorações, como também tem muito clara a história recente, em especial a que significou o fenômeno nazi-fascista, como exemplo de obediência em massa. Por isso, acaba por pedir o fim das experiências educativas baseadas no culto à autoridade e, conseqüentemente, à obediência. "Depois da terrível experiência do fascismo, uma educação desse tipo não deveria nunca mais ter defensores. Se desejamos formar homens, temos de parar de formá-los como escravos" (Freinet, ibidem).

Outras formulações que corroboraram e colocaram a necessidade de incluir na prática educativa modelos que incitem a possibilidade de dizer "não" a determinadas situações pessoais e sociais provêm da psicologia e da sociologia. No primeiro campo, podemos citar o psicólogo nãoviolento francês J. Sémelin, que não vacila em afirmar, repassando a história da humanidade e contemplando a capacidade autodestrutiva que há atualmente, que "a obediência à autoridade pode ser a origem da destrutividade humana" (Sémelin, 1983, p. 54). Por isso, o psicólogo propõe enfatizar o desenvolvimento da autonomia dos estudantes, como meio "graças ao qual o homem pode conseguir escapar da engrenagem da violência, seja vítima ou carrasco. Se a submissão à autoridade é a via que conduz à violência, o exercício da autonomia é a via que conduz à nãoviolência" (Sémelin, 1983, p. 103).

Ainda nesse campo psicológico é obrigatória a referência aos estudos de E. Fromm (1984, p. 9), que de forma categórica afirma que "a história humana começou com um ato de desobediência e não é improvável que termine por um ato de obediência". Para Fromm (1984, p. 12), assim como para os autores

188 XESÚS A. JARES

nãoviolentos, se a obediência deixou de ser uma virtude, "nem toda desobediência significa uma virtude". Para ele, a desobediência é, no plano pessoal, um ato de afirmação (p. 13), para o qual, como corroboram outros autores, é necessária uma forte capacidade psíquica para realizá-la; "para desobedecer, devemos ter a coragem de estar sós, de errar e pecar" (p. 15). No plano social, a desobediência é a condição da liberdade... Portanto, a liberdade e a capacidade de desobediência são inseparáveis; é por isso que qualquer sistema social, político e religioso que proclama a liberdade, mas reprime a desobediência, não pode ser sincero" (p. 16).

Nesse mesmo sentido, manifestam-se J. Llacuna e L. Tarín (1984, p. 8-9), para quem "desobedecer é, em todo o caso, opor-se sistematicamente à 'programação' (que é opor-se a si mesmo como ser alienado, como homem 'formado dentro de esquemas'), desobedecer é recuperar-se, 'autopossuir-se', ter o controle sobre si mesmo, ser livre". Conseqüentemente, para esses autores, educar para a liberdade é educar para a desobediência.

No que diz respeito à contribuição sociológica, temos de mencionar os reveladores estudos experimentais do sociólogo norte-americano S. Milgram (1973, p. 17), que tentou descobrir na Universidade de Yale as condições em que as ordens humanas devem ou não ser obedecidas. A finalidade da pesquisa "consistia em descobrir quando e como iriam desafiar a autoridade das pessoas diante de um claro imperativo moral". O objetivo de Milgram, residia nos motivos pelos quais as pessoas na Alemanha nazista tinham obedecido as ordens para cometer todos os crimes e crueldades que cometeram. Já que "é muito possível que tal conduta tão bárbara tenha tido origem na mente de um único indivíduo, mas não poderia ser levada a cabo em escala tão ampla sem a colaboração obediente de muitas outras pessoas" (p. 15). Diante das escassas respostas de desobediência que se produzem em seus experimentos, Milgram acha que "muitas dessas pessoas foram incapazes de encontrar uma fórmula adequada para recusar o papel que lhes foi designado. Talvez nossa cultura não ofereça nenhum modelo apropriado de desobediência". Posteriormente, centrou seus estudos também na Guerra do Vietnã, chegando a idênticas e preocupantes conclusões.

A análise das escassas condutas de desobediência que se produziram leva Milgram (1973, p. 153) a afirmar que a desobediência não é uma resposta negativa, "mas que assume o caráter de um ato afirmativo, de um nadar deliberado contra a corrente. É a submissão que implica uma conotação passiva. O ato de desobediência exige uma mobilização de recursos internos e a transformação destes para além de toda a preocupação interna, para além de um mero intercâmbio verbal cortês, em um campo de ação. Só que o custo psíquico desta é considerável".

TERCEIRA PARTE
A Educação para a Paz na ação

10

A Estrutura

CONTEXTUALIZAÇÃO

A estrutura do sistema educativo foi considerada como o elemento mais problemático com que se depara a Educação para a Paz, vista por muitos autores como uma estrutura violenta em si mesma. Por isso, não é estranho encontrar referências a ela no sentido de ser conceituada como o maior obstáculo para a difusão e a credibilidade da EP (Drago e Salio, 1984, p. 170-171).

É com essa situação inicial contraditória que nós, educadores e educadoras que realizamos nosso trabalho no interior do sistema educativo, temos de trabalhar, tendo consciência dela. Ignorá-la seria, além de uma ilusão, fonte inesgotável de frustrações e conflitos sem resposta. Em outras palavras, educar-nos na paz deve tornar-nos conscientes, em primeiro lugar, da contradição, às vezes insolúvel, que significa educar para a paz em um meio violento por sua natureza e funcionalidade.

Várias são as violências estruturais que se atribuem ao sistema educativo, tanto pela sociologia da educação e teorias do currículo como pela própria Educação para a Paz (Galtung, 1973; Galtung, 1974a; Haavelsrud, 1976b; Cobalti, 1985). Elas foram resumidas por Salio (1983 e 1986) no Quadro 10.1, a seguir.

Embora a violência direta tenha desaparecido em grande medida, "a violência estrutural subsiste nas formas usuais: uma visão do trabalho fortemente vertical, que se expressa na comunicação em um único sentido; a fragmentação da comunicação dos receptores, já que não podem desenvolver uma interação horizontal, organizar e ao final mudar a direção da comunicação; ausência de uma real multilateralidade" (Galtung, 1973, p. 318).

De outro lado, está a função classificatória do aparato educativo "que se dedica a classificar as pessoas em categorias sociais, e até mesmo em classes

192 XESÚS A. JARES

Quadro 10.1

Violência Estrutural na "Forma" Atual da Educação	
Função social	– Expropriação da capacidade auto-educadora da família e de cada um. – Divisão social do trabalho (manual/intelectual). – Reprodução da hierarquia social. – "Equiparação" funcional das relações de dependência econômica.
Relações interpessoais	– Agressividade latente/disciplina/coerção. – Hierarquia escolar (ministro/delegados/inspetores/diretor/professor/bedel). – Meritocracia e competição.
Processo de construção e de socialização	– Comunicação hierárquica, de "mão única" (antidialógica). – Parcelamento e fragmentação do saber (noções gerais). – Etnocentrismo cultural e antropológico (racismo).

sociais mediante o exame. Utilizar a educação como mecanismo classificador é problemático do ponto de vista da EP, já que a paz é considerada contraposta às relações sociais verticais e às hierarquias de todo o tipo" (Galtung, 1974a, p. 320).

Do mesmo modo, no terreno dos valores, a função social do sistema educacional atual é contrária aos valores da paz à medida que fomenta a competitividade; o individualismo; a dependência; o conformismo; a passividade... Além disso, existe coincidência geral em classificar a escola como instrumento de violência a serviço de uma sociedade violenta. "A estrutura educativa e escolar contribui para aumentar o poder das elites, estreitamente associadas aos interesses dos centros econômicos, políticos e sociais do sistema, enquanto os professores que não conseguem se fazer ouvir, crianças e pais são relegados à periferia do sistema" (Haavelsrud, 1976b, p. 9).

Finalmente, é preciso ressaltar a rigidez da estrutura escolar, tanto no que se refere a horários e matérias como ao agrupamento dos alunos. Aspectos aos quais se deve acrescentar a própria rigidez dos edifícios escolares, pensados basicamente com critérios quantitativos, tanto no plano econômico como no da escolarização. A partir da EP, adota-se o novo conceito de espaço escolar trazido pela didática ambiental, com o que se rompe com o a centralização da sala de aula e a separação rígida das instituições educativas com a realidade circundante, que caracteriza a escola tradicional.

É possível educar para a paz no atual sistema educacional? Depois do que se disse, é lógico que se formule tal pergunta, que nos coloca, mais do que a conveniência, da qual não se duvida, a possibilidade de educar para a paz nessa estrutura. Diversos autores ligados à PP, particularmente na Alemanha, responderam a essa questão de forma negativa, propondo como alternativa "pular a fase da instrução escolar e tomar contato direto com os oprimidos, com as vítimas da violência estrutural de cada forma" (Cobalti, 1985, p. 55), aproximando-se assim das propostas de Iván Illich e de outros autores da desescolarização. Nesse mesmo sentido, manifesta-se a australiana Robin Burns (1981, p. 150), expressando sua desconfiança e suas dúvidas quanto à instituição escolar, chegando a mostrar em alguns de seus escritos sua convicção da impossibilidade de realizar uma autêntica EP no sistema educacional, mostrando-se mais confiante na educação não-formal.

O próprio Galtung (1974, p. 324) conclui que "provavelmente é ingênuo pensar que possa caber uma autêntica Educação para a Paz dentro dos sistemas escolares da maior parte dos países sem que isso repercuta de alguma maneira em seus sistemas".

Outros autores, além de ratificar a impossibilidade de realizar uma autêntica EP nas atuais estruturas educativas, estendem essa certeza ao conjunto da sociedade, de tal forma que, asseguram, somente será possível realizar uma autêntica EP quando houver determinadas estruturas sociais. "Uma sociedade estruturalmente violenta não pode educar para a paz, porque o processo de socialização, cuja educação é dirigida, é sempre orientado a perpetuar a violência, enquanto apenas uma sociedade verdadeiramente pacífica pode educar para a paz, perpetuando-a mediante seu processo de socialização" (apud Borrelli, 1984b, p. 15). Isto é, coloca-se a mudança social como condição *sine qua non* para poder realizar, uma vez estabelecidas as estruturas nãoviolentas, uma autêntica Educação para a Paz.

Além de manifestar nossa posição discrepante com esse tipo de análise, queremos ressaltar o perigo de tais posturas, que afirmam a inutilidade de introduzir a EP no sistema educacional (apud Cobalti, 1985, p. 55). Além de dogmática e idealista, essa posição incorre na contradição da coerência dos fins com os meios, de tal forma que, para chegar a essa mudança social, é necessário um processo de construção no qual se vão aplicando e aperfeiçoando, com todas as contradições, essas estruturas que se pretende alcançar.

Por outro lado, essa posição ignora que, para a consecução dessa mudança social, a EP também proporciona, ainda que timidamente, sua contribuição. A escola é não apenas um sistema de reprodução de estruturas e ideologias, mas também um cenário no qual se produzem igualmente conflitos e lutas que podem ir em direção oposta aos valores dominantes. Como assinala M. Haavelsrud (1984, p. 13), "apenas um sonhador, desligado da realidade, pensaria em poder trabalhar para a paz na educação nesse âmbito da macroestrutura que existe atualmente, por exemplo, na África do Sul. Mas não podemos esquecer que a própria escola representou o terreno de encontro para os inspiradores da revolta de Soweto no verão de 1976; isso quer dizer que, mesmo sob o regime mais repressivo, subsiste uma sutil possibilidade de atuar de maneira subversiva na microssituação contra o regime".

Em nossa opinião, é óbvio – depois da experiência de 10 anos trabalhando na escola – que realizar uma autêntica educação para a paz, tal como a estamos

194 XESÚS A. JARES

desenvolvendo aqui, é muito difícil e, sobretudo, conflituosa. A prática da EP não apenas tenta potencializar os conflitos para resolvê-los de forma nãoviolenta, como também é em si mesmo conflituosa, visto que se trata de uma contracorrente educativa, um "contra-sistema", nas palavras de Curle (1977), oposta à estrutura e às funções do sistema educacional e, por extensão, aos valores dominantes da sociedade. Boa prova disso são as polêmicas suscitadas em diversos países com maior tradição que o nosso em EP, como foram os casos da Grã-Bretanha (Hicks, 1980; Martin, 1983), do Japão (Dawson, 1979) ou da Suécia (Thellin, 1989), nos quais houve quem questionasse a EP por considerá-la uma educação política e contrária ao *status quo* dominante.

Contudo, e aqui reside a diferença com os que propugnam "pular" o sistema educacional, o fato de ser muito difícil, e às vezes contraditório, não nos leva a pensar que seja preciso descartar o aparato escolar. É necessário utilizar didaticamente as próprias contradições para transferi-las à sociedade em uma dialética constante de relação entre micro e macronível. Precisamente em nosso micronível da sala de aula como da escola, apesar da inegável influência social, é possível introduzir estruturas de aprendizagem que tenham um grau de coerência elevado com os fins propostos e, de acordo com isso, inserir "os elementos de uma nova ordem sociopolítica" (Burns, 1981, p. 148). As diferentes experiências que se realizaram ao longo de sua evolução histórica são uma boa prova disso.

Por último, embora tenhamos introduzido um clima e uma organização didática de EP em nossa sala de aula, por princípio pedagógico básico e por trabalhar em um meio estruturalmente violento, é imprescindível realizar "uma constante autocrítica sobre nossas formas de educar, com vistas a mudá-las e melhorá-las para que, cada vez mais, estejam em sintonia com os valores e conhecimentos" (Lederach, 1984, p. 42 e 119) da paz. Constante autocrítica que, como tal processo reflexivo, pode levar-nos a modificar determinados pressupostos ou cenários. Nesse sentido, coincidimos com os sucessivos encadeamentos que nos propõe a pesquisa-ação: pesquisa-ação-reflexão.

A DEMOCRATIZAÇÃO DAS ESCOLAS

Um exemplo de ação transformadora no terreno das estruturas escolares pode ser visto nos processos de construção democrática das escolas. Como já dissemos (Jares, 1994; 1995b; 1999), um projeto educativo de Educação para a Paz implica necessariamente a democratização das estruturas escolares. E isso tanto pelo próprio conceito de paz positiva no qual se assenta, como pelas implicações organizacionais dos direitos humanos. A partir da Educação para a Paz insistiu-se na necessidade de buscar a coerência entre os fins e os meios a empregar, nesse caso, entre a finalidade de formar pessoas democráticas e comprometidas com a democracia e os meios e estruturas a construir para alcançar esses fins.

EDUCAÇÃO PARA A PAZ **195**

Nesse sentido, se queremos que a escola forme pessoas democráticas e participativas, ela mesma tem de estar organizada com base nesses pressupostos. Por isso, a busca de uma sociedade plenamente democrática requer não apenas que o sistema educacional fomente uma atitude livre e participativa para a vida social futura ou de adultos, mas também que, como insistiram diversos autores, desde os clássicos (Dewey, Freinet, etc.) aos mais recentes (Escudero, 1994, p. 53; Fernández Enguita, 1992, p. 59; Fortat e Lintanf, 1989b; Massarenti, 1984; Pérez Gómez, 1998; Torres Santomé, 1994, p. 44; Tuvilla, 1990 e 1998), o próprio sistema educativo deve articular-se sob os princípios nos quais afirma fundamentar-se.

Conforme já manifestamos (Jares, 1999), no meio escolar, assim como no plano social e político, a aprendizagem da cidadania e a formação para a democracia revelam uma clara contradição entre o que se estipula (currículo legal) e o que se pratica nas escolas (currículo em ação). Além disso, quando se fala de "fracasso escolar", costuma referir-se exclusivamente aos conhecimentos de tipo conceitual, mas, ao contrário, esquece-se por completo de tudo o que se refere à aprendizagem das atitudes e dos valores e, particularmente, o que diz respeito à aprendizagem da cidadania. Nesse âmbito, estamos firmemente convencidos de que o fracasso escolar é maior ainda. E não apenas pela responsabilidade que o sistema educacional tem sobre ele, mas também pelo entorno social no qual vivemos, em que são cada vez menores os espaços para exercer o direito à cidadania, a uma autêntica convivência de paz, desviando-nos para um sistema de democracia formal mercantilizada e televisiva, dominada pelos grandes *trusts* econômicos. Nesse cenário, mais do que em cidadãos/ãs querem-nos converter em meros espectadores-clientes, substituindo o viver pelo consumir, o decidir pelo delegar.

Uma organização democrática preocupada em ser por si mesma uma fonte de irradiação de valores democráticos deve refletir e auto-avaliar-se de forma contínua sobre os seguintes aspectos. Em primeiro lugar, sobre a forma como se exerce o poder e, associado a ele, a tomada de decisões. No plano escolar geral, podemos dizer que o poder está relacionado com a capacidade de controle sobre: os recursos econômicos, a utilização de espaços, os horários, as fontes de informação, a tomada de decisões, a capacidade de controlar/manipular o que o outro deseja, etc.

Em segundo lugar, não podemos esquecer que o poder e sua incidência na organização pode estar matizado ou "cruzado" por outras variáveis, como o sexo, a classe social, a raça, etc. Nesse sentido, a construção "de uma cultura participativa requer fomentar a participação dos grupos menos influentes – alunos, pais de baixo nível cultural, mulheres – ..." (San Fabián, 1992, p. 113). Como expressou Bernstein em relação aos alunos, e que estendemos ao conjunto dos setores da escola, "qual é a voz a que se presta atenção? Quem fala? Quem é chamado por essa voz? Para quem é familiar?" (1990, p. 126).

Em terceiro lugar, aparece um requisito imprescindível em todo o relacionamento democrático: a participação. Como afirma Santos Guerra (1994, p.

196 XESÚS A. JARES

5), "a participação é o princípio básico da democracia. Participação que não pode restringir-se ao momento do voto, mas que exige o diálogo permanente, o debate aberto, o controle das decisões e a capacidade de crítica efetiva". A cultura democrática assentada nos direitos humanos requer que a própria escola impulsione, em todos os setores da comunidade educativa, a participação como valor social. Para isso, além de ativar a participação interna, a escola deve integrar-se e participar em todos os assuntos da comunidade na qual está situada. Portanto, a participação, tanto em sua dimensão de gestão como em sua dimensão educativa, é um direito e uma necessidade do processo educativo institucional escolar. Direito e necessidade de todos os setores educativos, e não apenas dos professores, a "sentir que têm uma aposta na escola e devem confiar em que a organização da escola realizará ou melhorará essas apostas, ou de que haverá boas razões no caso de que isso não ocorra (Bernstein, 1990, p. 124).

Em quarto lugar, o direito à dissidência. Uma característica da sociedade em geral, assim como do sistema educacional em particular, é o fenômeno da aprendizagem da obediência e do conformismo. Como assinala Stenhouse, "os professores, assim como os estudantes, são pressionados para o conformismo marcado pelas expectativas institucionais..." (1987, p. 79). Da perspectiva crítica da educação para a paz e os direitos humanos, contudo, questionou-se essa situação em um duplo sentido. Por um lado, combatendo o conformismo como um valor diametralmente oposto a uma cultura de paz e, por conseguinte, democrática. Por outro, fomentando nos alunos sua autonomia e capacidade crítica, que pode levar a posições de dissidência com nossa própria forma de educar. Respeitar e saber encaixar dentro da vida da escola o direito a discordar, tanto dos alunos como dos professores – que nada tem a ver com a falta de respeito –, é um princípio básico em seu funcionamento democrático.

TÉCNICAS COOPERATIVAS DE GESTÃO DA SALA DE AULA E DA ESCOLA

Entre as estratégias e técnicas concretas de organização democrática da sala de aula e da escola, além da revitalização dos órgãos colegiados da escola – Assembléia e Conselho Escolar –, assim como das Juntas de Delegados e Comissões Pedagógicas, queremos reivindicar as técnicas freinetianas de organização, tanto por sua utilidade para a construção de grupos cooperativos como por sua coerência com os princípios democráticos expressados, tais como as assembléias de classe; os planos de trabalho; a cooperativa; a biblioteca da sala de aula, etc. Com elas, trata-se de tornar real a democracia participativa nas escolas, além de potencializar a autonomia, a cooperação e a co-responsabilidade, tanto na tomada de decisões como em todos os aspectos que afetam a vida da classe. "A organização da sala de aula, a disposição do material, tudo permite a segurança para a criança de dispor de um lugar próprio, onde ordenar suas coisas, e preserva o espaço vital para os grupos que

EDUCAÇÃO PARA A PAZ **197**

desejam inserir-se ali" (Girardin, 1979, p. 20). Alcançar esse tipo de clima organizacional não apenas é um objetivo em si mesmo, mas também se coloca como requisito para a aprendizagem das atitudes e comportamentos cooperativos. "A criança apenas apropria-se dos valores éticos e culturais do grupo ao qual pertence se este estiver estruturado como uma autêntica 'comunidade' fundada sobre uma tradição comum, costumes consolidados, uma compreensão afetuosa e uma autoridade sábia" (Ciari, 1967, p. 81). Com esse ponto, queremos insistir também na necessidade de recuperar as propostas e técnicas de trabalho dos grandes pedagogos renovadores, lamentavelmente e significativamente esquecidos, como é o caso de Célestin Freinet.

O plano de trabalho

O plano de trabalho representa o esqueleto organizacional da proposta freinetiana de organização do trabalho em sala de aula. O princípio da autogestão, da formação da auto-responsabilidade, da cooperação e da participação dos alunos em sua programação e no planejamento de seu trabalho educativo, encontra nessa técnica sua expressão mais genuína. O objetivo e a regra concreta que se colocam é que o aluno/a participe no planejamento de seu ritmo de trabalho escolar, rompendo com a dependência que caracteriza o professor na escola tradicional, e que saiba o tempo todo em que momento está, o que fez e o que ainda resta fazer. Como assinala Freinet (1974a), na escola, como nas demais atividades humanas, é indispensável que exista uma ordem e uma disciplina; com o plano de trabalho, pretende-se evitar a desordem e a improvisação, procurando combinar a escolha individual com o trabalho organizado. Como escreve F. Altieri (1975, p. 36), o plano de trabalho "é um instrumento para a auto-regulação das atividades e para a realização de uma liberdade que coincide com a ordem...". Uma ordem que não é a da escola tradicional, imposta, autoritária e alheia aos alunos, mas que lhes permite uma experiência efetiva para que participem no planejamento de seu processo educativo, dando-lhe voz e voto, tanto na organização da sala de aula como em suas tarefas. Não há um autêntico plano de trabalho se os interessados não o escolhem nem o aceitam.

Subdividimos a realização do plano em três fases. A primeira é a compilação ou confecção, que pode ser, no tempo, diário semanal, quinzenal, mensal, trimestral ou anual. Em minha experiência de professor com alunos do Ciclo Superior do EGB (12-16 anos), era quase sempre quinzenal. Em uma folha ou cartolina, cada aluno vai anotando as tarefas que pretende levar a cabo durante a quinzena, levando em conta um mínimo que o professor determina. Essa primeira fase, ainda que aparentemente seja de simples aplicação, assume uma importância vital para obter o êxito desejado. Pode-se dizer que, às vezes, a má-organização desse período pode produzir determinados fracassos ou situações não-desejáveis, em alguns casos por excesso de entusiasmo ou, ao contrário, por falta de ajuste entre o tempo e o compromisso do plano. Por outro lado, o papel ativo do professor nessa fase também se refere às possibilidades de trabalho que se podem proporcionar, para essa quinzena, as diferentes opções para que cada aluno escolha o que mais lhe interessa. Também deverá estar atento para animar e motivar os alunos que sistematicamente apenas se comprometem com o mínimo exigido.

A segunda fase é o desenvolvimento ou aplicação do plano. Conforme os dias avançam, os alunos anotam as diferentes tarefas que realizam, tanto as individuais como as coletivas, como também auto-avaliam seu trabalho e comportamento. Significa que ninguém pode dizer: "Não tenho nada para fazer". Caso isso ocorra por já ter finalizado suas tarefas, terá de levar em conta esse fato para a confecção do seguinte. O professor também poderá ver a situação na qual se encontra cada aluno pela consulta dos planos.

Terminado o tempo estipulado, entramos na terceira fase, a de correção ou controle. Nesta, a primeira coisa que temos de levar em conta é se o plano foi finalizado totalmente. Às vezes, há alunos que, levados por um entusiasmo excessivo ou por uma certa competição entre eles, assumem uma tal quantidade de trabalho que depois fica difícil de concluir. Também pode ocorrer que não se faça por uma falta de responsabilidade dos alunos; contudo, devo dizer que, em minha experiência, os que deixaram de cumprir seu "compromisso" foram casos muito pontuais. Entre outras coisas, porque essa fase de controle não deve circunscrever-se ao dia fixado para fazê-lo, mas, durante o tempo de realização, o professor deve fazer um acompanhamento do trabalho dos alunos, ajudando os que tenham qualquer tipo de dificuldade. Nessa fase, é preciso avaliar igualmente se os mínimos estipulados pelo professor estão ajustados à realidade da turma.

No plano das atitudes, o controle compreende a auto-avaliação do trabalho efetuado e a valoração pela turma do trabalho desenvolvido. Quanto ao primeiro, a auto-avaliação de cada aluno é analisada pelo gráfico da quinzena (ver o exemplo que apresentamos), resultado da união dos diversos pontos de diferentes tarefas e autovalorações. O exame sucessivo de diversos gráficos de cada aluno dará a medida dos progressos realizados e do esforço empregado. A comparação é de cada aluno consigo mesmo, não com o restante da turma. Por outro lado, o segundo controle ou avaliação é o que é feito pelo conjunto da turma, incluindo o professor, sobre cada um dos que a compõem. Aspecto que já nos conduz à técnica seguinte.

A assembléia

A assembléia é a dinâmica organizacional complementar ao plano de trabalho. Em nossa experiência, a assembléia realiza-se ao final do período de duração do plano, à exceção daquelas de caráter extraordinário que não poderiam esperar essa seqüência. Na assembléia, avalia-se o conjunto de

EDUCAÇÃO PARA A PAZ **199**

aspectos que incidem no andamento da aula, o que quer dizer, fundamentalmente, o plano de trabalho, individual e coletivo, e o "mural de propostas,
críticas e felicitações". Esse mural é uma cartolina dividida em três partes,
ou três folhas com as etiquetas respectivas, nas quais, a qualquer momento,
e sem interromper o andamento da aula, os alunos e os professores podem
escrever suas propostas, críticas ou felicitações sobre qualquer aspecto do
dia-a-dia da aula. Da avaliação desse mural, é freqüente comparar o que se
escreve com o que é aprovado nas "Normas da sala de aula". Em muitas
ocasiões, o calor do debate e a oportunidade do tema sobre o qual se fala,
dão margem a incorporar novas normas e/ou corrigir as já aprovadas. Portanto, não se trata da imposição de normas alheias, mas sim suscitadas no
debate acalorado da turma.

Mediante essa atividade desenvolvida dentro do horário da matéria,
pretendemos reforçar o caráter educativo da organização da classe no mesmo sentido do que se colocou para o plano de trabalho: aprendizagem da
auto-responsabilidade, da autogestão da turma e dos hábitos democráticos
de convivência. Nesse processo de aprendizagem, não podemos esquecer
que sempre se produzem avanços e retrocessos – como ocorre com os adultos – e que, conseqüentemente, devemos estar o tempo todo atentos a ele.
Assim, lembro a volta das férias como um período que obrigava a retomar
certos hábitos teoricamente já aprendidos, como era o caso do respeito à vez
de falar. Há outra idéia que me parece muito importante para a construção de
uma convivência democrática: os alunos aprendem e valorizam a existência
de um espaço fixo para abordar qualquer problema que afete de forma individual ou coletiva a turma. Espaço no qual também é possível suscitar no caso
de alguma ocorrência ou evento inadiável. Nessa eventualidade, a assembléia
brota espontaneamente ou adquire um caráter de urgência, como é o caso da
experiência que expomos no ponto seguinte.

Em nossa experiência, a assembléia é presidida pelo presidente/a e o
secretário/a, alunos/as eleitos/as democraticamente entre eles/as mesmos/
as pelo período de um trimestre. O primeiro é o que ordena a assembléia, dá
a palavra, etc.; o segundo é o que redige a ata dos acordos adotados. Do
ponto de vista do espaço, a assembléia requer, e isso é o que fazíamos sempre, a colocação das cadeiras e mesas em círculo ou retângulo. Lembro o
acolhedor ruído quinzenal das turmas quando o mobiliário era colocado na
disposição indicada quando chegava o dia marcado para a assembléia. Inclusive, diante de uma ou outra queixa de algum professor, se conseguia
finalmente o objetivo tantas vezes sonhado de fazer tal mudança do mobiliário quase sem ruído perceptível. Depois de algum tempo, lá estavam as caras de satisfação dos meninos e meninas por conseguir tal objetivo, olhando-
me com cara de cumplicidade e esperando meu reconhecimento e minha aprovação, que não tardavam.

Tais mudanças não são gratuitas; é muito importante que todos nos possamos ver e que todos estejamos situados em um mesmo plano de igualdade

200 XESÚS A. JARES

espacial. Uma vez acomodados, o/a secretário/a lê a ata da seção anterior; a seguir, revisam-se os acordos adotados e seu grau de cumprimento; depois, avalia-se o mural de críticas, propostas e felicitações, e, finalmente, elabora-se o plano de trabalho para a quinzena seguinte. Habitualmente, a hora da aula era curta para nós, o que nos brigava a concluí-la no recreio ou na saída das aulas. Em algumas ocasiões, utilizávamos parte da aula seguinte.

O papel do professor varia conforme vai avançando a aprendizagem democrática dos/as alunos/as. Em um primeiro momento, mais visível e diretivo, para ir, pouco a pouco, cedendo espaço ao presidente/a e secretário/a, em particular, e ao resto da turma em geral. Além dos cargos citados, na assembléia também se elegem e se faz o acompanhamento de outros, como o de bibliotecário/a, que faz o controle dos empréstimos da biblioteca da sala de aula; encarregados da correspondência coletiva, que anotam e encarregam-se de nos lembrar como estão os contatos com outras escolas ou instituições; tesoureiros da cooperativa da sala, que fazem o controle dos fundos e da horta escolar (este último na experiência de Vigo); encarregados dos fichários, etc.

Uma experiência: a assembléia da classe como meio de gestão democrática e de resolução de conflitos[1]

Contexto de um problema

É o segundo ano que, com exceção de alguns alunos novos, estamos juntos. Felizmente, a maioria deles está plenamente identificada com o funcionamento da assembléia da classe, e também com a utilização do mural de "Críticas, Propostas e Felicitações". Assim, no transcurso de uma assembléia, ocorrem coisas como: uma criança mandar a outra calar-se porque não pediu a palavra; ou de alguém advertir com certo aborrecimento o presidente da assembléia – cargo eleito entre os alunos – que errou ao conceder a palavra equivocadamente. Do mesmo modo, conseguiu-se aprender que, quando há algum problema, seja do tipo que for, temos uma seção reservada dentro do plano de trabalho bissemanal dedicada à assembléia e na qual, entre outras coisas, são tratadas todas aquelas questões que, de forma individual ou coletiva, afetam a turma. Também pode surgir algum acontecimento de "atualidade premente" ou de resposta inadiável. Nessa hipótese, a assembléia brota espontaneamente ou adquire um caráter de urgência. Víctor e Valentín acharam que se encontravam na última situação e não tiveram dúvida em transmitir sua queixa: "José e Jacinto não nos deixam sentar em nosso lugar" (os nomes não são verídicos).

EDUCAÇÃO PARA A PAZ **201**

Desenvolvimento

Com as mesas colocadas em retângulo e olhando-nos uns aos outros, o professor recorda o princípio ou norma da turma, conhecido de todos, de que as carteiras são livres, desde que não se atrapalhe o andamento da aula ou a intimidade de uma pessoa. Em seguida, os "acusadores" começaram a expor seu ponto de vista. Víctor afirma que desde o primeiro dia estava sentando com Valentín no lugar em que agora estavam José e Jacinto, mas que estes os tiraram do lugar. Em suma, reclamavam o lugar, alegando que "nos pertence porque pegamos primeiro". Depois os acusados expõem suas razões, afirmando que "embora não se sentassem onde estão agora desde o primeiro dia, eles o fizeram a partir da segunda semana e, além disso, insistiam no livre acesso aos assentos, tal como fora aprovado nas normas da turma. José finalizava sua intervenção manifestando que não tinha culpa de ter chegado dois dias depois do início das aulas, já que os professores tinham-no mudado de grupo. Víctor tomou a palavra novamente para afirmar que era certo que eles tinham sentado onde estão a partir da segunda semana, mas que houve uma velada ameaça física, denunciando também os modos de seus colegas quando, em companhia de Valentín, se antecipavam na luta para pegar o lugar primeiro.

Imediatamente após terem sido expostas as posições do conflito, assim como a situação em que se encontrava, iniciou-se um debate na assembléia do qual participavam simultaneamente os protagonistas e o restante da turma. Uns intervieram para defender a liberdade de localização e até mesmo a pouca importância de sentar-se neste ou naquele lugar. Outros, ao contrário, manifestavam-se partidários de preservar os lugares, uma vez que cada um escolhe o lugar preferido para se sentar. Há também quem emita testemunhos corroborando as informações de Víctor e Valentín: quando pegam o lugar em questão, José e Jacinto os empurram e tiram seus livros da mesa. A uma certa altura da discussão, e examinadas as diferentes posturas, passamos à fase de alternativas ao conflito.

As propostas que se fazem são:

1. O lugar para quem chegar primeiro (Sonia).
2. Por sorteio (José).
3. Pôr os dois pares na mesma fila, mas atrás de todos (Martín).
4. Por turnos semanais (Montse).

Feitas as quatro propostas, restava, finalmente, optar por uma delas. Em primeiro lugar, os protagonistas tiveram a oportunidade de pactuar entre eles uma alternativa satisfatória para ambas as partes. Nessa suposição, a turma se absteve de pronunciar-se. O que estava claro era que os demais colegas estavam satisfeitos com seus lugares e que, portanto, a solução adotada passava pelos dois pares em questão e não pela remodelação total da turma. Dado que as duas duplas não chegaram a um entendimento – Víctor e Valentín se mani-

202 XESÚS A. JARES

festaram pela alternativa semanal, enquanto José e Jacinto, pelo sorteio –, a assembléia de classe exerceu seu poder de arbitragem e, mediante a opinião da maioria, pela votação de todas as alternativas.

Feita a votação, foi amplamente respaldada a proposta de Montse, isto é, por turnos semanais. A opção escolhida foi aceita com absoluta correção por ambas as partes. O conflito parecia resolvido. Restava apenas verificar seus resultados. Isso foi feito nas assembléias seguintes, nas quais a resposta da turma foi contundente: ambas as partes cumpriam escrupulosamente a decisão tomada. Entre os protagonistas do conflito, parecia que nunca tinha ocorrido nada. O embate estava resolvido e o conflito, em parte, tinha unido: o fato de manter esse acordo era motivo de felicitação pela turma e pelo professor.

Biblioteca de Trabalho (BT)

O princípio didático-organizacional da participação e autonomia dos alunos em seu processo de aprendizagem, de fomentar a pesquisa, de romper com a unidirecionalidade dos professores, etc., exige, entre outras coisas, dispor de recursos materiais que apóiem esse processo. Como assinalava Freinet, "se vocês não dispõem de uma biblioteca de trabalho nem têm um fichário bastante completo que permita aos alunos encontrar rapidamente os documentos que se refiram aos temas de estudo, é supérfluo lançar-se ao desenvolvimento dos complexos. Os alunos desanimarão diante de sua impotência técnica; vocês os deixarão nervosos com isso; em suma, farão um mau trabalho" (Freinet, 1974b, p. 127-8).

Na biblioteca de sala de aula ou de trabalho temos três tipos de material. Em primeiro lugar, as publicações adquiridas nas livrarias, ligadas à temática da matéria. Eram comprados com fundos da cooperativa gerados com a cota aprovada na assembléia; mais adiante, quando fizemos a horta escolar, obtivemos receitas com a venda dos produtos cultivados que também serviram para comprar novos livros. Às vezes também provinham de contribuições do colégio. Alguns livros e revistas eram obtidos em regime de empréstimo, normalmente anual; outros eram doados pelos alunos/as, pais e mães, instituições e entidades privadas. No caso de mães e pais, eles sabiam da importância da biblioteca e de seu funcionamento pela assembléia do início do ano, na qual, entre outros aspectos, explicava-se a eles a importância de todas essas técnicas.

Em segundo lugar, as monografias, os trabalhos, as fichas e revistas elaborados pelos próprios alunos, tanto da escola como dos co-responsáveis. Em terceiro lugar, os arquivos com dossiês temáticos (drogas, mundo submarino, esportes, saúde, música, horticultura, ecologia, etc.) propostos e elaborados pelos próprios alunos com base fundamentalmente em recortes de jornais e revistas. Com essa estrutura, rompemos não apenas a unidirecionalidade do professor, mas também a do livro didático, contribuindo, assim como as demais técnicas

EDUCAÇÃO PARA A PAZ **203**

que abordamos, para criar "um clima de confiança e de colaboração e um ambiente de riqueza intelectual e afetiva" (Belperron, 1977, p. 129).

A biblioteca é supervisionada por um ou dois bibliotecários/as eleitos na assembléia, com as funções de fazer a ficha de cada novo livro e incluí-la no registro geral, e fazer o controle dos empréstimos. Quero chamar a atenção de como a atividade de compra de novos livros era um ato em si mesmo educativo, visto que os próprios alunos participavam tanto da escolha dos livros como do próprio processo de compra na livraria. No primeiro caso, era necessária, por um lado, uma coordenação com a biblioteca geral da escola para não repetir títulos e, por outro, levar em conta as prioridades e as opiniões de todos e todas. No segundo caso, toda vez que comprávamos livros, uma "delegação" rotativa da turma, da qual sempre participavam o bibliotecário/a e o tesoureiro/a, saía em um horário extra-escolar. Assim, na livraria, eram os próprios alunos/as que entregavam a lista, quando se tinha uma relação de títulos, que perguntavam, que procuravam e que olhavam nas estantes. Esta era uma destreza e um objetivo educativo que nos parecia importante em relação ao apreço pela leitura e pelos livros.

**TÉCNICAS COOPERATIVAS DE GESTÃO DA CLASSE
E DA ESCOLA: BIBLIOGRAFIA BÁSICA**

APPLE, M.W. y BEANE, J.A. (1997): *Escuelas democráticas*. Madrid, Morata. AA.W. (1996): "Célestin Freinet". *Revista Galega de Educación*, 26, abril- mayo, pp5-46.

AA.VV. (1997): "La pedagogía Freinet". *Kikiriki*, 40, monográfico.

CAMPIGUO A. y RIZZI, R. (1997): *Cooperar en clase. Ideas e instrumentos para trabajar en el aula*. Sevilla, Publicaciones MCEP.

FREINET, C. (1973): *Los planes de trabajo*. Barcelona, Laia.

FREINET, C. (1969): *Técnicas Freinet de la Escuela Moderna*. Mexico D.F. Siglo XXI.

FREINET, C. (1996): *La escuela moderna francesa. Una pedagogía moderna de sen- tido común. Las invariantes pedagógicas*. Madrid, Morata.

A CRIAÇÃO DE GRUPO

Com base nos aspectos organizacionais, metodológicos e interativos, entendemos que, seja qual for o nível educativo ou a matéria a ser dada, é imprescindível elaborar uma estratégia voltada a gerar na sala de aula, assim como na escola, um clima de segurança, de confiança, de apoio mútuo, etc. E isso não apenas por motivos éticos ou morais, que em si mesmos constituem razões mais do que suficientes, mas também porque o trabalho didático nessas situações é mais agradável para todos/as e, em terceiro lugar, costuma produzir melhores resultados acadêmicos. Sobre este último aspecto está suficientemente estudado e provado que, naquelas situações educativas em que se consegue um ambiente de mútuo apoio e confiança entre os alunos, e entre estes e os professores, os resultados acadêmicos são, regra geral, melhores que naqueles grupos nos quais não existe esse tipo de ambiente. Como expressou H. Franta (1985, p. 7), a criação de um clima positivo "é um fator fundamental para o bom êxito de qualquer organização social".

Assim, analisando, por exemplo, o tema do conflito e da chamada indisciplina, podemos estabelecer que, de maneira geral, um conflito terá mais possibilidade de ser resolvido de forma positiva quando se produz em um meio social com estruturas participativas, democráticas e cooperativas. Em outras palavras, e parafraseando Judson (1986), quando o conflito se desencadeia em um sistema gerador de confiança, colaboração e apoio mútuo. Ao contrário, demonstrou-se que um clima escolar autoritário e burocrático, caracterizado por um "ideário polarizador" – "quando a organização e as mensagens sociais que emite favorecem o êxito de uma minoria às custas do fracasso de outros" (Watkins e Wagner, 1991, p. 54) – e uma estrutura inflexível, acarreta, normalmente, o aumento dos "padrões de conflito". Além disso, nos grupos em que as relações e o ambiente são frios, distantes, inseguros, competitivos, etc., aumentam as probabilidades de haver maior marginalização, fracasso escolar e exclusão entre os alunos mais inseguros e/ou com menor potencial acadêmico.

Em geral, a criação de um grupo de apoio mútuo e confiança é relativamente fácil de conseguir no âmbito da sala de aula nos grupos estáveis e não-numerosos. Mas temos de tornar esse objetivo extensivo ao conjunto da escola e da comunidade educativa. De fato, embora a dificuldade seja muito maior pelo número de pessoas, diversidade de interesses e implicações na vida da escola, etc., não deixa de ser um objetivo educativo fundamental, em oposição às tentativas cada vez mais generalizadas de converter as escolas e a própria função docente em uma atividade profissional meramente burocrática, rotineira e descomprometida. As coisas vão mal quando os alunos e/ou professores, ou setores importantes destes, não sentem a escola como sua. Além disso, diante da consideração das escolas como meras fábricas reprodutoras ou "agências" de expedição de certificados, propomos "um modelo em que a organização do espaço, do tempo, das alunas e dos alunos, assim como o modo de conceber o currículo, os conteúdos, métodos e formas de avaliação, facilitem o processo de recriação ativa da cultura, em evidente contraposição às tendências bem difundidas atualmente a converter as escolas em meras academias" (Pérez Gómez, 1992, p. 113).

Entre as estratégias básicas que utilizamos para operacionalizar uma comunidade de apoio e confiança estão as técnicas cooperativas de gestão que vimos no ponto anterior e as dinâmicas de grupo que tratamos no capítulo seguinte. Além desses dois grupos de estratégias, são igualmente fundamentais as que expomos a seguir. Todas elas devem responder a um mesmo projeto educativo e, por conseguinte, devem ser planejadas de forma coordenada entre os professores.

A atitude dos professores e o cultivo das relações interpessoais

A atitude dos professores em relação à turma, suas opções metodológicas e, particularmente, a forma de abordar as relações interpessoais são variáveis fundamentais a levar em conta para construir uma comunidade de apoio. O sistema de relações, tanto na sala de aula como na escola, torna-se assim um foco fundamental para a consecução de tal objetivo. Por isso, é necessário imbuir-se da importância dessa responsabilidade e ter consciência do papel que devemos desempenhar como profissionais da educação.

Por outro lado, não é demais, antes de prosseguir, chamar a atenção para três considerações prévias sobre ele. Em primeiro lugar, não podemos esquecer que falamos de relações interpessoais, tanto no grupo-classe como na escola (professores-alunos; professores entre si; alunos entre si; professores-mães e pais de alunos/as), e não apenas do papel dos professores. Como nos recorda Kluge (1972), não basta estudar a comunicação educativa na relação "educador-educando", mas deve-se estender ao estudo da interação pedagógica nas diversas formas de organização (Franta, 1982; Klafky, 1965; Winnefeld, 1971). Nesse sentido, partimos de relações igualitárias e simétricas para transferir esses valores à vida social. Nas palavras de Freire (1974, p. 35), "ninguém liberta ninguém, ninguém se liberta sozinho. Os homens se libertam em comunhão".

Em segundo lugar, como ocorre em todos os aspectos da vida, buscamos em nossa prática cotidiana uma relação constante com o conflito que, no caso das relações interpessoais, tem uma aplicação direta e imediata na maioria das vezes. Por isso, nos três planos em que podemos entender a relação com o conflito – como objetivo em si mesmo (educação para o conflito); como elemento associado a todo processo educativo relacionado com as interações e a convivência e, em terceiro lugar, como recurso motivador e conscientizador diante de determinadas situações –, o tratamento e treinamento na resolução de conflitos devem ocupar um lugar preferencial em nosso trabalho educativo. Conseqüentemente, o coletivo docente deve planejar e contemplar os espaços e os momentos nos quais se abordará esse tipo de aprendizagem.

Em terceiro lugar, como já afirmamos, o tratamento das relações interpessoais ocupa um lugar preferencial na EP. De um lado, porque se trata de um objetivo com valor em si mesmo; desenvolvimento da capacidade comunicativa; de outro, trata-se de um meio ou instrumento no qual se apóia a EP para conseguir uma convivência de paz. Assim como ocorre com a forma de educar, intimamente ligada a ela, as relações interpessoais não apenas devem estar em consonância com os objetivos propostos, como são em si mesmas um "conteúdo" de aprendizagem indispensável em todo o processo educativo, visto que este se fundamenta precisamente nessas relações humanas.

Por conseguinte, considera-se as relações interpessoais como um dos pilares fundamentais nos quais deve assentar-se a EP, de tal modo que se pode

206 XESÚS A. JARES

afirmar que "a paz na educação começa no trato, nas relações interpessoais" (Romía, 1988, p. 21). Como se disse, a Educação para a Paz começa construindo relações de paz entre todos os membros da comunidade educativa (Jares, 1983, 1991, 1992b; Novara, 1989a e 1989b; Unesco, 1969). E isso, como dissemos, por ser um objetivo em si mesmo – a construção de relações sociais saudáveis, afetivas e de paz –, assim como por necessidades técnico-educativas no sentido de criar uma escola assentada em um clima positivo, tal como expusemos anteriormente.

Entre as principais características nas quais devem-se fundamentar as relações interpessoais, citamos as seguintes:

1. *Reciprocidade.* Isto é, relações baseadas na bidirecionalidade e não na unidirecionalidade professor-aluno. Isso supõe a ruptura com os papéis tradicionais do professor que lhe atribuem uma posição central, enquanto os alunos se situam na periferia dessas relações. E isso no que se refere tanto à reciprocidade no sentido do conhecimento: "que exista um que ensine e outro que aprenda é um fato natural. O que não é tão natural é que alguém tenha apenas o papel de ensinar e, inversamente, que alguém tenha apenas o papel de aprender. Essa perda de reciprocidade, reforçada por uma institucionalização dos respectivos papéis de professor e de aprendiz e pela atribuição aos mesmos dos respectivos estatutos de superior e de inferior, é suficiente para romper toda a comunicação verdadeira" (Franch, 1974, p. 26); como no que se refere aos tipos de comportamento e interação, no sentido da dialogicidade de Paulo Freire (1973a, 1973b, 1974).
2. *Horizontalidade.* Tanto no que se refere à relação professor-alunos como à dos alunos entre si. A relação horizontal refere-se ao equilíbrio de poder, à ruptura com o *status* de superioridade e inferioridade. Para dizer de forma mais sumária e com outras palavras, "o verdadeiro diálogo só é possível entre iguais" (Belotti, 1984, p. 17). Dessa perspectiva, é óbvia a notoriedade que alcança essa característica para a resolução nãoviolenta dos conflitos.
3. *Empatia.* Como vimos ao falar do método socioafetivo, a relação empática supõe confiança e segurança em si mesmo para, a partir daí, nos colocarmos no lugar do outro para conhecer seus pontos de vista. A comunicação empática exclui toda forma autoritária de comunicação, estando associada à igualdade e à simetria comunicativas. Igualmente, precisa da expressão: "animar e devolver condutas de interação como a auto-abertura e superar a tendência a deter-se em como percebem a si as pessoas com as quais nos comunicamos" (Scott e Powers, 1985, p. 211).

EDUCAÇÃO PARA A PAZ **207**

Finalmente, não devemos esquecer a reformulação do novo papel que deve ter o educador, consciente de que as "relações interpessoais no interior da sala de aula dependem em grande medida do contato que o professor estabelece com os alunos" (Novara, 1987a, p. 93). Nesse sentido, esse novo papel do qual falamos é caracterizado por:

a) No plano da aprendizagem: coordenador e multiplicador das experiências.
b) No plano da organização didática: potencializador da autogestão do grupo e das técnicas e relações grupais.
c) No plano dos comportamentos educativos, que é o que nos interessa particularmente neste ponto, o papel de educador é inspirado nas seguintes qualidades:

   – *Autenticidade*. Educadoras e educadores, como já se disse, "devem ser coerentes com suas idéias e, em segundo lugar, mostrarem-se de forma transparente e sincera diante de e com os alunos" (Franta, 1985, p. 98-102). "Deixamos claro que disso não se deduz que o educador deva verbalizar todas as suas idéias ou seus estados de ânimo, mas, se o fizer, deve ser sincero" (Rossiter e Pearce, 1975; Wilmont, 1975).

   – *Aceitação incondicional*. Isto é, a "capacidade dos professores de relacionarem-se com os alunos, considerando-os como pessoas dignas de respeito e de valores, independentemente de suas características físicas e psíquicas, de sua origem social e do tipo de comportamento que manifestem" (Novara, 1987a, p. 93). Como o próprio Novara nos recorda, não é fácil para os professores colocar em prática essa condição quando os alunos se comportam de forma negativa em relação a nós. Contudo, a aceitação incondicional é necessária, mesmo nesses casos, "visto que normalmente, quando os alunos se sentem aceitos e respeitados como pessoas, independentemente de seu comportamento, de seu rendimento e de sua qualidade individual, além de não desenvolver experiências de insegurança, de inferioridade e de incapacidade, sentem-se estimulados e aceitos como realmente se percebem" (Novara, 1987a, p. 93).

   – *Compreensão*. As educadoras e os educadores manifestam tal comportamento quando tentam compreender o mundo das crianças e dos jovens como eles o vêem, sem apriorismos ou confrontações com determinadas normas. Para isso, é necessário, como passo preliminar e embora pareça óbvio, "desenvolver a capacidade de ouvir os alunos" (Novara, 1987b, p. 10).

   – *Confiança*. Para que existam boas relações interpessoais, é imprescindível que os professores atuem em uma atmosfera de confiança em relação aos alunos, para que estes, por sua vez, gerem confiança entre eles e em relação ao professor. Além das qualidades que emanam da figura do professor, uma forma de tratar esse ponto é por meio de jogos de confiança.

– *Estímulo*. Os docentes sentem-se estimulados quando observam nos alunos interesse pelo que se realiza na sala de aula. Da mesma forma, os alunos se sentem estimulados ao se virem considerados como pessoas que enfrentam os vários desafios da vida.

Enfim, diante do exposto, abandonamos a concepção tradicional da relação educativa, segundo a qual "a plataforma comunicativa é uma função do comportamento do professor em relação aos alunos, e interpretamos na mudança o clima humano como o resultado da interação dos membros singulares que se relacionam entre eles dentro de estruturas comunicativas específicas" (Franta, 1985, p. 8). Estruturas e relações educativas baseadas em uma "interação nãoviolenta" entre alunos e professores, que seja em si mesma potencializadora de "relações de paz" (Cela, 1985; Novara, 1987b). Para isso, é preciso insistir na necessidade de mudar a cultura imperante da competitividade e do menosprezo, por uma cultura da reciprocidade, tolerância e afirmação, mediante metodologias, dinâmicas e estruturas como as que expomos neste capítulo e no seguinte.

Os jogos cooperativos

Sem dúvida, ocupam um papel fundamental nesse empreendimento. Os resultados que estamos obtendo nos últimos 15 anos nos levam a manter a expressão "a magia dos jogos cooperativos" (Jares, 1989b e 1992a). Além de sua vertente lúdica e prazerosa, questões que também devem fazer parte de todo projeto educativo, esse tipo de estratégia facilita a "estruturação cooperativa do grupo" pelo próprio efeito da distensão, porque a estrutura dos jogos "obriga" a cooperar e não a competir, porque facilitam sua comunicação e evitam a hierarquia ao situar todos os seus membros em um mesmo plano de igualdade, liberando-os da tensão de competir. Nos jogos cooperativos não há ganhadores nem perdedores, todos participam por igual, sem que em nenhum momento ninguém fique excluído. Nesse sentido, facilitam o bem-estar psíquico e físico.

Como sabemos, o jogo é um dos meios que, além de divertir, serve para transmitir determinados códigos sociais. Por eles, recriamos em parte a realidade. Assim, sem perder sua vertente lúdica fundamental, o jogo pode ser, e de fato é, um instrumento didático fundamental para trabalhar as relações sociais, e isso com pequenos/as ou adultos. Nesse sentido, se nosso projeto educativo assenta-se em valores como a participação em oposição à exclusão, a cooperação em oposição à competitividade, a comunicação em oposição à falta de comunicação, a alegria de todos em oposição à alegria de alguns, a

EDUCAÇÃO PARA A PAZ **209**

igualdade em oposição à discriminação, etc., devo dizer também que os jogos têm de ser sensíveis a esses valores e constituir um instrumento que nos ajude a fazer a passagem de uma cultura da competitividade, da indiferença, da hostilidade e do menosprezo pela cultura da cooperação, da reciprocidade, da tolerância, da sensibilidade, do apreço e da afirmação.

Vejamos alguns exemplos:

Jogos de apresentação

Os objetivos gerais desse tipo de jogo são:

– Conhecer e aprender os nomes dos membros do grupo.
– Criar um ambiente de distensão e participação.
– Favorecer o processo de iniciação da comunicação.

O monstro da risada

Toca uma música de fundo trepidante e todos os jogadores têm de saudar-se, dizendo seu nome, o mais rapidamente possível, e quantos mais melhor. Quando a música pára, depois de um minuto aproximadamente, todos os jogadores ficam imóveis, simulando uma estátua, sem poder mover-se nem rir. Nesse momento, sai o monstro da risada, começando com um dos jogadores, que tenta provocar o riso de algumas das "estátuas". Quando se ouve alguma risada, a música volta a tocar e começam novamente a apresentar-se e a saudar-se. (Fonte: original).

O trem dos homens

Os jogadores estão sentados em círculos. Cada um deles representa uma estação de trem. Um deles começa a imitar um trem, movimentando-se por uma via por dentro do círculo feito pelas estações. Quando quer, pára diante de um jogador/estação e pronuncia em voz alta a conhecida frase do jargão ferroviário: "Passageiros de...", e nesse momento o jogador/estação diz seu nome e sobe no trem, agarrando-se à "máquina" e passando a ser um vagão. O jogo continua até que todas as "estações" tenham se transformado em vagões. Em grupos numerosos, podem-se pôr em marcha vários trens simultâneos, apresentando-se como trens (Fonte: original. Em Jares, 1989b, p. 37).

O mercado

Os jogadores simulam caminhar pelo mercado de frutas. Todas estão muito boas, mas só se pode escolher uma. Ao sinal do animador, têm de formar grupos que respondem à menção da fruta que escolheram e ao mesmo tempo apresentam-se em pé no círculo. O jogo continua com outros produtos do mercado (Fonte: original).

Jogos de conhecimento

Os objetivos gerais desse tipo de jogo são:

- Alcançar um maior grau de conhecimento sobre si mesmo, os outros e o próprio grupo.
- Favorecer um ambiente participativo e descontraído.
- Estimular a comunicação.

O escudo heráldico

Cada membro do grupo desenha em um papel ou cartolina seu escudo heráldico. Às vezes, é necessário explicar que deve conter vários elementos que dêem significado à "sua casa". Quando acabam de fazê-lo, cada membro explica o significado de seu escudo. Uma variante interessante do jogo é desenhar o escudo em grupos pequenos. Para isso, é preciso definir previamente o tipo de escudo que querem fazer (Fonte: original).

Caminho do trabalho

O animador explica que cada jogador tem de simular que vai para o trabalho (cada um escolhe o que quiser ou gostar). O animador incita a que representem pela sala de jogo os diferentes obstáculos com que se deparam: engarrafamentos, semáforos, etc. Depois de um tempo, pergunta: por que não ir juntos?, e lhes sugere que se juntem em pares para ir juntos ao trabalho. Para isso, cada jogador busca seu par em função do mesmo trabalho que tenha escolhido; se não coincidem, formam os pares do mesmo modo. Voltam a fazer um percurso "de carro" pela sala de jogo, agarrados. Depois, faz-se outra parada, na qual o animador do jogo solicita que formem quartetos e, a seguir, os quatro agarrados simulam um novo percurso de carro. Finalmente, o animador lhe comunica que implantaram um ônibus elétrico que pode levar até 20 pessoas. Em todas as fases, se os jogadores não se conhecem, devem apresentar-se. O jogo também pode realizar-se com aros (Fonte: original).

Jogos de afirmação

Os objetivos gerais desse tipo de jogo são:

- Favorecer a segurança em si mesmo e no grupo.
- Ajudar a construir um autoconceito positivo.
- Potencializar a aceitação de todos.

Véus mágicos

Uma parte dos jogadores coloca um véu tapando o rosto até a altura dos olhos. O restante do grupo tem de ir dizendo coisas positivas que sabe ou intui sobre cada uma das pessoas para que caia seu véu. Cada participante com véu deixa que ele caia quando achar que já disseram coisas positivas suficientes (Fonte: original).

Carros de choque

Cada jogador se coloca em um aro que simula ser seu carro que circula em uma pista de carros de choque. Quando se chocam entre eles, devem comunicar algo positivo ao do outro carro (Fonte: original).

Jogos de confiança

Os objetivos gerais desse tipo de jogo são:

– Favorecer a confiança em si mesmo e no grupo.
– Desenvolver as linguagens de comunicação não-verbais.
– Criar um ambiente de solidariedade e apoio mútuo.
– Facilitar a abertura do outro.

O bosque animado

O jogo consiste em caminhar de olhos fechados por um "bosque", formado por árvores que são a maioria dos jogadores. Estes se dividem por zona de jogo. Pela ação do vento, e porque é um bosque mágico, podem mover os braços, mas só uma perna. Portanto, não podem sair de sua posição inicial. Alguns poucos jogadores começam o jogo e, com os olhos fechados, devem caminhar pelo bosque. As árvores impedirão que lhes ocorra qualquer percalço e podem até mesmo dar demonstrações de afeto. Depois de algum tempo, os jogadores que iniciaram a brincadeira como caminhantes passam a ser árvores e outros tantos destes passam a ser caminhantes. Em cada mudança de papéis, também alteram as posições das "árvores". De forma opcional, pode-se colocar algum tipo de obstáculo, simulando acidentes geográficos: colchonetes, bancos suecos, etc. (Fonte: original. Em Jares, 1992a, p. 95).

O polvo

Os jogadores formam grupos de quatro ou cinco. Um deles faz a cabeça do polvo e os outros são os braços. O que faz a cabeça é o único que fica com os olhos abertos. Os "braços" ficam com os olhos fechados e tocando com um dedo em alguma parte do torso do jogador que faz a cabeça. Os braços devem seguir os movimentos da cabeça sem perder o contato físico da ponta do dedo com o jogador do centro. Ao sinal, vão se mudando as posições (Fonte: original. Em Jares, 1992a, p. 101).

212 XESÚS A. JARES

Jogos de comunicação

Os objetivos gerais desse tipo de jogo são:

- Desenvolver a comunicação interna do grupo.
- Aprofundar o conhecimento dos membros do grupo.
- Indagar sobre as percepções das pessoas assim como de determinadas situações.
- Facilitar a abertura do outro.

Ditar desenhos ou quadros

Os jogadores se colocam em pares. Um deles pega ou desenho ou a reprodução de um quadro (também se pode fazer com postais) para transmiti-la à outra parte sem que esta possa vê-los. Também não pode fazer-lhe perguntas nem outro tipo de observação. A pessoa que "dita" não pode ver o desenho que seu par está fazendo. Depois mudam os papéis com outro desenho ou quadro. Em uma segunda fase, as mesmas regras são mantidas, exceto que a pessoa que desenha pode fazer perguntas ou comentários. As pessoas que "ditam" têm o mesmo desenho ou quadro para depois poder comparar as diferentes percepções. Outra forma alternativa de realizar esse jogo é ditar simultaneamente o mesmo desenho ou quadro a todas as pessoas, isto é, com um único emissor (Fonte: original. Em Jares, 1989b, p. 168).

Vamos lá (1 + 1 + 1)

O jogo consta de três partes de um minuto cada uma. No primeiro minuto, os jogadores têm de observar-se fisicamente. Para isso, toca a música e os jogadores começam a mover-se, observar-se, dançar, deslizar, etc. pela zona de jogo. No segundo, a música pára de tocar e, sem importar sexo, raça ou condição, os jogadores formam par com quem estiver mais próximo. Têm apenas um minuto para comunicar-se o máximo que puderem. No terceiro minuto, os mesmos pares continuam comunicando um ao outro o que quiserem, mas de forma não-verbal. Ao final desse terceiro minuto, começa a tocar a música, e o jogo começa novamente, com a única condição de que não se podem repetir os pares (Fonte: original. Em Jares, 1992a, p. 119).

Jogos de cooperação

Os objetivos gerais desse tipo de jogo são:

- Desenvolver as estratégias lúdicas cooperativas.
- Sensibilizar sobre a dinâmica cooperação-competição.
- Fomentar a participação de todos os membros do grupo.

EDUCAÇÃO PARA A PAZ **213**

Temas cooperativos

Os jogadores recebem diversas tarefas lúdicas que só podem realizar-se com a cooperação de todos. Por exemplo, levar uma pena de um lugar a outro da zona de jogo, mas só se pode fazer isto soprando; levar bolas ou aros de um lugar a outro, mas sem poder utilizar as mãos; para isso, podem fazê-lo por pares, grupos, com destacamentos, etc. (Fonte: original).

O baile dos balões

Consiste em evitar que caiam no chão alguns balões que se atiram por cima das cabeças dos jogadores, enquanto estes estão dançando em pares. Para evitar que caiam no chão podem utilizar qualquer parte do corpo, exceto as mãos, que não devem desprender-se de seu par. Também se pode realizar o jogo começando com poucos balões e ir introduzindo mais alguns até que o grupo não consiga manter todos no ar (Fonte: original. Em Jares, 1989b, p. 185).

JOGOS COOPERATIVOS: BIBLIOGRAFIA BÁSICA

BERISTAIN, C. y CASCÓN, P. (1996): *La alternativa del juego I. Juegos y dinámicas de educación para la paz.* Madrid, La catarata.

JARES, X. R. (1989): *Técnicas e xogos cooperativos para tódas las idades.* A Coruña, Vía Láctea. (2ª edic. en 1993)

JARES, X. R. (1992): *El placer de jugar juntos.* Madrid, CCS.

ORLICK, T. (1986): *Juegos y deportes cooperativos.* Madrid, Editorial Popular.

ORLICK, T. (1990): *Libres para cooperar, libres para crear.* Barcelona, Paidotribo.

Seminario de educación para la paz de la APDH (1994): *La alternativa del juego II. Juegos y dinámicas de educación para la paz.* Madrid, La Catarata.

NOTA

1. Essa experiência foi realizada pelo autor deste livro quando trabalhava como professor de EGB com seus alunos/as de 7º em um colégio público de Vigo. Inicialmente foi publicada como parte do livro JARES, X. R. (1988): *Educar para a paz.* Santiago, Dto. de Educación del Ayto. de Santiago, traduzido para o castelhano e publicado dois anos mais tarde pela Fundación Municipal de Cultura del Ayto. de Gijón (1990). Posteriormente, também foi incorporada no livro *Educar para la paz. Una propuesta posible,* do Seminario de Educación para la paz de la APDH (1990), do qual o autor fazia parte. Mais recentemente, foi incluída na coleção *Educación para la Tolerancia,* realizada e publicada por Gesto por la Paz (1997).

11

A Forma

Excetuando os enfoques quantitativos centrados na transmissão de informação, a questão da forma adquire um relevo fundamental na Educação para a Paz (EP). De fato, como vimos na primeira parte desta obra, tanto na tradição pedagógica renovadora como na própria história do pensamento educativo nãoviolento, passando pelas formulações pedagógicas da Pesquisa para a Paz (PP), ressalta-se a importância da forma, do "como" se deve desenvolver o processo educativo para alcançar os objetivos fixados. De tal forma que em todas as orientações mencionadas encontramos uma enorme e constante referência a esta questão: tão importante é o meio ou a forma de educar como o objetivo a ser alcançado. Contudo, é justo reconhecer que foi a nãoviolência, social e pedagógica, que com mais ênfase deu prioridade a essa questão, a ponto de fazer dela um item central de seu pensamento (Gandhi, 1988, p. 116; King, 1965, p .116; Muller, 1984; Sémelin, 1983; etc.)

PRINCÍPIOS BÁSICOS

Os princípios básicos nos quais deveria fundamentar-se a forma de educar pela EP são:

a) *A compatibilização da forma com a idéia de paz.* Como vimos na parte histórica, tanto na PP como na nãoviolência entroniza-se essa questão como fundamental na construção do discurso pedagógico. Aspecto e dimensão que, sem dúvida, compartilhamos. Baseando-se nossa opinião na nãoviolência gandhiana, Galtung (1974a) afirma que "a forma deve ser compatível com a idéia de paz, isto é, deve excluir não apenas a violência direta, mas também a violência estrutural".

216 XESÚS A. JARES

A aplicação desse princípio tem conseqüências tanto na metodologia como na organização didática, que vimos no capítulo anterior. A metodologia, conjunto de métodos e técnicas que utilizamos para alcançar determinado fim, deve ser "conforme os valores da paz, justiça, cooperação e nãoviolência, em torno dos quais gira o conteúdo" (McGinnis, 1981, p. 4). Por isso, insiste-se na utilização de métodos dialógicos, experimentais e de pesquisa, mediante os quais não apenas se alcançarão determinados objetivos no sentido clássico, mas também se aprenderão outros ligados ao próprio processo de aprender.

As técnicas que acompanham essa orientação geral fomentarão, logicamente, a participação, o trabalho de equipe, a cooperação, etc. Os estudantes são incitados a participar e a definir as condições do próprio processo de aprendizagem; a determinação dos fins; a escolha dos métodos e a avaliação dos resultados (Hicks, 1980, p. 9; Nicklas e Ostermann, 1974, p. 176).

Enfim, "não haverá educação para a nãoviolência e a paz se a forma da educação (relações interpessoais, hierarquia escolar, papel e função social da escola) não é coerente com o conteúdo da instrução e com a mensagem que se quer transmitir" (Drago e Salio, 1984, p. 170). Esse primeiro princípio didático e educativo, podemos dizer, que, utilizando a terminologia freinetiana, "é, sem dúvida, a invariante pedagógica mais importante da educação para a paz" (San Fabián, 1986, p. 19).

b) *Utilização preferencial dos enfoques positivos*. Como vimos na primeira parte, os enfoques predominantes no início do século XX eram aqueles que enfatizavam os desastres da guerra, a miséria, etc. Seu objetivo prioritário concretizava-se na idéia de que os alunos abominassem a guerra. Boa parte da EP na era nuclear baseia-se nesse mesmo enfoque. Sem renunciar a ele – entre outras coisas porque para determinados problemas, situações e fatos históricos é inevitável, como é o caso da Guerra do Kosovo no momento em que esta segunda edição foi revista –, parte-se, por princípio, da perspectiva positiva. "Não basta ensinar os horrores da guerra e evitar tudo aquilo que estimule a desconfiança e animosidade internacional. A ênfase tem de ser colocada antes de mais nada no que une as pessoas, em empreendimentos e resultados cooperativos..., na disposição operativa da mente" (Dewey, 1930b).

c) *Relação entre o micro e o macromeio*. Com essa característica pretende-se superar a dicotomia mudança pessoal-mudança estrutural, assim como a constante relação que, do ponto de vista metodológico, propõe-se entre as realidades próximas, micromeio, e as mais distantes, macromeio. A EP enfatiza a íntima relação entre ambos os níveis: a microssituação é conseqüência em parte da macrossituação, mas, ao mesmo tempo, ao atuar sobre nossas realidades próximas, estamos atuando de alguma forma sobre o macromeio. Isto é, existe uma relação biunívoca entre o micro e o macro, "tanto no processo como na estrutura da paz" (Haavelsrud, 1976b). Essa relação concretizou-se na afirmação do pensamento ecologista: "pensar globalmente e atuar localmente", que serviu de lema ao II Congresso Internacional de Paz de Pedagogos (Bonn, 21-23, maio, 1988).

EDUCAÇÃO PARA A PAZ **217**

d) *Atividade*. Como se pode depreender do que foi dito até agora, a EP apóia-se metodologicamente na e para a atividade, tanto no plano didático como no social.

e) *Justaposição forma de educar-forma de viver*. Antes de finalizar este ponto sobre a forma de educar, não poderíamos deixar de mencionar a enorme importância que tem para a consecução dos objetivos da EP obter uma coerência entre a forma de educar e a forma de viver por parte do educador. "Muito provavelmente, mais do que qualquer outro elemento, o estudante perceberá os valores e objetivos que propomos vivendo e experimentando-os mediante a forma de educar e o estilo de vida e de ensino do professor" (Lederach, 1984, p. 119). Educar para a paz exige um compromisso por parte do educador dentro e fora da classe; "o educador que aspira a difundir a Educação para a Paz não apenas pode, mas deve viver concretamente os ideais; do contrário, arrisca-se a cair na retórica vazia" (Haavelsrud, 1976a, p. 2).

Por outro lado, e do ponto de vista exclusivamente didático, essa característica vincula-se com o método socioafetivo, que veremos a seguir: "As idéias não influem profundamente no homem quando são ensinadas apenas como idéias e pensamentos... Mas as idéias produzem, na verdade, um efeito sobre o homem se são vividas por quem as ensina, se são personificadas" (Fromm, 1984, p. 45).

A UTILIZAÇÃO DO ENFOQUE SOCIOAFETIVO

Como se afirmou, parte-se da idéia de que o ensino significa algo mais que a mera informação e utilização dos métodos cognoscitivos, como a descrição e a análise. A essa vertente intelectual, é preciso acrescentar um componente afetivo e experimental, requisitos ambos que definem o chamado método socioafetivo: "desenvolvimento conjunto da intuição e do intelecto voltado a desenvolver nos alunos uma compreensão mais plena tanto de si mesmos como dos outros, mediante a combinação de experiências reais (em oposição ao estudo 'clássico') e da análise" (Unesco, 1983a, p. 105).

A introdução desse enfoque em 1972 por um grupo de professores de oito países, após um seminário convocado pela Unesco, em Hamburgo, dentro do Plano de Escolas Associadas para que idealizassem um novo projeto experimental em educação para a compreensão internacional, tinha sua constatação empírica ao observar-se como em determinadas escolas e países com tradição em programas de EP, como os países nórdicos e alguns anglo-saxões, fundamentalmente, produzia-se um fenômeno curioso: "a aparição de um novo tipo de aluno-modelo, capaz de aprender e memorizar qualquer coisa, até mesmo o que lhe ensinavam sobre as duras condições de vida na África e, no entanto, carente de uma concepção global e solidária do mundo. Logo perceberam que saber muito sobre a África não pressupõe que a atitude pessoal em relação a seus habitantes vá mudar" (Seminario de EP de la APDH, 1990b, p. 51). Ou seja, "a informação é essencial, mas é apenas um primeiro passo" (Classen-Bauer, 1979, p. 187). Em outras palavras, tal como se comprovou, "o desenvolvimento de atitudes e valores não surge de maneira automática com a simples aquisição de conhecimentos e de uma consciência dos fatos. Essas qualidade se desenvolverão mediante a experiência pessoal e da participação" (Das e Jangira, 1989, p. 59).

Conseqüentemente, o método socioafetivo põe em questão a forma tradicional de aprender baseada exclusivamente na acumulação de informação, a concepção "bancária" da educação, como diria Paulo Freire (1974), sem a mediação de uma experiência pessoal. "As idéias não influem profundamente no homem quando são ensinadas apenas como idéias e pensamentos. A acumulação de conhecimentos não basta para que o indivíduo se sinta mais perto de seu próximo. Isso será produzido, ao contrário, quando viverem experiências pessoais, se analisarem os comportamentos próximos e alheios; só então o ser humano perceberá melhor seus impulsos, seus sentimentos e os sentimentos dos demais, e compreenderá mais as relações implícitas na comunicação entre os indivíduos. De alguma forma, pretende-se que, por meio do conhecer experimental, os alunos 'sintam na própria pele' (Grasa, 1985) para, dessa forma, estar em melhores condições de compreender o outro; entendo por 'outro' pessoas, países, situações, etc., diferentes das próprias."

Além da experiência, o método socioafetivo fundamenta-se em outras características essenciais: o desenvolvimento da empatia e o contraste analítico entre o vivido e o mundo circundante. No que se refere à primeira, "o conceito de empatia – sentimento de concordância e correspondência com outro – pode ser considerado como contendo dois elementos inter-relacionados:

- Um sentimento de segurança e confiança nos outros, o que resulta da confiança de nós mesmos.
- Uma habilidade que pode ser aprendida e que consiste em uma crescente sensibilidade e concentração que nos permite compreender as mensagens tanto verbais como não-verbais procedentes de outro" (Wolsk, 1975, p. 9).

A terceira característica tem a ver com os processos de tipo intelectual, como a descrição e a análise dos processos decisórios que se viveram na "situação experimental", assim como sua correlação e inferências com o mundo real. Nessa segunda dimensão, trata-se, pois, de comparar o vivido, seja de forma real ou simulada, com a vida real.

Desse modo, os passos a seguir no método socioafetivo são:

1. Vivência de uma experiência – situação empírica ou situação experimental –, real ou simulada, que o indivíduo compartilha como membro de um grupo.

EDUCAÇÃO PARA A PAZ **219**

2. Descrição e análise desta. Isto é, descrever e analisar as próprias reações das pessoas que participam na situação experimental anterior, alunos e professores. "O propósito buscado é que os alunos desenvolvam a capacidade de progredir do nível descritivo ao analítico, de chegar a generalizações e de perceber os nexos que possam existir entre diferentes tipos de experiência escolar e extraescolar" (Wolsk, 1975, p. 9). Nessa fase, assume particular importância a análise dos processos decisórios, de maior ou menor importância, que foram executados no interior do grupo; o papel da informação para a tomada de decisões; as diferentes reações emocionais; as influências que pode ter a tomada de decisões em nossos comportamentos; ... E isso pela importância de que os alunos adquiram consciência e confiança em si mesmos, para poder adquirir consciência e confiança nos demais.
3. Generalizar e estender a experiência vivida a situações da vida real. Isto é, relacionar o micronível do grupo-classe com o meso ou o macronível, mas a partir da vivência e da análise dela.

Essas três fases na aplicação do método socioafetivo têm sua correspondência, no plano psicodidático, em:

– Fomento da auto-afirmação e autoconceito positivo, como objetivos em si mesmos; como condição para apreciar e valorizar os demais e como recurso para favorecer a aprendizagem.
– Desenvolvimento da confiança em si mesmo e nos demais, que facilitará a capacidade de compartilhar e a comunicação.
– Reforço do sentimento grupal e de comunidade.
– Desenvolvimento da capacidade de tomada de decisões em grupo e de resolução de conflitos.
– Fomento da aprendizagem indagadora e/ou por redescoberta.
– Reforço da capacidade de análise, de síntese e indutiva.
– Desenvolvimento de condutas prossociais.

A experiência destes aproximadamente 20 últimos anos nos mostrou que o enfoque socioafetivo, embora em seu projeto original tenha sido pensado para idades compreendidas entre 11 e 18 anos (Wolsk, 1957, p. 7), é válido também para os alunos do ensino fundamental, com as devidas adaptações. Nesse mesmo sentido, coincidem outros autores, como é o caso de R. Cohen (1977), que defende as seguintes razões psicológicas para utilizar tal método:

1. A criança interessa-se antes de tudo por si mesma, por sua vida, pelo que ela é. Por conseguinte, aceitará particularmente aquelas atividades nas quais ela é o ponto de partida e o ponto de chegada.

2. A criança é, antes de tudo, um ser sensível, que vai descobrindo o mundo exterior com todos os meios que o adulto tende a esquecer: o tato, o ouvido, o olfato, o gesto, o grito. A comunicação oral não tem para ela a mesma importância que para o adulto.
3. A atividade da criança constitui a base de suas aquisições conceituais e cognoscitivas. Princípio reconhecido por todos os grandes psicólogos, como Wallon e Piaget, entre outros.
4. A importância do jogo no desenvolvimento intelectual e afetivo da criança; por outro lado, o jogo é também um elemento funcional do aprender.
5. Descrever o que se fez, por que o fez, formular verbalmente o que sentiu, tudo isso pode facilitar-nos a tarefa de desenvolver a linguagem da criança, e não apenas uma linguagem de ação, mas sim uma linguagem mais matizada, que introduza certa análise de sentimentos, o que, por sua vez, permitirá adquirir um novo vocabulário.
6. Por último, esse enfoque baseado na ação e no concreto, prosseguindo por meio da análise e da generalização, permite que possamos desenvolver atitudes de juízo, de análise e de crítica, o que favorece na criança poder passar do estado concreto ao estado abstrato.

Ligado ao que dissemos, é preciso levar em conta duas circunstâncias básicas em todo o processo de ensino-aprendizagem. De um lado, a forma como se produz o conhecimento e, de outra, a motivação para aprender. Com relação ao primeiro, o método socioafetivo coloca não apenas uma nova forma de conhecer, mas também uma nova forma de nos relacionar com o conhecimento. Este não é considerado como algo "externo", "que deve ser assimilado e respeitado como 'coisas' que se deve recordar, organizadas em categorias pelo professor ou determinadas pelos títulos dos capítulos dos livros; mas sim como algo 'interno', como um instrumento para o nosso desenvolvimento individual, útil para as decisões que uma pessoa toma e terá de tomar" (Wolsk, 1975, p. 10). Por outro lado, como se constatou com os métodos fundados na pesquisa e na redescoberta por parte dos alunos, o melhor conhecimento é aquele que uma pessoa descobre pessoalmente, com que se confronta, aquilo que se examina e finalmente se incorpora.

No que se refere ao segundo problema, a motivação, toda a didática renovadora procurou destacar a importância desta para possibilitar uma verdadeira aprendizagem. "Se não há interesse, o que se aprende será superficial demais para contribuir efetivamente para a formação ou mudança de atitudes. Nas situações experimentais e atividades complementares, vincula-se o interesse dos alunos por si mesmos com o que deve despertar neles o mundo que os rodeia" (Wolsk, 1975, p. 8). Além disso, a participação e a atividade

EDUCAÇÃO PARA A PAZ **221**

dos alunos inerentes ao método socioafetivo são condições necessárias que requer um processo de ensino-aprendizagem motivador.

E, mais ainda, dado que as situações de partida são experiências das quais todos podem participar, e todos o fazem no mesmo plano de igualdade, esse método se revela motivador para todos os tipos de aluno, diríamos até mesmo que é particularmente motivador e recomendável para aqueles que têm ou viveram situações de fracasso ou rejeição escolar.

ALGUNS EXEMPLOS

Além dos jogos cooperativos que vimos no capítulo anterior, expomos a seguir diferentes grupos de atividades baseadas nos princípios expostos do método socioafetivo.

Jogos e exercícios de simulação

Esse tipo de jogo consiste em simular uma situação dada em que os jogadores, mediante as regras do jogo, devem descobrir as soluções ou chegar a determinadas conclusões "que o próprio sujeito determina e dirige" (Martin, 1987, p. 4-5). Gómez Ortiz define o jogo de simulação como "a resolução de determinada situação real ou hipotética por meio da tomada de decisões de participantes, que seguem regras preestabelecidas" (1987, p. 2). Por conseguinte, nessas dinâmicas os participantes têm de viver uma situação simulada, mas observando as regras que o jogo estabelece. Mas, diferentemente dos jogos de papel, são eles próprios os protagonistas de forma real na tomada de decisões.

Objetivos:

- Vivenciar de forma prática, ainda que indireta, aspectos afetivos e cognoscitivos de uma situação ou problema determinado.
- Experimentar os mecanismos pessoais e estruturais dessa situação.
- Incrementar a confiança em si mesmo e favorecer a situação de pôr-se no lugar do "outro".
- Facilitar a tomada de decisões.
- Favorecer alternativas de resolução de conflitos.
- Proporcionar elementos de reflexão para compreender a complexa realidade e as diferentes dinâmicas que podem acontecer em um conflito.
- Motivar os alunos para um tema ou conflito determinado.

Exemplos:

A EXPERIÊNCIA DA FITA AMARELA

Trata-se de usar uma fita amarela durante um período de tempo determinado e em todas as situações e contextos nos quais transcorre a vida dos participantes (colégio, casa, atividades extra-escolares, tempo livre, etc.)

Objetivos

- Adquirir uma experiência pessoal sobre o fato de ser diferente.
- Avaliar as sensações e reações de não ser igual.
- Apreciar a necessidade de auto-afirmar-se, mesmo que o meio seja hostil.

Desenvolvimento

Durante um tempo estabelecido, por exemplo uma semana, os participantes têm de usar amarrada no braço de forma ostensiva, uma fita de cor amarela em todas as horas e em todas as situações. Durante esse tempo, têm de anotar em um caderno as reações que tal fato produz.

Avaliação

- Que tipo de reação produziram?
- Que motivações as originaram?
- O que ocorreria se fôssemos de outra raça?
- O que ocorre quando alguém é diferente?

Comentários

Em minha experiência docente, a maior parte dos comentários que os alunos recolhiam eram de caráter ofensivo em relação à sua pessoa, tanto de crianças de sua idade como de adultos. Alguns tiveram de tirá-la por imposição de seus pais e/ou professores; outros, apesar de tudo, mantiveram a fita até o final. Também ocorreram alguns casos, muito pouco significativos, nos quais não apareceu nenhum tipo de reação particular em relação a elas. Em todo o caso, predominaram as reações hostis, coerentes com o que acontece na vida real com as pessoas que, por algum motivo, são diferentes. Uma vez vivida a experiência, primeira parte do método socioafetivo, e analisado o que nos ocorreu, segunda fase, passamos a comparar o vivido com a vida real, terceira fase. Nesse ponto, a pergunta que sempre fazíamos era: o que teria acontecido se em vez de usar a fita amarela fôssemos negros, ciganos ou imigrantes? Em relação ao sexismo, também fazíamos a pergunta no feminino.

Fonte: Crump (1983, p. 34); *Educadores pela paz* (1986, p. 81).

IMAGINE UM LONGO DESFILE

O jogo pretende contrastar a afirmação seguinte: "toda pessoa tem direito a uma remuneração eqüitativa e satisfatória, que lhe assegure, assim como à sua família, uma existência de acordo com a dignidade humana, que será complementada, caso necessário, por qualquer outro meio de proteção social". O mecanismo consiste em imaginar o seguinte desfile do qual participará toda a população mundial.

Você realmente pensou no pouco ou no muito que ganha cada um? Imagine um mundo no qual a altura de cada um é proporcional à sua renda. Suponhamos que você ganha um pouco mais que a média em um Estado rico; isso lhe daria uma altura de 1m 73cm.

(Continua)

EDUCAÇÃO PARA A PAZ **223**

(Continuação)

Texto

Hoje é um dia especial. Você é o comentarista de um gigantesco desfile da totalidade dos habitantes do planeta. O desfile é organizado de tal forma que todos terão passado diante de você em uma hora.

No início do desfile, todos começam a movimentar-se. Agora cabe a você fazer os comentários. Mas, começou mesmo?... continuo não vendo nada... Perdão, sim. Parece incrível... milhares e milhares de seres menores que formigas, que resvalam por cima de meus pés... Não consigo distinguir o que são.

... Estamos a 10 minutos do desfile. Agora pelo menos posso ver gente, mas os que estão desfilando não superam a altura de um cigarro: camponeses, índios que seguem montados em carroças puxadas por bois,... mulheres africanas que transportam meninos/as nas costas e algo parecido com dedais cheios de água sobre suas cabeças. Também há chineses, birmaneses, haitianos. De todas as cores e nacionalidades.

... Continuam aparecendo mais e mais... já se passaram 20 minutos... 30... o que significa que já desfilou a metade da população do planeta e ainda não passou ninguém cuja altura vá além de 7,5cm.

Achava que teria de esperar bastante tempo antes de ver gente da minha altura... mas passaram-se 40 minutos e os mais altos chegam aos meus joelhos. Vejo soldados do Paraguai e secretários da Índia, com grandes livros de contabilidade debaixo do braço, mas ainda anões.

Só faltam 10 minutos e eu estou começando a ficar preocupado; não acabaremos a tempo. Contudo, pelo menos agora os rostos são mais familiares. Vejo pensionistas de Madri, alguns aprendizes de engenharia de Bilbao e, um pouco depois, empregados do comércio em tempo parcial de Barcelona. Mas não têm mais que um metro de altura.

Restam 5 minutos e, finalmente, parecem chegar as pessoas de minha altura: professores de escola, gerentes de lojas e comércios, funcionários governamentais de nível inferior, agentes de seguros. O grupo seguinte parece ser mais vigoroso. Muitos norte-americanos e europeus. Superintendentes de fábricas, diretores de departamento, talvez. Parece-me que têm mais de 1m 70cm.

E agora, que diabo está acontecendo? São cada vez mais altos! Aquele contador deve medir pelo menos 4,5m. É sensacional! Proprietários de terra no Brasil, diretores de empresas muito bem vestidos... e seguramente uma altura de 6 a 9 metros.

Agora consigo ver algumas caras famosas... sim... trata-se do príncipe Charles. Contando o chapéu que está usando, deve medir uns 36 metros. E agora Paul McCartney, um enorme gigante que parece alcançar o tamanho de uma torre.

Entramos no último minuto, no 59° minuto. Preciso de binóculos. Estes xeques árabes do petróleo são realmente surpreendentes. Superam de longe os 900 metros... Parece-me que lá em cima está nevando!

Os últimos segundos. Aqui estão todos os milionários. Parece que alcançam estaturas de quilômetros e quilômetros. Absolutamente inacreditável!

De repente, o horizonte parece ensombrecer-se... uma grande nuvem negra ocupa meu campo de visão... Atenção! Meus Deus,... trata-se do pé de Rockefeller!

Fonte: Seminario de EP de la APDH, 1990b, p. 53-54.

Dinâmicas de esclarecimento de valores

São muito úteis como meio para tomar consciência dos códigos de valoração que temos, sensibilizar sobre o sistema de relações na classe e na escola e facilitar sua construção de uma óptica de respeito e ajuda mútua, como também sobre os conteúdos da Educação para a Paz (processos de discriminação, violência, armamentismo, direitos humanos, desenvolvimento, etc.)

O esclarecimento de valores como concretização prática e sistematizada no pensamento pedagógico surge em meados dos anos 60 sendo seu ponto de referência o livro *Values and Teaching*, de L. Raths e colaboradores, publicado em 1966. Ele foi o primeiro a cunhar o termo *esclarecimento de valores*, apresentando várias estratégias para levá-lo a cabo. A estratégia fundamenta-se em princípios semelhantes aos do método socioafetivo: para que o esclarecimento de valores seja efetivo, diz Raths, é preciso que ocorra a integração de pensamento, afetividade e ação.

O objetivo principal do esclarecimento de valores é que as pessoas aprendam a tomar decisões livres levando em conta as diversas alternativas que possa haver diante de um dilema. Nas palavras de Raths, "ajudar os estudantes para que cheguem a perceber melhor o que apreciam, suas escolhas e ações, assim como as formas mediante as quais tudo isso poder ser integrado" (Raths e outros, 1978, p. 13). Decisão que, obviamente, deve ser coerente com os valores escolhidos. Isso implica "que o indivíduo tome contato consigo mesmo, se abra à sua experiência e ouça a si mesmo para perceber o que realmente quer" (Pascual, 1988, p. 40).

Bem, desde a EP temos dito que o esclarecimento de valores é um primeiro passo para a educação em valores, visto que nela não apenas devemos ter consciência de nosso processo de valoração e agir em conseqüência, como também é necessário optarmos por uma série de valores em oposição a outros. Por outro lado, esse processo de valoração não se constrói individualmente, por mais individual que a decisão seja. É nessa dialética entre a reflexão pessoal e os processos de socialização que vão se construindo esses processos de valoração.

Objetivos:

- Tomar consciência de nós mesmos, conscientizando-nos das escolhas e ações que realizamos.
- Aumentar a confiança da pessoa em si mesma e no grupo.
- Ajudar a tomar decisões livremente, respeitando os valores dos outros.
- Favorecer a comunicação.

EDUCAÇÃO PARA A PAZ **225**

Vejamos alguns exemplos:

BARÔMETRO DE VALORES

Explicação da dinâmica

Consiste em pronunciar-se sobre uma afirmação emitida pelo animador/a. Os/as participantes se colocam em fila indiana na parte central da zona de jogo, olhando para o animador/a. Este/a emite uma frase mediante a qual, obrigatoriamente, todos e todas os/as jogadores/as têm de se pronunciar a favor ou contra. Uma parte do campo será para os que estejam de acordo e outra para os que discordem. Mas, dentro de cada campo, cada um pode situar-se em função de uma escala que vai de menos a mais, a partir da linha central: um pouco, mais ou menos, muito ou totalmente a favor ou contra, conforme o campo em que nos situemos. Assim, os que estão mais próximos da linha divisória, seja de um lado ou do outro, estarão um pouco a favor ou contra, respectivamente, enquanto os que se situam nos extremos de cada campo são os que não têm dúvidas, seja por estar totalmente a favor ou contra.

No momento em que se emite a frase, não se podem fazer perguntas nem os jogadores falar entre si. O animador pode repetir a frase quantas vezes for necessário. Uma vez que estejam situados espacialmente começa a "partida" propriamente dita, iniciando-se com as intervenções dos jogadores que estão situados nos extremos. A partir daí, qualquer um pode intervir para explicar, debater, etc. sua postura. Em função das intervenções, os jogadores podem mudar de posição, em uma ou outra direção (ver uma explicação mais detalhada da dinâmica em Jares, 1989b, p. 177).

Frases possíveis:
- "Educar para a paz não tem sentido, porque o ser humano é violento por natureza.
- "A tolerância deve ser estendida a todos, exceto àqueles que negam o princípio da tolerância, ou, em poucas palavras, todos devem ser tolerantes, exceto com os intolerantes" (N. Bobbio, 1991).
- "As educadoras e os educadores devem ser neutros em seu trabalho com os alunos."
- "Uma educação para a paz eficiente é aquela que faz com que desapareça todo conflito."
- "Na escola ou na classe, assim como na vida, quando aparece um conflito, o melhor é evitá-lo."
- "Os conflitos fazem parte de nossa existência, pois o ser humano é violento por natureza."
- "Só os fortes conseguem sobreviver."

Fonte: Original

JOGO DOS CANTOS

O animador ou a animadora da dinâmica anuncia os conceitos ou idéias opostas, ou aparentemente opostas, indicando para cada uma delas um canto correspondente da sala de jogo. Cada membro do grupo deve escolher uma delas e ir para o canto correspondente. Uma vez agrupados nos cantos, devem expor as razões de sua escolha, para ver se realmente estão de acordo. No caso de alguma pessoa não concordar com as razões da escolha, deve ir para o canto oposto ou para um terceiro canto. Se para esse terceiro canto forem várias pessoas, deverão expor suas razões e ver a possibilidade de constituir um canto homogêneo ou diversificado. Uma vez finalizada essa fase, a dinâmica prossegue com a exposição coletiva. Cada canto explica as razões e os argumentos da escolha e o que ocorreu. Nessa fase, continua aberta a possibilidade de haver mudanças. Às vezes também realizamos a dinâmica indicando de saída três ou quatro cantos diante de uma mesma temática.

Fonte: Original

> **MINHA FUTURA CASA**
>
> Trata-se de indagar sobre valores, necessidades e gostos dos membros do grupo mediante a elaboração de um projeto da casa na qual uma pessoa gostaria de viver sem nenhum tipo de restrição. Cada membro do grupo deve fazer o projeto da casa na qual gostaria de viver, imaginando que não haveria nenhum tipo de limitação econômica e anotando as dimensões, o mobiliário, o espaço, etc.
>
> Uma vez feito o desenho individualmente, cada membro o expõe o explica ao grupo. Após a exposição, deve-se tentar chegar a conclusões gerais do grupo, com seus acordos e desacordos. Para isso, pode ser útil a seguinte lista de perguntas:
>
> - Como se sentiram ao ver suas casas em relação às casas dos outros?
> - Que tipos de valor descobriram ao observar a casa que criaram?
> - Que necessidades foram criadas? São verdadeiras necessidades ou é possível passar sem elas? (Fonte: Lobato e Medina, 1986, p. 53).

Jogos de papéis

Trata-se de uma técnica muito interessante para viver experimentalmente uma situação conflituosa, de tal forma que sua aplicação possibilite tanto a própria vivência e dinâmica do conflito como facilitar possíveis opções de resolução. "Pode ser um método muito eficaz para despertar empatia nos outros, tentar e provar vários métodos de resolver problemas, e de esclarecer pensamentos, sentimentos e ações" (Curwin e Mendler, 1983, p. 62). No jogo de papel, deve-se pôr em funcionamento não apenas o intelecto, mas também os sentimentos e o corpo.

Consiste na representação de uma situação real ou imaginária, na qual cada um dos protagonistas tem de desempenhar intelectual e afetivamente o papel que lhe coube. Em geral, serão observados por um grupo de pessoas.

Objetivos

- Vivenciar de forma prática, ainda que indireta, aspectos afetivos e cognoscitivos de uma situação ou problema determinado, experimentando os mecanismos pessoais e estruturais dessa situação.
- Compreender, ainda que não necessariamente compartilhar, e projetar-se, ainda que não necessariamente se identificar, nos papéis a representar.
- Perceber emoções, sentimentos e argumentos, tanto do papel a representar, como do conjunto da situação.
- Incrementar a confiança da pessoa em si mesma e favorecer a situação de pôr-se no lugar do "outro".
- Favorecer a compreensão de uma situação conflituosa, tanto em sua dimensão dos fatos como das emoções.
- Possibilitar o surgimento de alternativas ou soluções para o conflito.

Desenvolvimento

É preciso destacar que o jogo de papéis, diferentemente da representação convencional, é livre e espontâneo. Os "atores" não têm um roteiro preestabelecido nem precisam de ensaios. Devem unicamente seguir as diretrizes do papel que lhes coube desempenhar, tentando envolver-se totalmente com ele. Por outro lado, também se diferencia do psicodrama, dado que "neste o 'ator' deve deixar-se levar ao máximo possível, sem limitações, pela espontaneidade. Deve ser subjetivo e totalmente informal, pois o que se busca é que manifeste com a maior fidelidade seus sentimentos, suas modalidades pessoais, seu temperamento, já que representa quase sempre um episódio de sua vida pessoal e a finalidade é terapêutica". (Cirigliano e Villaverde, 1982, p. 203).

Essa técnica deve realizar-se em três fases:

1. *Preparação*

O problema ou a situação pode ser previsto de antemão ou surgir em um momento determinado de uma reunião de grupo. Em todos os casos, deve ser bem-delimitado e exposto com toda precisão: cenário, número de personagens, papéis ou condutas típicas de cada um deles, ação, circunstâncias possíveis, tempo. É conveniente adverti-los de que podem desempenhar um papel com o qual não estão de acordo: é o principal problema dessa técnica. Se isso ocorre, deve-se animá-los para que se esforcem para incorporar o papel e tentar desempenhar o personagem. Por nossa experiência, consideramos que é de vital importância dar essa informação publicamente antes de começar a representação e de repartir ou sortear os papéis. É uma forma de evitar que se bloqueiem tanto aqueles a quem coube um papel que não compartilham como para o grupo que possa ter poucas simpatias por ele. Uma vez que cada participante conhece seu papel, é bom dar um tempo, de 5 a 15 minutos aproximadamente, para que se "incorporem" em seu papel e preparem sua estratégia.

2. *Representação*

Começa a encenação com a maior naturalidade possível. É inevitável que, no início, as pessoas riam, mas ainda assim a "trama" deve seguir sem ser interrompida. Os observadores devem manter uma atitude ativa, anotando todas as reações e comentários que lhes pareçam mais significativos. Quando já se dispõe de informação suficiente sobre a temática a ser abordada – em nossa experiência essa fase costuma durar em torno de 30 minutos – o animador ou condutor da dinâmica encerra a encenação e em seguida passa-se à próxima fase.

3. *Avaliação*

Deve-se seguir uma certa ordem. Primeiramente, costumamos dar espaço aos sentimentos; comunicar e refletir como se sentiu cada um em seu personagem. Trata-se de expressar o que se viveu. Depois tenta-se analisar a dinâmica que o jogo aborda e que os ajudou a compreendê-la melhor. É importante ouvir os comentários dos observadores, podendo fazer perguntas ou esclarecimentos. Finalmente, é preciso avaliar a possibilidade de tirar conclusões.

A PESQUISA MILITAR

Procura-se que os participantes valorizem o papel que cumpre a pesquisa militar dentro da corrida armamentista e sua relação com o grau de compromisso com os tratados e manifestos internacionais que proíbem determinadas práticas científico-militares. Ao final do jogo, entrega-se a eles documentação sobre os gastos em pesquisa militar na Espanha e no mundo para que comparem com determinadas necessidades sociais. Complementamos a informação com os gastos da pesquisa militar na Espanha no ano de 1998.

Situação

O país X é grande e poderoso. Desempenha um papel importante na corrida armamentista. Nos últimos cinco anos, pesquisadores desse país trabalharam na implementação de uma nova arma. Por fim conseguiram e ela já pode ser fabricada. Contudo, X acaba de assinar um documento das Nações Unidas que proíbe a produção de certa categoria de armas de destruição em massa. A nova arma entra precisamente nessa categoria. O presidente de X não sabe o que fazer. Assim, convocou representações de diversos grupos de interesse para uma reunião oficial para examinar essa questão. O ambiente é de extrema seriedade e de um certo embaraço pela urgência da reunião e pela disparidade dos grupos participantes.

A zona de jogo forma-se ao redor da grande mesa de reuniões do despacho presidencial, em torno da qual se sentam os participantes da reunião, que é presidida pelo presidente do país X.

Papéis:

- *As forças armadas*: querem manter forte seu poder militar, segundo eles, base da situação de predomínio de seu país no mundo. A nova arma, impressionante e poderosa, é necessária para assegurar que X continue tendo um papel dominante na corrida armamentista e no concerto político do mundo. Além disso, se eles não fabricarem, pode ser que algum outro país chegue a descobri-la e fabricá-la. As forças armadas precisam renovar-se constantemente e possuir "credibilidade ofensiva" para evitar que alguém ouse atentar contra seu país.
- *Os pesquisadores*: trabalharam duramente nos últimos anos para implementar essa nova arma e não entendem como agora se possa questionar. Querem que seu projeto se realize, pois do contrário criaria um sério revés em seu moral. Além disso, alegam que, se não levarem a cabo seu projeto, os volumosos recursos que seu trabalho exigiu não terão sentido. Por outro lado, consideram que seu desenvolvimento favorecerá – "como sempre ocorre"– a pesquisa civil.
- *Alguns ministros*: declaram que a nova arma pode matar de uma vez mais de meio milhão de civis e que é imoral construir essas armas. Além disso, consideram que sua fabricação desencadearia uma reação social de protesto que prejudicaria seriamente as possibilidades de reeleição do Presidente.

(Continua)

EDUCAÇÃO PARA A PAZ **229**

(Continuação)

– *A diplomacia*: é representada pela delegação de X nas Nações Unidas. Assinala que estas não têm nenhuma jurisdição sobre este tema nos estados membros, mas que a força das Nações Unidas depende fundamentalmente da lealdade de seus membros. Nesse sentido, destacam os acordos de desarmamento que X assinou. Quebrar tal lealdade seria miná-la e debilitá-la.

– *O Ministério das Finanças*: opina que, tendo-se destinado somas importantes à pesquisa, não seria boa economia deixar de fabricar a arma. Embora o projeto seja muito oneroso e obrigue a arrecadar fundos de várias fontes e não apenas do Ministério da Defesa, entendem que a médio prazo, e com a venda da transferência tecnológica a outros países, não só se recuperará o investimento como é possível obter grandes somas de dinheiro, o que possibilitará o crescimento econômico do conjunto do país, e não apenas da indústria bélica. Boa parte desse dinheiro pode ser destinada a novos projetos de pesquisa.

– *Os trabalhadores da indústria bélica*: consideram que a fabricação dessa arma garante seu posto de trabalho por muitos anos. Não querem perder seu emprego e não entram em outras considerações. Além disso, entendem que o fato de fabricar a arma não significa que vão usá-la. O importante, dizem, não é a cor do gato, mas que cacem ratos, e eles são pela defesa de seus postos de trabalho.

– *Representantes de organizações sociais e personalidades ligadas ao movimento pacifista*: consideram a fabricação da nova arma um atentado à moral e à convivência. Propõem destinar as enormes somas que sua fabricação exigirá à construção de equipamentos sociais: centros sanitários, geriátricos, centros educativos e de acolhimento, programas de reinserção social, etc. Advertem o Sr. Presidente que se aprovar essa iniciativa, seu prestígio cairá, coincidindo, nesse sentido, com intervenções de alguns ministros.

– *O presidente*: está à frente da reunião e como quer pesar os prós e os contras estimula a que se expressem as diferentes visões com total sinceridade. Às vezes faz perguntas às partes para pedir esclarecimentos ou para que expliquem melhor suas posturas.

Avaliação

Além dos aspectos afetivos sobre como sentiram seu papel e o conjunto do jogo, tal como vimos anteriormente, nesse jogo costumamos dar a informação real sobre a situação da pesquisa militar na Espanha e no resto do mundo.

Fonte: Original

UM CONSELHO ESCOLAR PARA PRONUNCIAR-SE SOBRE A SOLICITAÇÃO DE MATRÍCULA DE ALUNOS DE RAÇA NEGRA

Situação

Sala dos professores de uma escola de ensinos fundamental e médio na qual se reúne um conselho escolar extraordinário para decidir sobre a aceitação de matrícula de vários alunos de raça negra, filhos de imigrantes que vieram trabalhar em atividades agrícolas, basicamente de colheita de frutas. O motivo da reunião é a recusa da Associação de Mães e Pais de Alunos (AMPA) a que sejam incorporados à escola, alegando que com isso cairia o prestígio da instituição. O caso chegou aos meios de comunicação e há muita tensão.

(Continua)

230 XESÚS A. JARES

(Continuação)

Papéis

- *Diretor*: dado que há vagas, entende que não há motivos para recusar a matrícula, embora se preocupe com a possibilidade de a escola ficar com a imagem de marginal, pois já há vários alunos de raça cigana. Preferiria que esses tipos de aluno se distribuíssem por outras escolas da região.

- *Pais/mães que representam o AMPA (3)*: receberam várias queixas de pais de alunos das turmas em que essas crianças ficariam, posicionando-se contra. Muitos disseram que, se eles acabassem entrando, transfeririam seus filhos para outros colégios. Reunida a junta diretiva, houve divisão de opiniões, mas acabou vencendo a posição de pedir ao Conselho Escolar e à direção da escola que não aceitasse a matrícula. Os motivos alegados é que já havia muitos alunos matriculados de raça cigana, alguns dos quais, dizem, "ainda não se integraram", e que, se admitissem estes agora a escola poderia ficar com a fama de marginal, que, nas palavras de alguns pais, já estava tendo. Além disso, entendiam que essas crianças não conheciam nosso idioma, nem teriam nosso nível cultural, e por isso "logicamente" sua integração faria com que caísse o nível das aulas. Consideraram que a melhor opção seria que a administração os colocassem com um professor à parte para que fossem aprendendo nossa língua. Rejeitaram a acusação de serem racistas.

- *Pais que não defendem a postura do AMPA (2)*: estão indignados com o que ouviram na reunião prévia do Conselho da AMPA. Para eles, a explicação só tinha uma palavra: racismo. Disseram que, inclusive, ouviram de alguns pais que o que se deveria fazer era devolvê-los junto com seus pais ao seu país de origem; e que só vinham para cá para nos roubar e tirar o pouco trabalho que ainda havia. São a favor de sua matrícula e de exigir da administração que fosse colocado professores de apoio para facilitar sua integração.

- *Representantes dos professores, setor majoritário (de 4 a 6)*: tiveram uma assembléia prévia a esse Conselho. A opinião majoritária é de que esses alunos que chegaram deveriam ser distribuídos entre os colégios da região. Disseram que não tinham nada contra que houvesse crianças de outras raças, mas o problema era como atendê-las, já que desconheciam seu idioma e não sabiam espanhol. Além disso, tinham de cumprir um programa determinado pelo Ministério e que já havia muitos problemas nas salas de aula para introduzir mais um. Não se consideram capacitados para atendê-los e que não se formaram para trabalhar com estes meninos/as, que, além do mais, não eram espanhóis.

- *Representantes dos professores, setor minoritário (2)*: discordam de seus colegas e são contra a dispersão. Acham que é necessário informar-se sobre as problemáticas dessas pessoas que vieram viver na comarca e que é preciso pedir ao Ministério que coloque à sua disposição os recursos humanos e materiais para que sua escolarização seja garantida. Consideram que essas crianças têm o mesmo direito a ser escolarizadas que qualquer outra.

- *Representantes dos alunos, setor majoritário (de 3 a 4)*: são a favor da integração dessas crianças. Acham que não podem fazer nenhum tipo de discriminação. Lembram que aprenderam no colégio a respeitar a Declaração Universal dos Direitos Humanos e que, portanto, todos são iguais em dignidade e direitos. O único problema é o idioma, mas aos poucos irão aprendendo. Alguns disseram que os ajudarão nessa tarefa.

- *Representante dos alunos contrários*: não concorda em aceitar sua matrícula. Acha que não são espanhóis e, portanto, o Estado não vai gastar mais dinheiro para pôr mais professores para uns poucos. Duvida que se possa adaptá-los a nosso estilo de vida, "como acontece com os ciganos", diz, que "apesar de estarem no colégio, andam sujos e roubam". Além disso, os pais deles vêm para cá tirar o posto de trabalho dos seus pais.

Fonte: Original

EDUCAÇÃO PARA A PAZ **231**

Estudos de caso

É uma das atividades que mais costumamos utilizar em nosso trabalho educativo, tanto na etapa em que atuei como professor de EGB como há nove anos na universidade. Trata-se de uma técnica que, pela simplicidade de sua aplicação, e por abordar temas reais e próximos da vida dos alunos, costuma dar resultados muito satisfatórios. A estrutura é muito simples: consiste em descrever uma situação problemática de forma simples, que "possibilite uma ampla análise e intercâmbio de idéias" (Cirigliano e Villaverde, 1982, p. 197), induzidas pelo leque de perguntas e atividades em torno do caso. Com isso, pretende-se suscitar uma tomada de consciência diante de determinados valores em conflito. Os casos que apresentamos têm dois tipos de procedência: ou são extraídos de nossas vivências, ou dos casos que aparecem na imprensa ligados ao nosso campo de trabalho.

Objetivos

–   Tomar consciência e fomentar o sentido crítico diante de determinadas situações problemáticas ou conflituosas.
–   Provocar conflitos de valores nos alunos em relação aos que se colocam no caso a ser estudado.
–   Aprender a identificar a estrutura do conflito e as propostas de resolução que se colocam diante dele.
–   Desenvolver o pensamento divergente e criativo diante de situações conflituosas, desenvolvendo diferentes cenários e possibilidades que elas possam ter.

Desenvolvimento

Uma de suas características mais importantes, como dizemos nos objetivos, está na possibilidade de que os estudantes possam oferecer diferentes alternativas de resolução, em função de seus conhecimentos, experiências, valores próprios, etc. Os passos que habitualmente seguimos em um estudo de caso são:

1. Redação do caso ou seleção de uma notícia de jornal que sirva para tratar os objetivos a desenvolver.
2. Estudo individual e respostas às perguntas que se colocam.
3. Exposição em pequenos grupos, analisando e discutindo as idéias que cada um expressou e escreveu na fase anterior.
4. Possível consenso no grupo sobre as propostas de resolução.
5. Exposição pelos porta-vozes de cada classe. Possibilidade de chegar a acordos nessa fase.

232 XESÚS A. JARES

Vejamos a seguir alguns exemplos:

SUPONHO QUE SERÁ UM ERRO!

Um aluno/a vai à escola receber suas notas. Ao pegá-las, descobre que tem uma reprovação. Não consegue acreditar, porque é uma matéria na qual desfrutava de boas relações com o professor/a que a ministra, embora durante o ano sempre estivesse entre a aprovação e a reprovação. Fica furioso/a e não dá crédito ao que vê; acha impossível. Sem pensar duas vezes, vai à sala do/a professor/a que, justamente nesse momento, acabava de chegar de uma tensa reunião do colegiado. O/A aluno/a pede permissão para entrar e sem medir as palavras exclama: "Imagino que seja um erro! Fui reprovado/a na sua matéria. Como se atreveu?".

O professor inicialmente tenta acalmar o/a aluno/a, compreendendo sua reação, permitindo até mesmo a presença de três amigos que vieram com ele/a. Mas imediatamente lhe recorda que na última entrevista, justamente nessa mesma sala, comunicou-lhe que o exame não era para aprovar, e que tudo dependeria do trabalho. Se estivesse bom, aprovava, mas se estivesse regular ou mau reprovaria. O aluno/a se queixa então por não lhe ter dito antes que seu trabalho não estava bom, ao que o professor lhe responde: "Porque não fui lhe perguntar como estava, pois a obrigação era sua". A reunião prossegue e alguns colegas do aluno intervêm para pedir ao professor que o aprove, e que, se estava duvidoso, devia tê-lo deixado de recuperação.

O professor/a não gosta dessas intervenções e responde que a recuperação, como eles sabiam das aulas, era para os que estavam duvidosos, mas que, quando o trabalho estava ruim, já não entrava nessa categoria, porque tinha tudo reprovado. Diante do aumento da tensão, o professor pede que saiam, já que os havia recebido fora da tutoria e não tinha por que fazer isso, e que, se tinham algum problema, que reclamassem ao chefe de estudos ou ao diretor. Com isso, os alunos saem, mas o que fora reprovado bate a porta da sala com força.

O professor vai imediatamente para o corredor e começa a repreendê-lo asperamente, dizendo que era "um mal-educado e um sem-vergonha", e que as coisas não ficariam assim. O aluno se vira e faz um gesto obsceno. Diante disso, o professor, visivelmente alterado, vai à sala do diretor comentar o ocorrido e pedir que convocasse uma reunião urgente do conselho escolar para tratar do que considerava ser uma falta grave de disciplina.

Questões:
1. Leitura do caso.
2. Identificar a estrutura do conflito: causas, protagonistas, processo e contexto.
3. Diferenciar os fatos das emoções nesse conflito.
4. Como avaliar o processo que se seguiu?
5. Como recolocar o caso se estivesse na situação?
6. Você viu ou viveu alguma situação semelhante?
7. Se pedissem sua opinião para resolver esse caso, o que faria?

Fonte: Original

DAR AULAS E SUBSTITUIR AO MESMO TEMPO SEM MORRER NA TENTATIVA
(Para trabalhar também com os professores e na formação inicial)

Andrea, professora do ensino médio e chefe de estudos em uma escola repleta de matrículas, decidiu atender a duas salas simultaneamente, pois faltavam dois professores e só havia um livre para substituir. Essa situação, que ultimamente ocorria com certa freqüência e com as

(Continua)

EDUCAÇÃO PARA A PAZ **233**

(Continuação)

mesmas pessoas, associada ao mau humor que ficou a colega que devia fazer a substituição, a alterou visivelmente. Dado que os dois grupos estavam frente a frente, decidiu dar a aula que lhe cabia, deixando a porta aberta e ir de vez em quando vigiar a outra sala de aula. Falou com os alunos desta para que ficassem em silêncio e que cada um trabalhasse no que mais gostava. Ameaçou castigá-los caso tivesse de sair por qualquer tipo de algazarra. Depois de uns 15 minutos, Andrea já ouvia um ruído que ultrapassava o tolerável, agüentou mais um pouco, mas teve de sair de sua sala de aula para ir chamar-lhes a atenção e lembrar-lhes a ameaça feita.

A sala emudeceu, mas por pouco tempo. Diante da manhã que se prenunciava, Andrea, que não queria que seus alunos perdessem sua aula e ao mesmo tempo manteria a ordem a todo o custo, decidiu passar à ação. Da terceira vez que teve de ir à outra sala, castigou vários alunos, tirando-lhes o recreio;depois levou outros para sua sala. Quando chegou o recreio, visivelmente exaltada, não pôde resistir ao desejo de manifestar seu tremendo desgosto com o grupo e a decepção que tinham causado, chegando a pronunciar insultos e frases ferinas de inequívoco descontrole. Finalmente, decidiu castigar a todos por terem se portado mal.

Questões

1. Leitura do caso.
2. Identifique a estrutura do conflito: causas, protagonistas, processo e contexto.
3. Como avalia a atitude de Andrea?
4. O que teria feito no seu lugar?
5. Como vê o papel dos alunos da turma que fica sem recreio?
6. Como recolocaria o caso se estivesse nessa situação?
7. Você viu ou viveu alguma situação semelhante?
8. Se pedissem sua opinião para resolver esse caso, o que faria?

Fonte: Original

Dilemas morais

Trata-se de uma situação problemática, geralmente apresentada de forma oral, mediante a qual os participantes terão de escolher obrigatoriamente uma alternativa, que pode ser previamente argumentada e contrastada em um debate. Sua fundamentação está muito ligada ao esclarecimento de valores, exercícios de tomada de decisões e aos estudos de caso.

Assim como ocorre com outras técnicas e dinâmicas, é preciso começar esclarecendo que não há respostas corretas ou incorretas. Cada um deve fazer sua escolha tal como acha que agiria na situação que lhe será colocada. Um possível desenvolvimento dessa técnica pode ser como segue (GANV, 1987):

1. Apresenta-se uma situação por vez e sobre ela os membros do grupo devem escrever individualmente suas alternativas.
2. A seguir realiza-se o debate, no qual o aluno pode fazer perguntas para esclarecer o tema.
3. Discussão do dilema em grupos pequenos.
4. Informe do resultado de cada grupo aos demais.
5. Fórmulas para pôr em prática a decisão.

234 XESÚS A. JARES

Às vezes, prescindimos da fase de trabalho em grupos, de tal forma que, após o debate, cada um explica sua tomada de decisão.

Dilemas

O que você faria se:

- Na sua equipe (de basquete, ou de qualquer esporte) você está na reserva e nunca sai para jogar.
- A cabine telefônica está ocupada e você precisa realizar uma chamada urgente.
- Você quer ir à praia, mas o ônibus que você usa não pode passar, porque há uma manifestação.
- Você deseja fazer uma viagem, e o transporte que escolheu está em greve.
- Vê que um grupo de meninos ataca outro no colégio.

Textos literários

Prática habitual em nosso trabalho sobre resolução de conflitos, tanto com alunos como nos cursos de formação com professores, é a utilização de determinados textos literários que apresentam ou têm a ver com algumas situações conflituosas. Um exemplo disso, a que nos referimos no Capítulo 7, é a utilização do livro *Os dois monstros*, para introduzir a estrutura do conflito. Em outras ocasiões, os utilizamos como meio de conscientização diante de determinadas problemáticas (ver em Jares, 1999, entre outros, a enorme e interessante bibliografia existente sobre literatura infantil e juvenil que aborda as temáticas do campo da EP: racismo, sexismo, imigração, solidariedade, tolerância e interculturalidade, convivência, conflitos, etc.

Além dos livros, outra modalidade com a qual trabalhamos são fragmentos ou cenas de determinados livros. Em um caso ou outro convém empregar uma ficha para orientar sua análise. Às vezes, e particularmente com as crianças menores, prescindimos dessa ficha; a análise é feita oralmente logo após a leitura do texto.

Também é muito freqüente, como fazemos com os estudos de caso, pedir-lhes que façam um exercício de imaginar trajetórias ou desenlaces alternativos.

Finalmente, utilizamos os textos literários quando precisamos marcar certa distância emocional com o conflito ou problemática a estudar. O fato de ser ficção pode ser útil para evitar que as pessoas fiquem prevenidas ou inibidas diante de estudos de caso ou jogos de papéis, por refletir situações reais, em muitos casos próximas aos participantes.

EDUCAÇÃO PARA A PAZ **235**

Vejamos a seguir dois exemplos.

O JULGAMENTO DA COLMEIA

Texto

– "Oh! minhas irmãs – disse a abelha –, somos faíscas de sol; nosso corpo é do mesmo metal. Somos as filhas do grande céu; nossas asas são do mesmo cristal. A justiça reina em nossas cidades: a razão nos conduz à felicidade; a música acompanha nossos atos.

Alimentamo-nos de luz líquida, de um açúcar incorruptível e diáfano. Somos as únicas criaturas que sabemos comer sem matar. Para nós, comer é nos unir à mais fina essência das coisas. Para nós, comer não é perseguir uma presa, abater um ser vivente, dilacerar um cadáver, arrancar e danificar o fruto; para nós, comer é fecundar a flor e fazer brotar a vida.

Mas, oh!, queridas, por que não somos totalmente perfeitas como os próprios astros? Somente uma coisa nos afasta da dignidade dos deuses: o ferrão que levamos no ventre. E quem utilizar esse ferrão mata, mas, ao mesmo tempo, se fizer isso, morre. Se o amor não os detém, então, que pelo menos o temor os paralise.

Quanto a mim, prefiro morrer nas mãos de meus inimigos a morrer por culpa de minha própria malícia. Oh!, Rainha!, devolvo-lhe o ferrão e de meu veneno farei mel."

As operárias opinaram e disseram: "De que nos serve o mel sem o ferrão e sem o veneno? Quanto mais mel tivermos, mais exposta ao roubo estará nossa colmeia. Devolver o ferrão é converter-se em cúmplice do inimigo. Quem de vocês não vê o ferrão e o veneno da traição nas palavras melosas dela? A acusada merece a morte".

Os marimbondos julgaram e disseram: "Conhecemos nosso destino, que é perecer pelo ferrão. Mas quem suspeita de que somos covardes? O amor e a morte andam juntos. Querer um sem a outra é contrário à lógica, ao costume e à honra. A proposta nos ofende. A acusada merece a morte".

A rainha julgou e disse: "Se o raciocínio da acusada fosse justo, determinaria o fim da colmeia; portanto, é falso. Ela merece a morte".

Assim, todos os ferrões se voltaram contra a abelha que havia renunciado ao seu. Todas as que a picaram morreram com valentia e toda a colmeia morreu lentamente por medo de tornar-se indefesa.

(Lanza del Vasto, *Umbral de la vida interior*)

Questões:

1. Qual é a idéia central do texto?
2. O que pensa da frase: "Prefiro morrer nas mãos de meus inimigos do que por culpa de minha própria malícia"?
3. Acha que se negar a empunhar uma arma é motivo de traição?
4. Acha que se pode viver em um mundo sem armas? Argumente sua resposta.
5. Qual sua opinião sobre o desenlace do texto?
6. O que você pensa da valentia?
7. O que significa para você uma heroína ou um herói? Dê alguns exemplos tradicionais e alguns do mundo atual.
8. O que lhe pareceu a frase "O amor e a morte andam juntos"?
9. Escreva sua opinião pessoal sobre o texto.
10. Sabe quem foi Lanza del Vasto? Procure informações sobre sua vida e obra.

Fonte: Original
(Publicado na unidade didática "Amemos la paz",
do Seminario de EP de la APDH (1990a) e da qual sou co-autor.

236 XESÚS A. JARES

CHAPEUZINHO VERMELHO, NARRADA PELO LOBO

Texto

O bosque era minha casa. Ali eu vivia e cuidava dele. Procurava mantê-lo sempre limpo e ordenado. Um dia de sol, enquanto estava recolhendo a sujeira deixada pelos domingueiros, ouvi uns passos. De um salto, escondi-me atrás de uma árvore e vi uma menininha, que descia pela vereda, levando uma cestinha na mão.

Logo suspeitei dela, porque se vestia de uma forma um pouco extravagante, toda de vermelho, com a cabeça coberta, como se não quisesse ser reconhecida. Naturalmente, saí para ver quem era. Perguntei-lhe como se chamava, aonde ia, e outras coisas desse gênero. Contou-me que ia levar comida para sua vovozinha. Pareceu-me uma pessoa honesta e bondosa, mas é certo que estava em meu bosque e era suspeita com aquele estranho capuz. Assim, apenas a adverti que era perigoso atravessar o bosque sem antes pedir permissão, e com um aparato tão esquisito. Depois, deixei que se fosse por seu caminho, mas apressei-me em ir ver sua avó.

Quando vi aquela simpática velhinha, expliquei-lhe o problema e ela concordou que sua netinha merecia uma lição. Acertamos que ela ficaria fora de casa, mas a verdade é que se escondeu debaixo da cama. Eu vesti suas roupas e fiquei dentro de casa. Quando a menina chegou, convidei-a para entrar no quarto. Em seguida, ela disse algo pouco agradável sobre minhas orelhas. Já antes tinha dito outra coisa desagradável, mas fiz o que pude para justificar que minhas grandes orelhas me permitiriam ouvi-la melhor. Quis dizer-lhe também que me encantava ouvi-la e que queria prestar muita atenção ao que me dizia, mas ela em seguida fez outro comentário sobre meus olhos saltados. Vocês podem imaginar que comecei a sentir uma certa antipatia por essa menina que aparentemente era muito boa, porém bem pouco simpática. Como já é meu costume, contudo, dar a outra face, disse-lhe que meus olhos grandes me serviriam para vê-la melhor.

O insulto seguinte me feriu de verdade. É certo que tenho grandes problemas com meus dentes, que são enormes, mas aquela menina fez um comentário muito duro, referindo-se a eles e, embora saiba que deveria ter-me controlado mais, saltei da cama e lhe disse furioso que meus dentes me serviam para comê-la melhor!

Mas sejamos sinceros: todo mundo sabe que nenhum lobo comeria uma menina. Mas aquela menininha louca começou a correr pela casa e eu atrás, tentando acalmá-la, até que a porta se abriu de súbito e apareceu um guarda florestal com uma faca na mão. O pior é que eu já tinha tirado a roupa da avó e logo percebi que estava metido em uma confusão e assim me atirei por uma janela que estava aberta e corri o mais veloz que pude.

Gostaria de dizer que foi assim o final de todo aquele assunto, mas aquela avozinha nunca contou a verdadeira história. Pouco depois, começaram a circular rumores de que eu era um tipo mau e antipático, e todos começaram a evitar-me. Não sei mais nada daquela menina com aquele extravagante chapeuzinho vermelho, mas, depois daquele percalço, nunca mais voltei a viver em paz.

(Lief Fearn. Juan de Vicente (1996): "Madrid abierto a otras culturas: emigración". No livro coletivo *Transversalidad. Educar para la vida*. Actas del primer encuentro, Comunidad de Madrid, Madrid, 1995, p. 74-75).

Questões

1. Leitura do texto.
2. Como viu a versão do lobo sobre o conhecido conto de Chapeuzinho Vermelho?
3. Que relação o texto guarda com as diferentes versões que pode ter um mesmo fato?
4. E sobre os preconceitos?
5. Que papel pode exercer a percepção na origem e no desenvolvimento de um conflito?
6. Qual será a percepção dos que se sentem estigmatizados como socialmente diferentes?
7. Que casos podemos citar?

Fonte: Original

12

Os Conteúdos

CONTEXTUALIZAÇÃO

Como vimos no desenvolvimento histórico, não existe unanimidade quando se trata de especificar os conteúdos ou determinar quais seriam prioritários. Uma e outra divergência são motivadas tanto pela diversidade de enfoques ou modelos (Capítulo 8), como pela questão do "acento" nos componentes da Educação para a Paz (EP) que vimos no Capítulo 9. Assim, por exemplo, conforme nos situemos em um modelo intimista ou conflitual-nãoviolento, por um lado, ou em um enfoque de educação sobre ou para a paz, por outro, os conteúdos terão diferentes significados, dimensão e importância.

No primeiro binômio, predominam as diferenças de concepção, de enfoque dos conteúdos; no segundo, as diferenças fundamentais residem no papel da informação juntamente com a forma e os processos de aprendizagem. O mesmo ocorre se dermos prioridade a um ou outro componente. Em função disso, observamos que:

a) Para certos autores, os conteúdos a ser desenvolvidos pela EP seriam aqueles que se depreendem das investigações da Pesquisa para a Paz.
b) Para outros, os conteúdos, ou pelo menos os prioritários, seriam aqueles que se deduzem do componente que se prioriza, particularmente em seu enfoque restrito.
c) Para outros ainda, os conteúdos da EP seriam aqueles que se desenvolvem nos estudos sociais, por exemplo, "o atual currículo para a educação social no Canadá: conhecimento do mundo; direitos humanos; ideologia e confiança" (Werner, 1981, p. 1).
d) Finalmente, para um quarto grupo, os conteúdos seriam o que a Unesco denomina de "os problemas mundiais".

238 XESÚS A. JARES

De nossa concepção da EP crítica-conflitual-nãoviolenta, os conteúdos têm a ver com todos e cada um dos componentes que vimos, priorizando-os em função do nível educativo e da temática a abordar; como já especificamos ao concretizar os objetivos (ponto 4 do Capítulo 8), além dos conhecimentos cognoscitivos ou intelectuais, incluímos tanto os que se referem à aprendizagem de técnicas, destrezas, capacidades e processos como os que se situam no campo das atitudes, dos hábitos e dos valores. Mas, no momento de selecionar, devemos dar prioridade:

– Às situações e aos processos mais do que à descrição de noções ou dados concretos.
– Aos que facilitam as vivências e a ação prática.
– Aos que apresentam uma perspectiva global.
– Aos que se desenvolvem na imaginação e às alternativas de mudança.

Operacionalmente, a integração da EP no marco do sistema educativo significa, no que se refere aos conteúdos, o seguinte:

a) Revisão e reformulação de determinados conceitos, fatos e princípios que fomentam o etnocentrismo, o androcentrismo, o conformismo, o racismo, etc. Veja-se o estudo dos livros didáticos realizado por determinados autores e nos quais se detectam estes e outros problemas que apontamos (Almazán, Porta e Barbet, 1987; Argibay, Celorio e Celorio, 1991; Calvo Buezas, 1989, 1990; Grupo de enseñantes con gitanos de ADARRA, 1990; Torres, 1988, 1991, 1994).
b) Introdução de certos conteúdos, até agora "submersos" (Freire, 1987) na educação formal, tais como os que se explicitam neste livro, a saber, dependência-dominação, desarmamento, direitos humanos, desenvolvimento, discriminação, etc., assim como a incorporação de determinadas técnicas, métodos e processos que fomentam a empatia, a cooperação e a resolução nãoviolenta de conflitos.

Vemos no Quadro 12.1, a seguir, alguns exemplos do que acabamos de dizer.

Um exemplo específico de introdução de novos conteúdos é constituído por aqueles que favorecem a aprendizagem da auto-afirmação e resistência ao próprio conflito que gera e pode gerar a introdução desses conteúdos, diante das posturas de fuga ou de evitar, ou, quando menos, minorar esse conflito. Neste último sentido, temos de assinalar a posição dos que afirmam: "Não é necessário insistir muito nesses temas delicados" (Fortat e Lintanf, 1989a, p. 14), ou dos que "se apressam em passar à esfera 'menos política' da 'educação mundial', que enfatiza a 'interdependência' sem entrar em considerações acerca das estruturas políticas" (Reardon, 1978b, p. 438-439)

EDUCAÇÃO PARA A PAZ **239**

Quadro 12.1 Reformulação e introdução de conteúdos

Conteúdos	Educação tradicional	EP
– Desarmamento	– Não se contempla.	– Análise dos acordos de desarmamento. Dificuldades para chegar a um desarmamento total. Análise da corrida armamentista, etc.
– Estado-nação	– Apresenta-se como inamovível e no qual se fundamenta a própria história.	– Conceito mutável e fruto da construção do ser humano. Conseqüentemente, modificável.
– Violência	– Inata no ser humano. Marca que teremos de suportar e sublimar. Contempla apenas a violência direta.	– Dificuldades entre agressividade e violência. Distingue e contempla os dois tipos de violência. A violência como uma possível resposta, mas não a única, ao conflito.
– Desenvolvimento	– Referente ao "progresso" econômico e à competitividade na produção.	– Não apenas referente aos aspectos econômicos. Intimamente relacionado com a justiça social, dentro e entre os estados.
– Conflitos	– Não-desejáveis por ser considerados negativos. Visão não-conflitante da realidade, da história e da ciência.	– Tanto o processo educativo como seus "conteúdos" assentam-se no conflito humano. Ênfase em aprender a conviver e a regular os conflitos.
– Movimentos alternativos: pacifismo; ecologismo; feminismo; etc.	– Não se contemplam, e, quando se faz, apresentam-se de forma marginal, não representativa.	– São reconhecidos de forma legítima. Necessidade de seu estudo.
– A guerra	– Apresenta-se como inevitável e como referencial histórico. Continuação da política por outros meios.	– É tratada como fenômeno cultural e, portanto, evitável. Análise dos interesses que encobrem. Fracasso da política.
– Os direitos humanos	– Não se contemplam ou, quando se faz, é como referência descritiva e "inventariável".	– Processo histórico. Evolução de suas conquistas. Aplicação à vida real, começando pela escola. Suas violações.
– Relações interpessoais	– Não se contemplam a não ser em sua dependência em relação ao professor.	– São incluídos como conteúdos a desenvolver e, portanto, a planejar nas tarefas escolares. Cultivá-los para conseguir um bom clima de trabalho.
– Compreensão de nós mesmos	– O aluno é um poço vazio que é preciso encher.	– Idem ao anterior. Importância como objetivo e meio: formar pessoas autônomas e seguras de si mesmas (auto-estima positiva).

240 XESÚS A. JARES

Um capítulo importante neste item dos conteúdos é constituído pelo chamado *currículo oculto*, definido como o conjunto de "aspectos que, sem ser conteúdos expressos de aprendizagem mental, se assimilam como conseqüência do tipo de aprendizagem que se realiza de tais conteúdos. Aspectos como a que tipo de coisas se dá importância, que tipo de relações de aprendizagem se reforça, o que se persegue ou está latente em todo o processo de pesquisa, que conotações pessoais ou sociais se fazem, como se colocam e se realizam as coisas, como se devem justificar os próprios resultados, a importância do trabalho individual e as contribuições ao grupo e do grupo, etc." (Fernández, M.; Gimeno, J. e Zabalza, M., 1976).

Em outras palavras, o currículo oculto refere-se aos "conteúdos culturais, rotinas, interações e tarefas escolares" (Torres, 1991, p. 76), que "nunca chegam a explicitar-se como metas educativas a atingir de maneira institucional" (Torres, 1991, p. 198). Nesse sentido, um dos grandes desafios das práticas educativas informadas a partir da EP é conseguir a coerência entre o currículo expresso ou explícito e o oculto. Para isso, uma boa medida de autocontrole consiste em responder às perguntas como as que apresentamos a seguir (Avon, 1983):

Objetivos

- Como e quem definiu os objetivos e propósitos da escola?
- Até que ponto a totalidade dos alunos conhece bem esses objetivos?
- Que grau de acordo se obteve e por que meios?
- Há ou houve reuniões regulares de todos os envolvidos? Dedicou-se tempo e energia suficientes para isso?

Organização

- Qual é o grau de discussão acerca das pautas organizacionais?
- Quais são os canais de comunicação?
- Existem grupos ou estruturas que estejam em conflito direito ou indireto com outros?
- Até que ponto se permitem/encorajam na escola práticas democráticas?
- Qual é o grau de responsabilidade e de oportunidade que têm os alunos e professores para participar da tomada de decisões?

Relações

- Que tipo de relações se manifestam entre o pessoal, docente e não-docente, alunos, entre os próprios alunos e o pessoal?

EDUCAÇÃO PARA A PAZ **241**

- Que tipo de hierarquia existe dentro de cada estamento e como operam?
- Os alunos são objeto de tratos nos quais intervenham componentes derivados de papéis de sexo ou de raça?
- Como o pessoal resolve suas divergências e desacordos?
- Como se resolvem os conflitos de todo o tipo?
- Ocorrem incoerências nas atitudes, práticas ou condutas que produzam mensagens conflituosas?

Atitudes

- Enfatiza-se a concorrência ou a cooperação? Como se fomentam?
- Enfatizam-se as recompensas ou os castigos?
- Que atitudes são evidentes na escola com relação às questões de consciência?

Ou seja, trata-se de dirigir nosso olhar reflexivo para o tipo de currículo com o qual trabalhamos, sua justificativa e articulação no sistema educativo, seus objetivos e procedimentos para sua realização, etc. Enfim, de uma perspectiva crítica reflexiva devemos examinar tanto as questões didáticas e organizacionais, como as sociais, políticas e filosóficas que intervêm no currículo.

Como assinala Bernstein, "a ideologia de uma escola pode ser considerada como uma construção em um espelho através do qual as imagens se refletem. A questão é a seguinte: que pessoas reconhecem a si mesmas como providas de valor nessa imagem? Que outras imagens são excluídas pela imagem de valor dominante de maneira que alguns estudantes são incapazes de reconhecer-se a si mesmos?" (1990, p. 126). Enfim, voltando ao questionário elaborado pelo Departamento de Educação do Condado de Avon (Inglaterra), devemos responder à seguinte pergunta-síntese: os objetivos, a organização, as relações e as atitudes presentes na escola reforçam ou sufocam os objetivos e enfoques próprios da Educação para a Paz?

UNIDADES DIDÁTICAS

Mediante as unidades didáticas, concretizamos o projeto curricular de etapa e o projeto educativo da escola no contexto do grupo com o qual se trabalha. Com relação aos temas transversais, costumamos utilizar duas formas complementares de trabalho:

1. Concretização das atividades comuns da escola no grupo específico com o qual se trabalha.

242 XESÚS A. JARES

2. Integração dos temas transversais nas unidades didáticas. Essa via, que é a mais comum, a mais frutífera e a que nos interessa nesse ponto, tem, por sua vez, três possibilidades (Jares, 1992b):
   – Trabalhar certos elementos curriculares de algum tema transversal em uma unidade didática determinada.
   – Elaborar unidades didáticas interdisciplinares entre duas ou mais áreas nas quais se incluem conteúdos transversais.
   – Elaborar unidades didáticas específicas sobre algum conteúdo de um ou mais temas transversais coincidentes com os conteúdos de alguma área.

Um exemplo do primeiro caso seria o tratamento didático, com suas atividades correspondentes, de certos usos da língua que significam uma discriminação sexual ou de outro tipo (tema transversal da educação para a igualdade entre os sexos), englobado em uma unidade didática sobre a utilização oral ou escrita da língua na área de língua castelhana ou literatura ou língua galega, no caso da galícia.

Um exemplo do segundo caso seria a elaboração de uma unidade didática sobre a discriminação na qual seus objetivos e conteúdos e as atividades correspondentes são elaborados e realizados em torno desse conceito a partir de diferentes áreas, como as de língua castelhana e língua galega, a de ciências sociais, a de ciências naturais, a de educação física, etc., e no qual intervêm diversos temas transversais: fundamentalmente educação para a paz, educação para a igualdade entre os sexos, educação para a saúde.

Um exemplo do terceiro caso seria a realização de uma unidade didática na área de ciências sociais, geografia e história no ensino médio sobre "Os conflitos no mundo atual" (Educação para a Paz).

As estratégias de elaboração também são diferentes. No primeiro caso, um conteúdo atitudinal complementa e ao mesmo tempo afeta transversalmente os demais conteúdos de natureza diversa da unidade didática. No segundo caso, ao contrário, diferentes áreas, com seus diferentes campos de conhecimento, são colocadas a serviço do estudo de um tópico de um ou mais temas transversais, como é o caso da discriminação. No terceiro caso, um professor/a seleciona os conceitos, os procedimentos e as atitudes do currículo de sua área coincidentes com os conceitos, os procedimentos ou as atitudes de um ou mais temas transversais.

No que se refere à estrutura de cada unidade, seguimos o esquema clássico, isto é: objetivos, conteúdos (conceitos, procedimentos e atitudes), atividades de aprendizagem (nas quais incluímos os materiais) e critérios de avaliação. Ao final de cada programação, acrescentamos as fichas de trabalho. Também temos de deixar claro que a ordem em que são colocadas as atividades de aprendizagem não correspondem com sua distribuição no tempo que, conscientemente, e por razões óbvias, deixamos a critério de cada docente.

EDUCAÇÃO PARA A PAZ **243**

Apresentamos a seguir, a título de exemplo, uma proposta de unidade didática para trabalhar dois elementos centrais da EP, que são o conflito e a convivência.

UM EXEMPLO DE UNIDADE DIDÁTICA:
CONFLITO E CONVIVÊNCIA NAS ESCOLAS

Objetivos

- Tomar consciência da realidade dos conflitos em todas as esferas ou em todos os âmbitos da vida.
- Reconceituar o conflito como não-negativo em si mesmo e como necessário, em muitas ocasiões, tanto para o crescimento pessoal como social.
- Identificar os diferentes tipos de conflito que se podem produzir em uma escola.
- Gerar atitudes positivas em relação ao conflito e sua resolução nãoviolenta.
- Favorecer e adquirir destrezas na resolução nãoviolenta dos conflitos.
- Impulsionar atitudes contrárias ao uso da violência como modo de resolução de um conflito.

Conteúdos

Conceitos

- Causas da percepção negativa do conflito.
- Definição da estrutura do conflito.
- Distinção entre falso conflito e conflito genuíno ou real.
- Percepção e conflito. Reconhecer os problemas de percepção, preconceitos, etc. que podem ocorrer na compreensão de um conflito.
- Causas mais habituais e tipos de conflito.
- Formas de enfrentamento.
- Processo de intervenção. Fases.
- Métodos de resolução nãoviolenta de conflitos: negociação, mediação e arbitragem.
- Diferença entre conflito e violência.
- Crítica do erro científico que concebe o ser humano violento por natureza.
- A violência como forma de abordar os conflitos. Violência e poder. Formas de luta nãoviolenta.
- Paz e convivência democrática. Os direitos humanos.

244 XESÚS A. JARES

Procedimentos

- Identificar e analisar os diferentes elementos do conflito em diversos casos ou situações conflituosas.
- Simular situações de negociação e mediação de conflitos.
- Gerar procedimentos de auto-exploração e auto-abertura na análise de conflitos que nos possam afetar na vida real.
- Aprender procedimentos de escuta ativa.
- Inferir processos no conhecimento de conflitos.
- Imaginar fórmulas alternativas na resolução de determinados conflitos.

Atitudes

- Favorecer atitudes positivas em relação ao conflito.
- Reconhecer o conflito como um processo consubstancial a nossas vidas e não-negativo em si mesmo.
- Estimular formas positivas de enfrentar o conflito.
- Ter consciência dos principais conflitos que existem na escola e adotar uma atitude positiva para sua resolução.
- Gerar atitudes e processos de autoconhecimento de nosso papel habitual nos conflitos.
- Respeitar os companheiros e as companheiras nas possíveis diferenças ou alternativas a um conflito.
- Favorecer atitudes de abertura e curiosidade em relação às posições dos demais.
- Apreciar as possíveis qualidades positivas do enfrentamento positivo de determinados conflitos.
- Sensibilizar sobre o valor da cooperação e o respeito para a convivência em uma sociedade democrática e pacífica.
- Tomada de consciência em favor dos direitos humanos como norma de convivência para todas e todos.
- Impulsionar estratégias contrárias ao uso da violência como forma de resolução dos conflitos, favorecendo atitudes de participação e de compromisso com a resolução nãoviolenta dos conflitos.

Atividades de aprendizagem

a) Exploração de conhecimentos e atitudes prévios sobre o conflito. Temos diferentes possibilidades: debate, questionário (ver um exemplo em Jares, 1999, p. 235-236), barômetro de valores, etc.

EDUCAÇÃO PARA A PAZ **245**

b) Turbilhão de idéias sobre os conflitos em nossa escola: "Quais são os conflitos que percebemos em nossa sala de aula e na escola?"
c) Dinâmicas de esclarecimento de valores. Além das que vimos no capítulo anterior, podemos realizar um "barômetro de valores" sobre o conflito (ver a explicação da dinâmica no capítulo anterior). Entre as frases que podemos utilizar sugiro as seguintes:
  – "Na escola, assim como na vida, quando aparece um conflito, o melhor é evitá-lo."
  – "Os conflitos fazem parte de nossa existência, pois o ser humano é violento por natureza."
  – "A única forma de resolver os conflitos é mediante a violência."
  – "Um aluno bem-educado é aquele que sempre obedece."
  – "Uma sala de aula ou escola em que não há conflito é uma sala de aula ou escola bem-gerida.
  – "Os conflitos são o câncer da sociedade."
  – "Podemos qualificar a situação dos alunos nas escolas como efeito pêndulo. Passou-se de uma situação na qual não tinham nenhum direito para a situação atual, em que têm todos os direitos e nenhum dever."
d) Estudos de caso: análise de diferentes tipos de conflito ligados à convivência nas escolas e em diferentes contextos. Trata-se de analisar sua estrutura, seus processos de resolução e as temáticas que apresentam. Além dos exemplos que expusemos no capítulo anterior, vejam-se as Fichas n. 1, n. 2 e n. 3.
e) Exercícios de parafrasear e de escuta ativa: para trabalhar a comunicação no conflito. Ficha n. 4.
f) Leitura e análise de textos literários nos quais se descrevam determinados conflitos. Análise dos mesmos; alternativas e obstáculos para sua resolução; etc. Além dos exemplos que vimos no capítulo anterior, veja-se a Ficha n. 5 para trabalhar o tema da estrutura do conflito e introduzir a mediação.
g) Jogos de papéis para se exercitar no conhecimento e na tomada de consciência de determinados conflitos. Também para treinar nas estratégias de resolução, como a negociação e a mediação. Além dos exemplos que expusemos no capítulo anterior, veja-se a Ficha n. 6.
h) Jogos de simulação para analisar nossas respostas diante de determinadas situações ligadas à convivência e aos conflitos. Além dos exemplos que vimos no capítulo anterior, propomos o jogo "O gato e o rato" para analisar as relações de poder e domínio (Jares, 1992b, p. 62-63).

246 XESÚS A. JARES

Fichas de trabalho

FICHA 1. ESTUDO DE CASO: RUBÉN E MINA

Rubén e Mina são dois colegas de sala de 2º de ESO que todos os dias voltam juntos caminhando para casa. Um dia vêem uma turma de meninos molestando Sofía, que está na mesma sala deles. Ficam um tempo olhando a certa distância, vendo que tiram dela a mochila e o gorro, e passam de mão em mão entre eles, enquanto a empurram e lhe passam rasteiras.

A certa altura, fica difícil para Sofía manter o equilíbrio, pelos diversos e cada vez mais intensos empurrões. Quando Rubén e Mina se aproximam do grupo, observam que Sofía está chorando, enquanto as risadas e os empurrões aumentam. Rubém reconhece vários membros da turma, conhecidos por fazer esse tipo de prática como "forma de diversão". Um deles fica olhando para os dois e lhes pergunta em tom ameaçador se está acontecendo alguma coisa e que circulem, pois a coisa não é com eles. Como Rubén e Mina continuam olhando, a mesma pessoa repreende-os novamente: "O que foi que eu lhes disse? Querem sair ou preferem que a gente tire vocês?" Enquanto isso, outros membros da turma avançavam em direção a eles em tom ameaçador.

Questões

1. Leitura do caso.
2. Identifique a estrutura do conflito: causas, protagonistas, processo e contexto.
3. Como avalia a atitude dessa turma?
4. O que você teria feito no lugar de Rubén e Mina?
5. Como trataria o caso se estivesse nessa situação?
6. E se estivesse no lugar de Sofía?
7. Você viu ou viveu alguma situação semelhante?
8. Se pedissem sua opinião para resolver este caso, como você faria?

Fonte: Original

FICHA 2. ESTUDO DE CASO: ROUBO DE ALIMENTOS

São 8h20min da manhã. A essa hora, os dois grupos dos maiores de uma república juvenil entram no refeitório, a 10 minutos antes da hora do café da manhã. No refeitório, sentam-se dois a cada mesa – estas têm capacidade de seis lugares –, e em seguida começam a tomar seu café, de modo que às 8h30min já terminaram sua atividade. Nesse café, tomaram sua parte e a dos demais membros da mesa, ausentes nesse momento.

Nas mesas que não puderam ocupar por falta de pessoas, os que vierem depois verão que as cafeteiras estão quase vazias e as porções de manteiga, pão e geléia diminuídas. Quando chegam as outras crianças da república, não há alimento suficiente.

Dessa atividade, participaram os 26 rapazes que formam os dois grupos maiores, exceto um. Quando chega o ônibus escolar, adotam atitudes hostis em relação a um rapaz que sobe ao mesmo tempo, impedindo seu acesso até que eles próprios tenham subido.

Essas ações são esporádicas e dirigem-se ao grupo de idade imediatamente inferior.

(Texto publicado em Educadores de la Residencia Juvenil
A. Machado, 1987, p. 122-123)

(Continua)

EDUCAÇÃO PARA A PAZ **247**

(Continuação)

Questões

1. Leitura.
2. Qual sua opinião sobre a atitude adotada pelos grupos de maiores da república?
3. Que causas ou explicações encontra para esse comportamento?
4. Como acha que se sentirá o único rapaz do grupo de maiores que não participa de seus comportamentos? E as relações de seus colegas com ele?
5. Além de seus comportamentos no refeitório, os grupos de maiores impõem "sua lei" na hora de pegar o ônibus. Como você reagiria se estivesse nessa residência e não fosse do grupo de maiores? Que tipo de medidas proporia?
6. E se você fosse do grupo de maiores?
7. Que papel acha que deveriam desempenhar os educadores da residência nesse conflito?
8. Debate propostas de solução do conflito do grupo-classe.

Fonte: Original

FICHA 3. ESTUDO DE CASO

"Um Instituto de A Coruña pune 10 alunos de ESO por omissão de ajuda. Assistiram impassíveis à surra dada por uma dezena de colegas do Secundário em outro" (La Voz de Galicia, 28/6/99).

Pode-se pecar por omissão, e a negação de ajuda é um delito, de modo que o Instituto Rafael Dieste de A Coruña puniu 10 alunos do Secundário por não prestarem ajuda a um colega quando outro grupo de estudantes combinou de "encurralá-lo". Pelo menos uma dezena de alunos cercou a vítima e se lançou contra o rapaz a pontapés sob as vistas dos jovens que, nesse momento, estavam na sala, dos quais apenas dois, segundo o agredido, prestaram-lhe ajuda e nenhum solicitou auxílio aos professores. Apenas dois dos "atores" foram identificados e notificados.

A Coruña.
R. Domínguez. Redacción

O episódio de violência na sala de aula ocorreu no dia 29/4/99 em decorrência de um incidente anterior entre dois alunos, que tinha motivado a exclusão temporária de um deles da escola. O excluído decidiu tomar a revanche por sua conta e, ignorando o castigo, dirigiu-se à escola escoltado por uma dezena de amigos para procurar seu rival.

Este estava no recreio, mas não no pátio, e sim na sala de aula, onde também estavam pelo menos outros 12 alunos de ESO, entre 13 e 15 anos. Ao que parece, os agressores cercaram o rapaz e avançaram a pontapés contra ele, até que, alertado pelo barulho, o diretor veio ver o que estava acontecendo. "Encontrei o rapaz estendido no chão e gemendo", disse, mas o jovem "não necessitou de assistência médica". Enquanto o ajudavam, os agressores escaparam, mas a escola abriu uma sindicância, porque "não devemos ficar impassíveis diante da violência".

O instrutor falou com as testemunhas e só conseguiu identificar dois dos agressores. "Os rapazes se encobrem", comentou o diretor. O conselho escolar, com o apoio dos representantes de pais e alunos, decidiu não apenas pedir ao organizador da surra que mudasse de escola e impor um mês de suspensão das aulas ao outro agressor, como também punir a passividade dos espectadores com três dias de suspensão, "não por não intervirem na confusão – assinalou o diretor –, mas por não pedirem ajuda ou fazer algo diante de uma surra, porque era surra, não briga".

(Continua)

248 XESÚS A. JARES

(Continuação)

Protestos dos pais por incitar a intervenção em uma briga

Em face do conflito – a escola nunca tinha registrado um evento similar até então –, houve a mediação de um inspetor de educação, que, além de reconhecer a dificuldade de determinar a responsabilidade de cada um dos rapazes no caso, recentemente ainda lembrou que "uma escola é como uma casa e o direito à educação é também procurar corrigir condutas de inibição ou de expectativa diante da violência". Os pais de dois alunos punidos expressaram seu desagrado pela suspensão por três dias, porque "digo sempre a meus filhos que, quando virem uma briga, não se metam".

Recurso

Além de anunciar a impetração de um recurso perante a Delegacia de Educação, os pais sustentam que "não nos consta que o conselho escolar tenha se reunido, nem que se tenha seguido o decreto de convivência", dado que "não ouviram os rapazes", que "não podiam fazer nada porque um estava olhando pela janela e o outro tinha acabado de entrar na sala de aula quando viu a confusão e chegou o diretor".

A escola assinalou que, em todo o caso, durante os três dias de suspensão de freqüência às aulas, "passou matéria aos alunos para trabalharem em casa" (*La Voz de Galicia*, 28/6/99).

Questões

1. Leitura do caso.
2. Identifique a estrutura do conflito: protagonistas, causas, processo que se seguiu e contexto no qual se produz.
3. Qual sua opinião sobre o castigo aos alunos "espectadores"?
4. O que você acha da resposta dos pais?
5. Você acredita, como diz o diretor, que diante da violência "não devemos ficar impassíveis"?
6. Se você estivesse nessa escola, como reagiria?
7. Que medidas proporia para evitar este tipo de conflitos desnecessários: a) se fosse aluno/a; b) se fosse pai ou mãe; c) se fosse o diretor?
8. Você conhece situações semelhantes? Em caso positivo, como reagiu e como está o problema agora?

Fonte: Original

FICHA 4. EXERCÍCIOS DE PARAFRASEAR

Parafrasear é um processo mediante o qual o receptor repete ou sintetiza para o emissor a mensagem que este emite, para que este, por sua vez, confirme a veracidade do que foi expressado. De forma coloquial, costumo chamá-lo, nos exercícios de treinamento, de "efeito espelho", já que o receptor devolve o mais literalmente possível a mensagem ao emissor.

Metodologia. Os membros do grupo distribuem-se por pares. Um dos dois começa lançando uma mensagem ao outro, que ouve para em seguida parafrasear. Depois, trocam as funções. A pessoa que expõe deve pensar em selecionar um texto breve ou escrever antes o que vai dizer, expressando os sentimentos e desejos apropriados ao caso. A pessoa que ouve tenta compreender a que fala, sem emitir juízos nem avaliações próprias. Ao mesmo tempo, procura identificar e separar os fatos dos sentimentos. Pode fazer-lhe perguntas para certificar-se de que compreende bem o caso antes de responder-lhe.

(Continua)

EDUCAÇÃO PARA A PAZ **249**

(Continuação)

Exercício n. 1

Não posso acreditar. Cheguei 5 minutos atrasado na aula e o professor me cai em cima. Nem sequer perguntou por que me atrasei: furou o pneu do ônibus. No entanto, veja o que ele fez. Esse professor só quer me envergonhar diante dos outros (Lederach, 1985).

Exercício n. 2

Os do 3º ano não têm compostura. Em todos os jogos, eles se atiram como animais. Não sabem jogar. Outro dia estávamos jogando uma partida de basquete e de repente começaram a nos dar boladas, dando chutes na bola, e coisas desse gênero. Sempre fazem isso. Eu não quero mais saber deles e a partir de agora não jogam mais com minha bola.

Exercício n. 3

É impossível trabalhar com Breixo. Sempre tem de fazer do jeito que ele diz. Outro dia estávamos na minha casa fazendo um trabalho de geografia e ele cismou que tinha de fazer os mapas como ele queria. Além disso, é sempre contra qualquer idéia ou sugestão que não seja a sua. Para completar, suas propostas são sempre as mais interessantes, as mais criativas e as que têm mais fundamento.

Fonte: Jares, 1999.

FICHA 5. TEXTOS LITERÁRIOS: MOMO (FRAGMENTO)

Texto

Um belo dia, apareceram no anfiteatro dois homens que tinham brigado de morte e que, mesmo sendo vizinhos, pararam de se falar. As pessoas os aconselharam a procurar Momo, pois não era possível entre vizinhos viver na inimizade. A princípio, os dois homens se negaram. Finalmente, acabaram concordando a contragosto. Ali estavam os dois, no anfiteatro, mudos e hostis, cada um de um lado das filas de bancos de pedra, olhando para a frente, sombrios. Um deles era o pedreiro que tinha feito a chaminé e o belo quadro de flores que havia no quarto de Momo. Chamava-se Nicola e era um tipo forte, com um bigode preto e espesso. O outro se chamava Nino. Era magro e parecia sempre um pouco cansado. Nino era arrendatário de um pequeno estabelecimento na periferia da cidade. Nino e sua mulher gorducha também eram amigos de Momo e muitas vezes tinham trazido coisas boas para ele comer.

Como Momo se deu conta de que os dois estavam aborrecidos, não soube no início com quem se sentar primeiro. Para não ofender nenhum deles, acabou se sentando na borda de pedra do palco a igual distância de ambos, e olhava alternadamente para um e para outro. Simplesmente esperava para ver o que acontecia. Algumas coisas precisam de tempo, e tempo era a única coisa que Momo tinha de sobra. Os dois homens ficaram assim um bom tempo, até que Nicola se levantou de repente e disse:

  – Eu vou embora. Eu demonstrei que tinha boa vontade vindo aqui. Mas você vê, Momo, como ele é teimoso. Para que esperar mais?
  E, de fato, virou-se para sair.
  – Vai, anda! – gritou Nino. – Não faria falta alguma que viesse. Eu não me reconcilio com um criminoso.
  Nicola deu meia-volta. Seu rosto estava vermelho de raiva.
  – Quem é criminoso? – perguntou em tom ameaçador, e voltou ao seu lugar. – Repita!

(Continua)

250 XESÚS A. JARES

(Continuação)

– Repetirei quantas vezes você quiser! – gritou Nino. – Você acha que porque é grande ninguém se atreve a dizer as verdades na sua cara? Eu me atrevo, e digo a você e a quem quiser ouvir. Anda, vem me matar, como você já tentou fazer.

– Era o que eu devia ter feito! – rosnou Nicola, cerrando os punhos. – Está vendo, Momo. Como ele mente e calunia. Só o agarrei pelo colarinho uma vez e o joguei no charco que tem atrás da espelunca dele. Nem uma ratazana se afoga ali.

Voltando-se de novo para Nino gritou:

– Infelizmente você ainda está vivo, como se pode ver.

Durante um tempo lançaram-se em uma e outra direção os piores insultos, e Momo não conseguia entender do que se tratava e por que os dois estavam aborrecidos. Mas, pouco a pouco, ficou sabendo que Nicola tinha cometido aquela selvageria porque antes Nino tinha lhe dado uma bofetada diante de alguns fregueses seus. A isso, por sua vez, antecedera a tentativa de Nicola de fazer em pedaços toda a louça de Nino.

– Não é verdade! – defendeu-se chateado Nicola. – Só atirei uma única jarra na parede que, além disso, já estava rachada.

– Mas a jarra era minha, sabia? – respondeu Nino. – E, além de tudo, você não tem direito de fazer isso. Nicola achava que tinha direito, sim, porque Nino o ofendera em sua honra de pedreiro.

– Sabe o que ele disse de mim? – gritou, dirigindo-se a Momo. – Disse que eu não era capaz de construir uma parede reta, porque estava sempre bêbado, dia e noite. Que era igual ao meu tataravô, que trabalhou na torre inclinada de Pisa.

– Mas, Nicola, isso era só uma brincadeira – respondeu Nino.

– Bela brincadeira! – protestou Nicola. – Não tem graça nenhuma.

Ficou claro então que Nino só tinha devolvido uma brincadeira anterior de Nicola. Porque uma manhã viu que haviam escrito em sua porta, com grandes letras vermelhas: "Um homem inútil só serve para dono de bar". E Nino, por sua vez, não tinha achado graça nenhuma nisso. Durante um tempo discutiram, muito seriamente, sobre qual das duas brincadeiras era pior, e ficaram com mais raiva ainda. Mas, de repente, se calaram.

Momo observava-os com os olhos arregalados, e nenhum conseguia entender aquele olhar. Será que, por dentro, ela estava rindo deles? Ou estava triste? Seu rosto não revelava. Mas, de repente, os dois homens tiveram a sensação de estarem olhando a si mesmos em um espelho, e começaram a sentir-se envergonhados.

– Bem, Nino – disse Nicola –, talvez eu não devesse ter escrito aquilo na sua porta. Eu não teria escrito se você não tivesse recusado servir-me outro copo de vinho. Isso é contra a lei, sabia? Porque eu sempre te paguei e você não tinha razão para me tratar assim.

– Pois eu acho que tinha! – respondeu Nino. – Você não se lembra mais do caso do Santo Antônio? Ah, agora você ficou pálido! Porque você me deu um golpe de mestre; e eu não tenho por que agüentar isso.

– Então fui eu quem te deu um golpe? – gritou Nicola. – Ao contrário! Você queria me enganar, só que não conseguiu.

O caso era o seguinte: no pequeno estabelecimento de Nino havia uma pequena imagem de Santo Antônio pendurada na parede. Era uma foto colorida que Nino certa vez recortou de uma revista. Um dia, Nicola quis comprar essa imagem; segundo dizia, porque gostava muito dela. Regateando habilmente, Nino conseguiu que Nicola lhe desse em troca seu velho rádio. Nino se

(Continua)

EDUCAÇÃO PARA A PAZ **251**

(Continuação)

achou muito esperto, porque Nicola estava fazendo um péssimo negócio. Fecharam o acordo. Mas depois se viu que entre a imagem e a moldura de papelão havia uma nota de dinheiro, que Nino desconhecia. De repente, era ele que havia feito um mau negócio, e isso o deixou aborrecido. Exigiu que Nicola lhe devolvesse o dinheiro, porque isto não fazia parte do trato. Nicola se negou, e então Nino não quis servir-lhe mais nada. Assim tinha começado a briga.

Ao chegar ao ponto inicial da questão que os indispôs, ficaram um tempo calados. Então Nino perguntou:

– Diga-me agora, honestamente, Nicola: você já sabia desse dinheiro antes da troca ou não?
– Claro que sim; caso contrário não teria feito a troca.
– Então, você há de concordar que me deu um golpe.
– Por quê? É sério que você não sabia nada desse dinheiro?
– Não, palavra de honra.
– Pois veja! Era você que queria me dar um golpe. Como você podia pedir meu rádio em troca de um pedaço de papel de jornal?
– E como você ficou sabendo do dinheiro?
– Duas noites antes eu vi um cliente enfiá-lo ali como oferenda a Santo Antônio.

Nino mordeu os lábios:

– Era muito?
– Nem mais nem menos do que valia meu rádio. – respondeu Nicola.
– Então – disse Nino pensativo –, toda nossa briga é apenas pelo Santo Antônio que eu recortei de uma revista.

Nicola coçou a cabeça:

– Na verdade, sim. Se você quiser, eu lhe devolvo, Nino.
– Deixa para lá! – respondeu Nino, com muita dignidade. – O que se dá, não se tira. Um aperto de mãos basta entre cavalheiros.

E, de repente, ambos começaram a rir. Desceram os degraus de pedra, encontraram-se no meio da plataforma central, abraçaram-se dado tapas nas costas. Depois, os dois abraçaram Momo e lhe disseram:

– Muito obrigado!

Quando, enfim, se foram, Momo continuou acenando-lhes durante muito tempo. Estava muito contente porque seus dois amigos se reconciliaram.
(Michael Ende (1985): *Momo*, Alfaguara, Madrid).

Questões

1. Leitura.
2. Identifique a estrutura desse conflito.
3. Que papel cumpre Momo nesse caso?
4. Identifique os passos do processo de mediação que são dados nesse caso.
5. Como se chegou a resolver esse conflito?
6. Você viu ou desempenhou o papel de mediador na resolução de um conflito?

Fonte: Original

252 XESÚS A. JARES

FICHA 6. JOGO DE PAPÉIS: A EXCURSÃO DO 4º ANO DE ESO

Situação

A situação transcorre no salão de eventos de um Instituto de Educação Secundária Obrigatória (ESO). Tradicionalmente, nessa escola, os tutores de 4º ano encarregam-se todos os anos de organizar as atividades de arrecadação de fundos, falar com os pais, etc., para a excursão de fim de ano, que costuma durar uma semana. A ação transcorre durante uma assembléia de pais de 4º ano de ESO, convocada pela direção para tratar desse assunto. O problema apresenta-se no mês de março, quando os tutores de 4º ano decidem não ir à excursão, alegando o problema de responsabilidade civil. Ou melhor, dos três tutores, dois colocam essa questão, já que o terceiro está de acordo em que se deva realizá-la, especialmente porque já foram tomadas várias iniciativas para arrecadar fundos. Além disso, argumenta que não é o momento de levantar essa questão, mas, no caso, deveriam ter feito isso no início do ano e antes que os alunos "embarcassem" em tudo o que já tinha sido feito. Esse é o motivo pelo qual não participa da assembléia. É preciso dizer que, a esse respeito, está de acordo com a direção da escola.

O ambiente entre os alunos do 4º ano e de boa parte dos pais (que também participaram e trabalharam em diversas iniciativas para arrecadar fundos) é muito ruim, e estão muito descontentes com a atitude dos tutores e da escola sobre esse assunto. Entre os alunos, chega-se a ventilar a possibilidade de paralisar as aulas se não se fizer mesmo a excursão. Acham que o dinheiro arrecadado é deles e é para a excursão, e não para outra coisa. Sentem-se fraudados.

Previamente a essa assembléia, o diretor havia convocado o colegiado de professores para informá-los sobre a situação criada e ver se algum membro desse órgão estaria disposto a substituir os dois tutores do 4º, que agora se negavam a ir. Ninguém do colegiado aceitou a proposta, alegando que era um assunto dos tutores de 4º e que, legalmente, ninguém podia obrigá-los a ir à excursão.

Diante dessa situação, a direção decide convocar os pais dos alunos de 4º ano para lhes relatar como está a situação e ver que tipo de alternativa se pode adotar.

Papéis

- *Diretor/a*: compreende os motivos alegados pelos tutores, mas discorda totalmente do momento em que se tomou a decisão, pois entende que deveriam ter feito isto antes de começar a arrecadar fundos e ter-se criado um ambiente favorável à excursão na escola. Além disso, acha uma grande maldade fazer isso com os jovens, mas se sente impotente para solucionar o conflito depois de ter conversado com os tutores e estes terem ratificado sua negativa. Fez uma consulta à Delegacia de Educação e lhe disseram que, para levar a cabo a excursão, os professores teriam de ir voluntariamente; se estes se negarem e os pais quiserem fazer isso, teria de ser fora do período letivo e sem nenhum tipo de vínculo institucional com a escola.
- *Chefe/a de estudos*: adota a postura de esquivar-se do conflito. Postura autoritária e paternalista com as mães e pais de alunos/as. Fiel a seu espírito corporativista, defende os tutores, afirmando que estão no seu direito e que antes de saber o que pode ocorrer com a não-realização da excursão estão eles. Além disso, argumenta que eles não são pagos para passear com os alunos. Acha que essa reunião nem sequer deveria ser realizada, e muito menos levar em conta as opiniões e colocações dos alunos/as. Lembra, inclusive, quando ocorre uma intervenção dos alunos/as na assembléia, que eles não deveriam estar ali. Para ele/a é um conflito inexistente, que se produz pelo que considera "fraqueza" do diretor/a.
- *Tutores/as A e B de 4º ano de ESO*: estão acovardados/as. Percebem que agiram sem rigor e que provocaram uma grande confusão, mas têm muito medo de sair com os

(Continua)

EDUCAÇÃO PARA A PAZ **253**

(Continuação)

alunos em excursão pelo problema da responsabilidade civil no caso de haver algum contratempo. Nesse sentido, mantêm-se firmes em sua decisão de não ir à excursão. Sugerem como alternativa que o dinheiro arrecadado seja investido em uma festa "em grande estilo" na escola. Mostram-se surpresos com as ameaças dos alunos, mas não as levam em conta, como também não levam em conta suas propostas.

– *Mães/pais Grupo A*: estão muito contrariados. A medida parece-lhes inaceitável, chegando a associar a posição dos tutores com o que consideram uma prática profissional habitual dos professores: falta de ilusões e de vontade de trabalhar. Embora estejam de acordo com a gestão da direção, criticam-na nesse caso por permitir a situação, argumentando que, se um dos tutores vai, deveriam obrigar os outros dois a cumprir seu compromisso.

– *Mães/pais Grupo B*: pedem que se faça a excursão, alegando a enorme expectativa criada nos meninos/as. Não se confrontam diretamente com os tutores, mas tentam convencê-los, insistindo em que se os três organizaram tudo, eles devem levar até o fim essa atividade. No transcorrer da reunião, alguns deles se oferecem voluntariamente para ir à excursão como ajudantes dos professores.

– *Mães/pais Grupo C*: é o grupo minoritário. Não lhes parece um caso tão grave, nem dão importância ao fato de não se fazer a excursão. Acham que terão tempo de ir a outras oportunidades, porque o importante são os estudos, que é o que os meninos/as têm de fazer. Seu objetivo é encontrar uma solução para o dinheiro arrecadado e que tal problema não volte a acontecer dali para a frente.

– *Representantes Junta Diretiva do AMPA (Associação de Mães e Pais de Alunos/as)*: receberam as queixas de diversas mães e pais por esse fato, e tentam forçar uma solução para evitar que os alunos/as fiquem sem excursão. Conhecem a posição da administração e da direção, por isso tentam fazer com que o colegiado indique dois membros que, a persistir a negativa dos dois tutores, os substituam. Nenhum deles poderia ir à excursão, entre outras coisas, porque não têm filhos no 4º ano, mas apóiam institucionalmente que ela seja feita e que não se perca esta tradição, que consideram positiva para os alunos. Além disso, ao inteirar-se na reunião de que os alunos/as de 4º boicotariam as aulas, utilizam este argumento de peso para forçar a encontrar-se uma solução negociada, que evite esse extremo, sendo prejudicial para todos, especialmente para os alunos.

– *Alunos/as*: alguns deles estão na assembléia com suas mães/pais. Intervêm para recordar que não é justo que fiquem sem excursão depois de terem trabalhado para arrecadar fundos. Para eles, a alternativa da festa não é válida, porque para isso não seria necessário fazer tudo o que fizeram. Além disso, não escondem a expectativa de chegar ao 4º para poder ir à excursão, como seus colegas dos anos anteriores. Confirmam que, em função do que se decidir na reunião, a maioria dos meninas/as de 4º está pensando em fazer greve e não assistir às aulas.

Fonte: Original

Referências Bibliográficas

AA.VV. (1986): "Declaración sobre la violencia". *Revista de Estudios de Juventud,* n° 24, diciembre, pp. 107- 109.

AA.VV. (1996): "Célestin Freinet". *Revista Galega de Educación,* n° 26, abril-xuño, pp. 5-46.

AA. VV. (1997a): "La pedagogía Freinet". *Kikiriki,* n° 40, monográfico.

AA.VV. (1997b): *Los derechos humanos camino hacia la paz.* Seminario de Investigación para la Paz-Centro Pignatelli, Zaragoza.

AA.VV. (l999a): "Derechos humanos". *Cuadernos de Pedagogía,* n° 277, febrero, pp. 49-78.

AA. VV. (1988): "Educación y Derechos humanos". *Cuadernos de Pedagogía,* n° 164, noviembre, pp. 7-26.

AA. VV. (1999b): "Educación e dereitos humanos". *Revista Galega de Educación,* n° 33, monográfico.

ABBAGNANO Y VISALBERGHI (1986): *Historia de la Pedagogía.* F. C. E., Madrid.

ABRAHAM, H. J. (1975): *Los problernas mundiales en la escuela.* Atenas-Unesco, Salamanca.

ACSUR-LAS SEGOVIAS (1995): *Experiencias de educación para el desarrollo en el trabajo con jóvenes.* ACSUR – Las Segovias, Madrid.

ACSUR-LAS SEGOVIAS (1998a): *Guía de Educación para el desarrollo. Y tú... ¿cómo lo ves?* La Catarata, Madrid.

ACSUR-LAS SEGOVIAS (1998b)- *LA cultura de la solidaridad.* ACSUR-Las Segovias, Madrid.

ADARRA (1990a): *Centros de interés específicos con niños y niñas gitanos.* Adarra, Bilbao.

ADARRA (1990b): *Papel del profesorado de EGB con niños y niñas gitanos.* Adarra, Bilbao.

ADONGO, A. A. (1986): "Cuestiones importantes con las que se enfrenta el mundo de hoy. componentes involucrados en la educación". En Unesco-CMOPE. *Didáctica sobre cuestiones universales de hoy.* Unesco-Teide, Barcelona.

ALCOBÉ, J. (1983): "El MCEP i la pau". *Perspectiva Escolar,* n° 71, pp. 45-47.

ALCOBÉ, J. (1986): "Correspondencia interescolar para extender la comprensión entre los escolares y los sentimientos pacifistas". *Comunicación en las III Jornadas Municipales por la Paz y la Convivencia.* Toledo, 15 de septiembre.

ALFIERI, F. (1975): *El oficio de maestro.* Avance, Barcelona.

ALFIERI, F. Y OTROS (1981): *Profesión maestro. Las bases.* Vol. l. Reforma de la escuela, Barcelona.

256 REFERÊNCIAS BIBLIOGRÁFICAS

ALLAHWERDI, H. (1979): "La educación para el desarrollo en Finlandia como medio para la ciudadanía mundial". *Perspectivas*, vol. IX, n° 2.

ALMAZAN, I.; PORTA, M. Y BARBET, R. (1987). *Els llibres de text a debat* Fons catalá de Cooperació al desenv., Barcelona.

ALMENDROS (1932): "La correspondencia interescolar". *Revista de Pedagogía*. Vol. IX, pp. 248-253.

ALTAMIRA, R. (1922): *Valor social del conocimiento histórico*. Reus, Madrid.

ALTAMIRA, R.(1930): "Utilización de la historia en la educación moral". *Revista de Pedagogía*. Vol. IX, pp. 494-499.

ALTAMIRA, R.(1932): *Cuestiones internacionales y de pacifismo*. C. Bermejo, Madrid.

ALUFFI, A. (1985): "Analisi dei conflitti presenti all'interno della scuola, come punto di partenza per un educazione alla pace". En. G. MILANESI Y OTROS. *Educazione alla pace. Atti del IV Seminario interideologico promosso da Orientamenti*. Pedagogici tenutosi a Roma il 21-22-23 settembre 1984. Orientamenti Pedagogici, Roma.

ALUMNOS DE LA ESCUELA DE BARBIANA (1970): *Carta a una maestra*. Nova Terra, Barcelona.

ALUMNOS DE LA ESCUELA DE BARBIANA (1973): *Contraescuela*. ZeroZyx, Madrid.

AMNISTIA INTERNACIONAL (1989): *Apúntate a los derechas hulnanos!. Gula didáctica*. Amnistía Internacional, Madrid.

AMNISTIA INTERNACIONAL (1998): *Educación en derechos humanos*. La Catarata, Madrid.

ANTISERI, O. (1976): *Fundamentos del trabajo interdisciplinar*. Adara, A Coruña.

ARANGUREN GONZALO, L. M. (1997): "Educar en la reivención de la solidaridad". *Cuadernos Bakeaz*, n° 22, agosto.

ARENAL, C. (1989): "La noción de paz y la educación para la paz". En AA.VV: *Seminario sobre formación de monitores de educación para la paz*. Cruz Roja Española, Madrid.

ARGIBAY, M.; CELORIO, G. Y CELORIO, J. J. (1991): *La cara oculta de los textos escolares*. Bilbao, Universidad del País Vasco.

ASENSIO, J. M. (1989). *L'agresivitat a l'escola*. Ceac, Barcelona.

ASOCIACIÓN DE ENSEÑANTES CON GITANOS (1988): *Boletín del centro de doculnentación*, 2, octubre, pp. 4-II.

ASOCIACIÓN DE ENSEÑANTES CON GITANOS (1990): *Boletín del centro de documentación*, 4 (2), pp. 4-14.

AVON COUNTY COUNCIL (1983): *Peace Education. Guidelines for Primary and Secondary Schools*. Education Departament, Avon.

BARNES, D. (1929): "La educación para la paz". BILE, 829, 152.

BABANSKY, Y. K. (1986a): "Aproximaciones metodológicas a la educación para la paz y el desarme en la URSS" En. Unesco: *Anuario de estudios sobre paz y conflictos*. Fontamara-Unesco. Barcelona.

BALL, S. (1989): *LA micropolítica de la escuela. Hacia una teoría de la organización escolar*. Paidós-MEC, Barcelona.

BARAHONA, F. (1989): "Marco filosófico de la educación para la paz". En AA.VV: *Seminario sobre formación de monitores de educación para la paz*. Cruz Roja Española, Madrid.

BASTIDA, A. (1994): *Desaprender la guerra. Una visión crítica de la educación para la paz*. Icaria, Barcelona.

BAYADA, B. Y OTROS (1988): *Pour une education non-violente. Enjeaux Pédagogiques et sociaux. Non-Violence Actualité*, dossier V. Montargis (Francia).

BECKA, J. (1976): "Peace Education in Canada?". *Peace Research*, n°. 2, abril.

BELOTTI, E. G. (1984): *Las Inujeres y los niños primero*. Laia, Barcelona.

BELPERRON, R. (1977): *El fichero escolar*. Laia, Barcelona (2ª edición).

REFERÊNCIAS BIBLIOGRÁFICAS 257

BERNSTEIN. B. (1990): *Poder, educación y conciencia.* El Roure, Barcelona.

BOBBIO, N. (1963): "Prólogo". En: D. DOLCI: *Los bandidas de Dios.* Fontanella. Barcelona.

BOBBIO, N. (1991): *El tiempo de los derechos.* Sistema, Madrid.

BORRELLI, M. (1984a). "Diriti umani e metodologia per la pace". En: IPRI. *Se vuoi la pace educa alla pace* Abele, Turín (Italia).

BORRELLI, M. (1984b). "I concetti di violenza, pace ed educazione alla pace". En: IPRI: *Se vuoi la pace educa alla pace.* Abele, Turín (Italia).

BOSERUP, A. Y MACK, A. (1985): *Guerra sin armas. La noviolencia en la defensa nacional.* Fontamara Barcelona.

BOVET, P. (1922): *El instinto luchador.* Fco. Beltrán, Madrid.

BOVET, P. (1927): *La paix par l'ecole. Travaux de la Conference Internationale tenue a Prague du 16 au 20 avril 1927.* Ernest Flammarion Edt. París.

BOVET, P. (1928): *La Psicologia y la educación para la paz.* La Lectura, Madrid.

BOYD, W. (1931): *Hacia una nueva educación.* Espasa-Calpe, Madrid.

BROWN, L. R. (1979). "Aprendiendo a convivir en un pequeño planeta". *Perspectivas,* vol. IX, n°. 2.

BURNS, R. (1981): "Educación para el desarrollo y educación para la paz". *Perspectivas,* vol. XI, n°.2.

BURNS, R. Y WESTON, H. (1981): *Peace and World Order Studies. A Curriculurn Guide.* Institute for World Order, Londres.

BUTTURINI, E. (1985): "Educazione alla pace e lotta nonviolenta per la giustizia". En: G. MILANESI Y OTROS: *Educazione alla pace.* Atli del IV seminario interideologico promosso da Orientamenti Perdagogici tenutosi a Roma il 21-2223 settembre – 1984. Orientamenti Pedagogici, Roma.

CALVO BUEZAS, T. (1989): *Los racistas son los otros. Gitanos, minorías y Derechos Humanos en los textos escolares.* Popular, Madrid.

CALVO BUEZAS, T. (1990): *El racismo que viene: otros pueblos y culturas vistos par profesores y alumnos.* Tecnos, Madrid.

CAN (1981): "Educar para la noviolencia y el desarme". *Oveja Negra,* n°. 9.

CAN(1982): "Los niños de Getafe declaramos la paz". *Pastoral Misionera,* n°. 5, sep.-oct. Publicado también en *Cuadernos de Pedagogía,* n°. 112, abril, 1984.

CAN (1983): "Juguetes bélicos". *Oveja Negra,* n°. 20.

CAN(1985): "Noviolencia y educación". *Oveja Negra,* n°. 24.

CAPITAN DIAZ, A. (1984): *Historia del pensamiento pedagógico en Europa.* Dykinson, Madrid.

CAPITINI, A. (1967): "La scuola e la pace". En AA.VV.: *Educazione aperta. La Nuova Italia,* Florencia (Italia)

CARAZO, R. (1987): "Educar para la paz yel futuro". En A. MONCLÚS. *Educación para la paz.* Cruz Roja española, Madrid.

CARBAJALES, A. (1933): "El Magisterio y la paz". *Escuela de Trabajo,* n°. 19-20.

CARBONELL, I. (1994): "La invención de lo clásico". *Cuadernos de Pedagogía,* n°. 227, julio-agosto, pp. 7-8.

CARR, W. Y KEMMIS, S. (1986): *Teoría critica de la enseñanza. La investigación-acción en la forrnación del profesorado.* Martínez Roca, Barcelona.

CASCON, P. Y MARTIN, C. (1986): *La alternativa del juego. Fichas técnicas.* Colectivo Educar para la paz, Torrelavega (Cantabria).

CELA, P. (1985): "Educazione alla pace. Una prospectliva". *Ponencia* presentada en la II Edición de la Universidad Internacional de la Paz. Sant Cugat (Barcelona).

CELORIO, J. J. (1995): "La educación para el desarrollo". *Cuadernos Bakeaz,* n°. 9, junio.

258 REFERÊNCIAS BIBLIOGRÁFICAS

CENTRE Unesco DE CATALUNYA (1988): "Els nous drets humans". *Informacións*, n°. 31, pp. 2-20.

CENTRE Unesco DE CATALUNYA (1989): *Guia de materials educatius, Pau, Desenvolupalnent, Drets Humans* Centre Unesco de Catalunya, Barcelona.

CHICO GONZALEZ, P. (1970): *Educar para el futuro*. Bruño, Madrid.

CIARI, B, (1967): *Nuevas técnicas didácticas*. Iberoamericana, Madrid.

CIARI, B, (1979): *Modos de enseñar. Reforma de la Escuela*, Barcelona.

CIP (1997): *Desarrollo, cooperación y solidaridad, Más allá del 0,7%*

CIRIGUANO, G.F. Y VILLAVERDE, A. (1982): *Dinámica de grupas y educación*. Humanitas, Buenos Aires.

CLASSEN-BAUER, I. (1979): "Educación para la comprensión internacional". *Perspectivas*, vol. IX, n°. 2.

COBALTI, A. (1985): *Pace, ricerca sociale, educazione. La Nueva Italia*. Florencia (Italia).

COHEN, R. (1977): "Enfoque socioafectivo de la educación para la comprensión internacional a nivel de la enseñanza primaria". *La Comprensión Internacional en la escuela*. Unesco, n°. 33.

COLE, S. (1980): "The War system and the New International Economic Order: Directions for Disarmament". *Alternatives*, julio, pp. 247-286.

COLL, C. (1986a). "Hacia la elaboración de un modelo de diseño curricular" *Cuadernos de Pedagogía*. Barcelona.

COLL, C. (1986b). "Los niveles de concreción en el diseño curricular". *Cuadernos de Pedagogía*, n°. 139, julio-agosto.

COLL, C. (1987): *Psicología y currículum*. Laia, Barcelona.

COMUNIDAD DE MADRID (1990): *Apartheid la moderna esclavitud. Programa educativo*. Comunidad de Madrid-Comité Anti-apartheid, Madrid.

COORDINADORA DE ONG PARA EL DESARROLLO (1988). *Catálogo de materiales de educación para el desarrollo*. Comité Nacional Organizador Campaña Norte-Sur y SECIPI, Madrid.

CORZO, J. L. (1987): "Qué queda de Barbiana". *Cuadernos de Pedagogía*, n°. 154, diciembre, pp. 85-88.

COSER, L. (1956): *The functions of social conflict*. Free Press. Nueva York (EE.UU.).

CRUMP, G.F. (1983): *Peace education. Guidelines for Primary and Secondary Schools*. Avon County Council, Bristol (UK).

CRUZ ROJA ESPAÑOLA (1989): *Seminario sobre formación de monitores de educación para la paz*. Cruz Roja Española, Madrid.

CRUZ ROJA ESPAÑOLA (1990): *Juvenlud, desarrollo y cooperación*. Cruz Roja Española, Madrid.

CRUZ ROJA JUVENTUD(1990): "Cruz Roja Juventud y la cooperación al desarrollo". En: CRUZ ROJA ESPAÑOLA (1990): *Juventud, desarrollo y cooperación*. Cruz Roja Española, Madrid.

CURLE, A. (1974): "Teaching Peace". *The New Era*, vol. 55, n°. 7.

CURLE, A. (1977): *Educación liberadora*. Herder, Barcelona.

CURLE, A. (1978): *Conflictividad y pacificación*. Herder, Barcelona.

CURWIN, R.L. Y MENDLER, A.N. (1983): *Cómo fomentar los valores*. Ceac, Barcelona.

DAHRENDORF, R. (1959). *Class and class conflict in industrial society*. Standford Univ. Press Stanford (Calf.EE.UU). Edición castellana: R. DAHRENDORF (1970): *Clases sociales y su conflicto en la sociedad industrial*. Rialp. Madrid.

DAS, R. C. Y JANGIRA, N. K. (1986): "Objetivos, programas y métodos educativos en el estudio de la escuela primaria". En: Unesco-Cmope. *Didáctica sobre cuestiones universales de hoy*. Teide-Unesco, Barcelona

DA SILVA GOMES, A. Mª. (1995). "Educación antirracista e interculturalidad". *Cuadernos Bakeaz*, n° 10, agosto.

REFERÊNCIAS BIBLIOGRÁFICAS **259**

DAWSON, G. (1979): "Japón: ¿educación política o apolítica para la paz?" *Perspectivas,* vol. IX, n° 2.

DETTI, E. (1988): *Educazione a/lo sviluppo.* La Nuova Italia, Florencia (Italia).

DEUTSCH, M. (1971): "Conflict and its resolution". En. C. G smith (ed.). *Conflict resolution.* Notre-Dame University Press. New Haven.

DEUTSCH, M. (1973). *The Resolution of Conflict: Constructive and Destructive Processes.* New Haven, Lale University Press.

DEWEY, J. (1930a): *La escuela y la sociedad.* Fco. Beltrán, Madrid.

DEWEY, J. (1930b): *Pedagogía y Filosofía.* Fco. Beltrán, Madrid.

DEWEY, J..(1933): "La educación y los problemas sociales actuales". *Revista de Pedagogía,* XII, n°. 140, agosto, pp. 337-344.

DEWEY, J. (1952): *El hombre y sus problemas.* Paidós, Buenos Aires.

DIAZ DEL CORRAL, E. (1984): "Una actividad de educación pacificadora". *Baleares,* 21 de marzo.

DIAZ, J. (1979): "Reflections on education for justice and peace" *Bulletin of Peace Proposals,* vol. X, n°. 4.

DOLCI, D. (1963): *Los bandidos de Dios.* Fontanella, Barcelona.

DRAGO, A. Y SALIO, G. (1984): "Il movimento degli insegnanti nonviolenti in Italia". En IPRI: *Se vuoi la pace educa alla pace.* Abele, Turín.

ECKHARDT, W. (1982): "Atrocities, civilizations ans savages: Ways to avoid a nuclear holocaust". *Bulletin of Peace Proposals,* vol. 13, pp. 343-349.

ECKHARDT, W. (1986): "The radical critique of Peace Research. A brief reiiew". *Peace Research,* vol, 18.

EDUCADORES POLA PAZ (1986): *Educar para ama-la paz.* Vía Láctea, A Coruña.

EROSKI (1987): *La educación del consumidor.* Ministerio de Sanidad y Consumo, Madrid.

ESCUDERO, J. M. (1990): "El desarrollo del currículum y la educación para la paz". *Revista de Pedagogía social,* n°. 5, febrero, pp. 5-21.

ESCUDERO, J. M. (1992): "Innovación y desarrollo organizativo de los centros escolares". Ponencia II Congreso Interuniversitario de Organización Escolar, Sevilla.

ESCUDERO, J. M. (1994): "La escuela como comunidad critica al servicio de los valores de una sociedad democrática". *Kikiriki,* n° 31-32, Dic. 93-mayo, 94, pp. 47-58.

ESPOSITO, M. (1985): "Insegnare la disobbedienza?". En. D. NOVARA Y M. ESPÓSITO: *La pace s'impara.* EMI, Bolonia (Italia).

ETXEBERRIA, X. (1985): "La educación ante el fenómeno de la violencia". *Hitzirakaskuntza,* mayo.

ETXEBERRIA, X. (1997): "Los derechos humanos. universalidad tensionada de particularidad". En AA.VV.: *Los derechos humanos camino hacia la paz.* Zaragoza, Seminario de Investigación para la paz – Centro Pignatelli, pp. 87-105.

ETXEBERRIA, X. (1998): "Lo 'humano irreductible' de los derechos humanos". *Cuadernos Bakeaz,* n° 28, agosto.

FAURE, E. Y OTROS (1973). *Aprender a ser.* Alianza-Unesco, Madrid.

FERNANDEZ CORTES, F. (1975): *Escuela Viva.* Zero, Madrid.

FERNANDEZ CORTES, F. (1977). *Orellana.* Asamblea de la escuela. Zero, Madrid.

FERNANDEZ ENGUITA, M. (1987): *Reforma educativa, desigualdad social e inercia institucional.* Laia, Barcelona.

FERNANDEZ ENGUITA, M. (1992). *Poder y participación en el sistema educativo. Sobre las contradicciones de la organización escolar en un contexto democrático.* Paidós, Barcelona.

FERNANDEZ, M.; GIMENO, J. Y ZADALZA, M. (1976). *Didáctica 11. Programación,métodos, evaluación.* UNED, Madrid.

260 REFERÊNCIAS BIBLIOGRÁFICAS

FERRIERE, A. (1926): *La educación autónoma*. Fco. Beltrán, Madrid.

FILHO, L. (1964): *Introducción al estudio de la Escuela Nueva*. Kapelusz, Buenos Aires.

FISAS, V. (1985a): *Anotaciones sobre el movimiento por la paz en España durante los años seten-ta*. ClDOB, Barcelona.

FISAS, V. (1985b): "Los Centros de Documentación e lIúormación sobre la Paz en España". *Sobre Pau/Paz*, vol. 2, n°. 1.

FISAS, V. (1987a): *Introducción al estudio de la paz y de los conflictos*. Lerna, Barcelona.

FISAS, V. (1987b): "La educación para la paz". *Sobre pau/paz*, vol. 4, n°. 2.

FISAS, V. (1987C): "Los hermanamientos escolares". *Sobre Pau/Paz*. vol. 4, n°. 3. (Publicado también en *Cuadernos de Pedagogía)*.

FISE (1984): "Principios de la educación para la paz. Llamado a la discusión". *Educadores del Mundo*, n°. 3.

FISE (1986): Educación pour la paix. PISE, Berlín.

FISHER, S. y HICKS, D. (1985): World Studies: Educazione per un mundo nuovo. MCE, Perugia.

FMANU (1986): "Seminario regional de perfeccionamiento de profesores en materia de desar-me. Informe final". Symposium Inten\acional Educación para la comprensión internacional y la paz Barcelona, 7-11 de julio.

FONDEVILA, F. (1994): *La contribución de las Escuelas Asociadas a la Unesco a la innovación curricular y organizativa*. Tesis Doctoral. UNEO, Madrid.

FONDEVILA, F. (1999): "As escolas asociadas á Unesco. Unha educación en e sobre os dereitos humanos». *Revista Galega de Educación*, n°. 33, monográfico.

FONTAN, P. (1986a): "Educación mundialista para la paz". *Comunicación en el I Congreso esta-tal de educadores para la Paz*. Madrid, diciembre.

FONTAN, P. (1986b): *El civisme mundial i la pau*. Claret. Barcelona.

FORTAT, R. Y LINTANF, L. (1989a): *Education a la paix Fiches pédagogiques pour les enfants de 4 a 12 ans*. Chronique Sociale. Lyon.

FORTAT, R. Y LINTANF, L. (1989b): *Education aux droits de l'homme. Fiches pédagogiques pour les enfants de 4 a 12 ans*. Chronique Sociale. Lyon.

FRANCH, J. (1974): *Comunicación-Educación*. Nova Terra. Barcelona.

FRANÇOIS, L. (1955): "L'Introduction civique et l'enseignement de l'histoire». En: Unesco: *Le role du maitre dans le dévelopment de la compréhension international*. Unesco, París.

FRANÇOIS, L. (1969): *El derecho a la educación. De la proclamación del principio a las realizaciones 1948-68*. Unesco. París.

FRANTA, H. (1982): *Interazione educativa. Teoria e pratica*. LAS, Roma

FRANTA, H.(1985): *Relazioni sociali nella scuola: promozione di un clima umano positivo*. Societa Editrice Internazionale. Turín.

FREINET, C. (1972): *La educación moral y civica*. Laia, Barcelona.

FREINET, C. (1974a): *Las planes de trabajo*. Laia, Barcelona.

FREINET, C. (1974b): *Por una escuela del pueblo*. Laia, Barcelona (3. edición).

FREINET, C. (1978): *Técnicas Freinet de la escuela moderna*. Siglo XXI, México OF, (10. edición).

FREIRE, P. (1972): "Cultura action for freedom". Cit. por R. BURNS (1981): "Educación para el desarrollo y educación para la paz". *Perspectivas* vol. XI, n°. 2.

FREIRE, P. (1973a): *¿Extensión o cornunicación? La concientización en el medio rural*. Siglo XXI, Buenos Aires

FREIRE, P. (1973b): *La educación como práctica de la libertad*. Siglo XXI, Buenos Aires.

FREIRE, P. (1974): *Pedagogía del oprimido*. Siglo XXI, Buenos Aires.

REFERÊNCIAS BIBLIOGRÁFICAS **261**

FREIRE, P. (1986): "1986. Año mundial de la paz". *El Correo de la Unesco*. Diciembre.

FREIRE, P. (1987): "Liberare l'educazione sommersa". En: P. FREIRE y OTROS. *Liberare l'educazione sommersa*. EMI. Bolonia.

FREIRE, P. (1990): *La naturaleza política de la educación. Cultura, pader, y liberación*. Paidós/MEC, Madrid.

FROMM, E. (1984): *Sobre la desobediencia y otros ensayos*. Paidós, Barcelona.

FRONSAC, H. Y OTROS (1986): *No-violencia y objección de conciencia*. Fontanella, Barcelona.

FULLAT, O. Y SARRAMONA, I. (1982): *Cuestiones de educación (análisis bifronte)*. Ceac, Barcelona.

GAILLE, W. B. (1980): *Filósofos de la paz y de la guerra*. FCE, México DF.

GALTUNG, J. (1964): "Editorial". *Journal of Peace Research*, vol. 1.

GALTUNG, J. (1969): "Violence, Peace and Peace Eresearch", *Journal of Peace Research*, vol. 6, pp. 167-191.

GALTUNG, J. (1973): "Education for and with peace: It is possible?". En. IPRA: *Proceedings of the International Peace Research Association. Fourth General Conference*. IPRA, Oslo (Noruega).

GALTUNG, J. (1974a): "On Peace Education". En. WULF (COM.): *Handbook on Peace Education*. IPRA, Oslo (Noruega) (Edicción castallana en J. GALTUNG (1985): *Sobre la paz*. Fontamara, Barcelona).

GALTUNG, J. (1974b): "Peace Research Takes Sides". *The New Era*, vol. 55, pp. 161-178.

GALTUNG, J. (1978): "Conflict a Way of Life". *Essays in Peace Research*, vol. III.

GALTUNG, J. (1981a): "Contribución especifica de la Irenologia al estudio de la violencia: tipologías". En Unesco: *La violencia y sus causas*. Unesco, París.

GALTUNG, J. (1981b): "Hacia una definición de la Investigación sobre la paz". En Unesco: *Investigación sobre la paz. Tendencias recientes y repertorio Inundial*. Unesco, París.

GALTUNG, J. (1981c): "Social cosmology and the concep of peace". *Journal of Peace Research*, vol. 18, n° 2, pp. 183-199.

GALTUNG, J. (1985): *Sobre la paz*. Fontamara, Barcelona.

GALTUNG, J. (1987): *Gandhi oggi*. Abele, Turín.

GALTUNG, J. (1996): "Reflexións sobre a violencia para construír a paz". En JARES, X. R. (Cdor.): *Construír a paz. Cultura para a paz*. Xerais, Vigo, pp. 139-160.

GALTUNG, J. (1998): *Tras la violencia, 3R: recosntrucción, reconciliación, resolución. Afrontando los efectos visibles e invisibles de la guerra y la violencia*. Bakeaz.Gernika Gogoratuz, Bilbao.

GANDHI, M. (1988): *Todos los hombres son hermanos*. Sígueme, Salamanca.

GANV (1987): *Cooperación y resolución de conflictos*. Colectivo educar para la paz-GANV, Málaga.

GARAUDY, R. (1977): *Diálogo de civilizaciones*. Edimsa, Madrid.

GARCIA, F. (1983): *Enseñar los derechos humanos*. Textos fundamentales. Zéro-Zyx, Madrid.

GARCIA MOYA, C. (1984): "Una propuesta de educación para la paz". *El País-Educación,* 24 de enero.

GELPI, E. (1990): "Cultura y construcción de la paz". *Revista de Pedagogía Social,* n°. 5, febrero, pp. 36-45.

GENERALITAT DE VALENCIA (1990): *Cultura gitana. Propuestas para un trabajo intercultural en la escuela* Dirección General de Centros y Promoción Educativa, Consellería de Cultura, Educació i Ciencia, Valencia.

GERVILLA, E. (1988): *Axiología educativa*. TAT, Granada.

GIATSO, T. (1987). *Una aportación hurnana a la paz rnundial*. Dharma, Novelda (Alicante).

GIMENO SACRISTAN, J. (1976): *Una escuela para nuestro tiempo*. Fernando Torres Editor, Valencia.

262 REFERÊNCIAS BIBLIOGRÁFICAS

GIMENO SACRISTAN, J. (1992a): "Ambitos de diseño". En GIMENO SACRISTAN, J., y PEREZ GOMEZ, A. (1992): *Comprender y transformar la enseñanza*. Morata, Madrid, pp. 265-333. (Em português: *Compreender e transformar o ensino*, 4. ed. Porto Alegre: Artmed, 1998.)

GIMENO SACRISTAN, J. (1992b): "El currículum: ¿Los contenidos de la enseñanza o un análisis de la práctica?". En GIMENO SACRISTAN, J., y PEREZ GOMEZ, A. (1992): *Comprender y transformar la enseñanza*. Madrid, Morata, pp. 137-170.

GIMENO SACRISTAN, J. (1992c): "Qué son los contenidos de la enseñanza". En GIMENO SACRISTAN, J., y PEREZ GOMEZ, A. (1992): *Comprender y transformar la enseñanza*. Morata, Madrid, pp 171-223.

GIRARDIN, J. C. (1979): "Célestin Freinet, pedagogo revolucionario". En MCEP. *La Escuela Moderna en España.*, Zero-Zyx, Madrid.

GOMIS, J. (1986): "Un llibre indispensable". En: P. Fontán: *El civisme mundial i la pau*. Claret, Barcelona.

GONZALEZ, M. T. (1998): "La micropolítica escolar algunas acotaciones". *Profesorado*, vol.1, n° 2, pp 47-58.

GONZALEZ AGAPITO, J. (1983): "La contribució de l'Escola Nova a la pau". *Perspectiva Escolar*, n°. 71, pp. 28-33.

GONZALEZ MONTEAGUDO, J. (1988): *La pedagogia de Célestin Freinet: Contexto, bases teóricas, influencia*. MEC. Madrid.

GORDILLO, J. L. (1993): *La objeción de conciencia*. Paidós, Barcelona.

GRASA, R. (1985): "Aprender en la propia piel. El enfoque socioafectivo de la educación para la paz". *Cuadernos de Pedagogia*, n°. 132, diciembre.

GRASA, R. (1986): "Prólogo". En S. JUDSON Y OTROS (1986): *Aprendiendo a resolver conflictos. Manual de Educación para la paz y la noviolencia*. Lema, Barcelona.

GRASA, R. (1987): "Vivir el conflicto". *Cuadernos de Pedagogia*, n°. 150, julio-agosto, pp. 58-62.

GRASA, R. (1989): "A propósito de los contenidos en la formación de educadores para la paz". En AA.VV.: *Seminario sobre formación de monitores de educación para la paz*. Cruz Roja Española, Madrid.

GRASA, R. (1990): "Aprender la interdependencia: Educar para el desarrollo". En Cruz Roja Española (1990): Juventud, desarrollo y cooperación, Cruz Roja Española, Madrid.

GRITTI, R. (1985): *L'immagine degli altri. Orientamenti per l'educazione allo sviluppo*. La Nuova Italia Florencia (Italia).

GRUPO DE ENSEÑANTES CON GITANOS DE ADARRA (1990): *Papel del profesorado de EGB con niños y niñas gitanas.*, Adarra, Bilbao.

HAAVELSRUD, M. (1976a): "The Hidden Connection". Comunicación presentada en la II Convention of the International Association of Educators for World Peace. Sendai. Japón.

HAAVELSRUD, M. (1976b): "The negation of Peace Education". Comunicación presentada en la Conferencia Internacional "Expading Dimensions of World Education". Haceteppe University.

HAAVELSRUD, M. (1984): "O fundo da educação para a paz". En UNICEF. *Una abardagem sobre a educação para a paz*. Unicef, Lisboa.

HAAVELSRUD, M. (1996): "Dende as perspectivas da aprendizaxe continua". En JARES, X.R. (Coord.): *Construir a paz. Cultura para a paz*. Xerais, Vigo, pp. 264-271.

HARRIS, R. (1986): "Introducción". En Unesco-CMOPE: *Didáctica sobre cuestiones universales de hoy*. Teide-Unesco, Barcelona.

HENDRICH, J. (1927). "L'efforte pacifiste de Comenius". En: Bovet: *La paix par l'école*. Travaux de la Conference Internationale tenue à Prague du 16 au 20 avri11927. Emest Flammarion Edt., París.

HICKS, D. (1980): "Education for peace. What does it means?" *Occasional Paper*, n°. 1. S. Martin's College, Lancaster.

REFERÊNCIAS BIBLIOGRÁFICAS 263

HICKS, D. (1984): "Education for peace. issues, dilemas ans alternatives". *Occasional Paper* n° 9, Lancaster (UK), Centre for Peace Studies-S.Martin's College.

HICKS, D. (1988): *Education for Peace. Issues, Principles, and Practice in the Classroom.* Routledge, Londres (Edición en castellano *Educación para la paz,* Morata, Madrid, 1993).

HOCKER, J. Y WILMUT, W. (1978): *Interpersonal Conflict.* C. Brown Com. Duburque. Iowa.

HOYLE, E. (1986): *The Politics of School Management.* Hodder and Stoughton, Sevenoaks.

HOWE, L. W. Y HOWE, M. M. (1977): *Cómo personalizar la educación. Perspectivas de la clarificación de valores.* Santillana, Madrid.

HUSEN, T. Y OPPER, S. (1984): *Educación multicultural y multilingüe.* Narcea, Madrid.

IBAÑEZ, J. E. (1988): *Educar desde/hacia la autoestima.* Concejo Educativo de Castilla y León, Palencia.

IEPS (1987): *Educación y solidaridad. Propuestas de reflexión y acción.* Narcea, Madrid.

IEPS (1988): *Técnicas para analizar la solidaridad en la escuela.* Narcea, Madrid.

JARES, X. R. (1983): "Educación para la paz". *Cuadernos de Pedagogia,* n°. 107, pp. 69-72.

JARES, X. R. (1986): "Escola e paz". En. *Educadores pola Paz: Educar para ama-la paz.* Vía Láctea, A Coruña.

JARES, X. R. (1987) "El lugar en el currículum". *Cuadernos de Pedagogia,* n°. 150, pp. 23-26.

JARES, X. R. (1988): *Educar para a paz.* Dto. de Educación, Ayto. de Santiago de Compostela (Edición en castellano *Educar para la paz.* Fundación Municipal de Cultura, Ayto. de Gijón, 1990).

JARES, X. R. (1989a): "Estudio introductorio sobre la situación de la educación para la paz en España" En AA. VV.: *Seminario sobre formación de monitores de educación para la paz.* Cruz Roja Española, Madrid.

JARES, X. R. (1989b): *Técnicas e Xogos Cooperativos para tódalas idades.* Vía Láctea, A Coruña.

JARES, X. R. (1990): *Educación para la paz. Fundamentos y modelos de intervención,* Tesis DoctoraL Fac. de Fil. y CC. de la Educación, Univ. de Santiago de Compostela.

JARES, X. R. (1992a): *El placer de jugar juntos.* CCS, Madrid.

JARES, X. R. (1992b): *Transversales. Educación para la paz.* MEC, Madrid.

JARES, X. R. (1993a): "Los conflictos en la organización escolar". *Cuadernos de Pedagogía.,* n° 218, octubre, pp. 71-75.

JARES, X. R. (1993b): "Transversalidade e Proxecto educativo". *Revista Galega de Educación,* n° 18, octubre, pp. 8-14.

JARES, X. R. (1994): "Educación para la paz y Organización Escolar". En FERNANDEZ HERRERIA, A. (Cdor.): *Educando para la paz. Nuevas propuestas.* Universidad de Granada, Granada.

JARES, X. R. (1995a): "Contexto organizativo y resolución de conflictos en los centros educativos". En AA.VV.: *Volver a pensar la educación.* Vol. II, Morata, Madrid, pp. 133-151.

JARES, X. R. (1995b): "Los sustratos teóricos de la educación para la paz". *Cuadernos Bakeaz,* n° 8, abril.

JARES, X. R. (1995c): "III Congreso Estatal Documento de debate. El movimiento de educadoras y educadores para la paz en el Estado español: análisis y propuestas de debate". En AA.VV. *III Congreso Estatal de Educación para la paz. Hacia un movimiento de educación para la paz.* Oto. de OOE, Universidad de Valladolid, Valladolid, pp. 237-242.

JARES, X. R. (1996a): "A mirada global da paz". En JARES, X.R. (Cdor.): *Construir a paz. Cultura para a paz.* Xerais, Vigo, pp 11-21.

JARES, X. R. (1996b): "O Nacemento e significado da educación para a paz". En JARES, X. R. (Cdor.): *Construír a paz. Cultura para o paz.* Xerais, Vigo, pp. 249-255.

JARES, X. R. (1997): "El lugar del conflicto en la organización escolar". *Revista Iberoamericana de Educación,* n° 15, septiembre-diciembre, pp. 53-73.

264 REFERÊNCIAS BIBLIOGRÁFICAS

JARES, X. R. (1999): "Educación y derechos humanos". *Cuadernos Bakeaz*, n° 29, octubre.

JARES, X. R. (1999): *Educación y derechos humanos. Estrategias didácticas y organizativas*. Popular, Madrid (Edición en gallego en Edicións Xerais, Vigo, 1988).

JUDSON, S. Y OTROS (1986): *Aprendiendo a resolver conflictos. Manual de Educación para la paz y la noviolencia*. Lerna, Barcelona.

KELLY, P. (1997): *Por un futuro alternativo*. Paidós, Barcelona.

KEMMIS, S. (1988): *El currículum: más allá de la teoría de la reproducción*. Morata, Madrid.

KING, M. L. (1965): *La fuerza del amar*. Aymá, Barcelona.

FLAFKY, W. (1964): *Studien zur Bildungstheorie und Didaktik*. Beltz, Weinheim (Alemania).

LANZA DEL VASTO (1981): *La aventura de la noviolencia*. Sigueme, Salamanca.

LANZA DEL VASTO (1988): *El arca tenía por vela una niña*. Sigueme, Salamanca.

LARROYO, F. (1973): *Historia general de la Pedagogía*. Porrúa, México.

LEDERACH, J. P. (1983): *Els anonemats pacifistes: la no-violencia a l'Estat espanyol*. Edc. de La Magrana, Barcelona.

LEDERACH, J. P. (1984): *Educar para la paz*. Fontamara, Barcelona.

LEDERACH, J. P. (1985): *La regulación del conflicto social: Un enfoque práctico*. Dossier fotocopiado, Barcelona.

LEMKOW, L. (1984): *La protesta antinuclear*. Mezquita, Madrid.

LLACUNA, J. Y TARIN, L. (1984): *Enseñanza y desobediencia. Para una enseñanza libre del adulto*. Zéro-Zyx, Madrid.

LLOPIS, R. (1931): "El desarme moral". *Cuadernos de Cultura*, n°. 34.

LLOPIS, R.(1934): *Hacia una escuela más humana*. España, Madrid.

LOBATO, C. Y MEDINA, R. (1986): *Técnicas de animación para grupos de preadolescentes*. Adarra, Bilbao.

LOPES, L. (1984): "Correntes actuais da Pedagogia e educacçao para a paz". *O Professor*, n°. 68, octubre, pp. 37-67.

LOPEZ I AMABAT (1990): "La óptica universitaria de la solidaridad: MON-3". En: AA.VV.: *Juventud, desarrollo y cooperación*. Cruz Roja Española, Madrid.

LUCINI, F.G. (1993): *Temas transversales y educación en valores*. Alauda-Anaya, Madrid.

LUCKHAN, R. (1986): *La clútura de las armas*. Lema, Barcelona.

MACGINNIS, J. (1981): *Education for Peace and Justice. An Overvielv*. N. Newton. Kansas.

MAISON UNIVERSELLE DE JUSTICE (1985): *La promesse de la Paix mondiale*. ASN des Baha's de Suisse. Berna.

MALESANII, P. (1988): "Sviluppo uguale pace". En. E. DETTI: *Educazione allo sviluppo*. La Nuova Italia, Florencia.

MANS UNIDES (1985): *Fem un sol mon*. Mans Unides, Barcelona. (Edición en castellano en 1986).

MANS UNIDES (1986): "La educación para el desarrollo; qué es y qué pretende". *Comunicación en ell Congreso Estatal de Educadores para la Paz*. Madrid.

MARIN IBAÑEZ, R. (1973): "El bachillerato internacional". *Revista Española de Pedagogía*, n°. 123, julio-sep- tiembre.

MARKS, S. (1984): "El papel de la Unesco en el desarme y la situación de los hombres de ciencia". En: J. ROTBLAT (ed.): *Los científicos, la carrera armamentista y el desarme*. Serbal/ Unesco. Barcelona.

MARTENSON, J. (1980): "Inauguración del Congreso". En: Unesco: *Educación para el desarme*. Congreso Mundial de Educación para el Desarme. Informe y Documento final. Unesco. Paris.

REFERÊNCIAS BIBLIOGRÁFICAS **265**

MARTI, M. (1972): *El maestro de barbiana*. Hogar del libro, Barcelona

MARTI, M. (1982): "Don Lorenzo Milani y el nacimiento de la Escuela de Barbiana". *Cuadernos de Pedagogía*, n°. 89, mayo, pp 4-6.

MARTIN, E. (1987): "Juegos de simulación y teorias del aprendizaje". *Apuntes de educación*, n° 25, abril- junio.

MARTIN, J. M. (1983): "Approaches to Research on Teaching: Implications for Curriculum Theory and práctice". *Ocassional paper* n° 60, Michigan state University, Michigan.

MARTINEZ TORNER, F. (1932): "La educación pacifista". *Revista de Pedagogía*, Vol. XI, n°. 128, agosto, pp 361-368.

MASSARENTI, L. (1984): *A l-école des droits de l'homme*. Université de Geneve, Geneve.

MAURETTE, Mª. T. (1948): *Techniques d"education pour la paix. Existent-elles?* Réponse a une enquête d'UNESCO. BIE, Ginebra.

McCARTHY, C. (1994). *Racismo y Currículum*. Morata-Paideia, Madrid.

MCEP (1979): *La Escuela Moderna en España*. Zero-Zyx, Madrid.

MCEP-CR (1986): "El trabajo y el conflicto en clase". *Comunicación* I Congreso Estatal de Educadores para la Paz. Madrid, diciembre.

MCGINNIS, J. (1981): *Education for peace ans justice. An overview*. N. Newton, Kansas.

MEAD, M. (1975): "La cultura mundial". En: M. MEAD Y OTROS: *La Antropología y el mundo contemporáneo*. Siglo XXI, Buenos Aires.

MEC (1992): "Prólogo". *Temas transversales* (Cajas rojas). MEC, Madrid.

MEC (1994): *Centros educativos y calidad de la enseñanza. Propuesta de actuación*. MEC, Madrid.

MELANDRI, E. (1985): "L'informazione, l'educazione, lo sviluppo». En R. GRITTI: *L'immagine degli altri. Orientamenti per l'educazione allo svilluppo*. La Nueva Italia, Florencia.

MENDEL, G. (1974): *La descolonización del niño*. Ariel, Barcelona.

MESA, M. (1990): "Educar para el desarrollo. Algunas cuestiones sobre metodología". En AA.VV: *Juventud, desarrollo y cooperación*. Cruz Roja Española, Madrid.

MESA, M. (1994): *Educación para el desarrollo y la paz*. Popular, Madrid.

MESAROVIC, M Y PESTEL, E. (1975): *La humanidad en la encrucijada (Segundo Informe Club de Roma)*. FCE, México.

MIALARET, G: Y VIAL, J. (1981): *Histoire mondiale de l'éducation. Tomo II*. Presses Universitaires de France, París.

MILANI, L. (1976): "Carta a los jueces". SINITE, n". 49.

MILGRAM, S. (1973): *Obedience to Authority. An Experimental View*. Harper Row. Nueva York (Edición cas- tellana S. MILGRAM (1980): *Obediencia a la autoridad. Un punto de vista experilnental*. Desclée de Brouwer, Bilbao).

MONCADA, A. (1985): *El aburrimiento en la escuela*. Plaza y Janés, Barcelona.

MONCLUS, A. (1987). *Educación para la paz*. Cruz Roja Española, Madrid.

MONCLUS, A. (1988): "Las Escuelas asociadas. Origen, estructura y metodología". *Cuadernos de Pedagogía*, n°. 164, pp. 24-26.

MONTESSORI, M. (?): *Educaçao e Paz*. Portugalia, Queluz de Baixo.

MOORE, C. (1994): *Negociación y mediación*. Gernika Gogoratuz, San Sebastián.

MORA (DE LA), G. (1982): "Prólogo". En COMENIO, J. A. *Didáctica Magna*, Porrúa, Méxíco.

MOLLER, J. M. (1983): *Significado de la noviolencia*. CAN, Madrid.

MOLLER, J. M.(1984): *Estrategia de la acción no-violenta*. Hogar del libro, Barcelona.

MUSHAKOJI, K. (1974): "Peace Researh and Education in a Global Perspective". En: WULF (COMP.): *Handbook of Peace Education*. IPRA, Oslo.

266 REFERÊNCIAS BIBLIOGRÁFICAS

NACIONES UNIDAS (1981): *Resolución 35/56. International Developlnent Strategy for tlle Third United Nations Developlnent Decade.* NN.UU. Nueva York.

NACIONES UNIDAS (1984): *Relación entre desarme y desarrollo.* Asociación para las Naciones Unidas de España, Madrid.

NACIONES UNIDAS (1986): *Actividades de las NN. UU. en materia de Derechos Humanos.* NN.UU. Nueva York.

NAIDU, M.V. (1986): "Dimensions of peace". *Peace Research*, vol. 18.

NANNI, A. (1987): "Educazione alla mondialità". En: P. FREIRE Y OTROS: *Liberare l'educazione sommersa.* EMI, Bolonia (Italia).

NASTASE, A. (1986): "El puesto del derecho internacional en la educación para la paz". En Unesco. *Anuario de estudios sobre paz y conflictos.* Fontamara-Unesco, Barcelona.

NICKLAS, H. Y OSTERMANN, A. (1974): "Reflections on a Curriculum of Peace Education". En WULF (COM.): *Handbook of Peace Education.* IPRA, Oslo.

NICKLAS, H. Y OSTERMANN, A. (1977): "Peace Education Commission". *International Peace Research Newsleter,* n°. 1.

NICKLAS, H. Y OSTERMANN, A. (1979): "The Psicology of Deterrence and Education for Peace". *Bulletin of Peace proposals,* n°. 4.

NOVARA, D. (1987a): "Didattica della toleranza". *CEM-Mondialitá,* n° 2, septiembre.

NOVARA, D. (1987b): *Scegliere la pace. Educazioni ai rapporti.* Abele, Turín.

NOVARA, D. (1989a): *Scegliere la pace. Educazioni alla giusticia.* Abele, Turín.

NOVARA, D. (1989b): *Scegliere la pace. Guida metodologica.* Abele. Turín.

NOVARA, D. Y RONDA, L. (1983): "Un programma di educazione alla pace nella scuola di base". CEM- *Mondialità,* n°. 4, abril.

NOVARA, D. Y RONDA, L., (1984): "Un programma di educazione alla pace nella scuola di base". En: IPRI. *Se vuoi la pace educa alla pace.* Abele. Turín.

NOVARA, O. Y RONDA, L. (1986a): *Scegliere la pace. Educazione al disarmo.* Abele. Turín.

NOVARA, O. Y RONDA, L. (1986b): *Scegliere la pace. Cuida metodologica.* Abele. Turín.

OFICINA IBEROAMERICANA DE EDUCACION (1960): *La educación en el plano internacional.* OIE, Madrid.

OINEZ (1984): *Educar para la noviolencia.* Escuela Diocesana de Educadores de Juventud, Bilbao.

ONIEVA, J.A. (1925): "La tendencia educativa de M. Gandhi". *Revista de Pedagogía, IV*, pp. 357-364.

ORLICK,T. (1986): *juegos y deportes cooperativos.* Editorial Popular, Madrid.

ORLICK, T. (1982): *The Second Book of Games and Sports Cooperatives.* Pantheon Books, Nueva York. (Edición castellana: *Libres para cooperar, libres para crear,* Paidotribo, Barcelona, 1990).

OTANO, L. Y SIERRA, J. (1994): "El lugar del centro". *Cuadernos de Pedagogía,* n°. 227, julio-agosto, pp. 22-27.

OTERO, E. (1998a): "Batallones escolares, sentimientos patrióticos y educación en el siglo XIX". En AA.VV: *Educación popular. Tomo II,* Servicio de Publicaciones de la Universidad de La Laguna, La Laguna.

OTERO, E. (1998b): "Virilidad, patriotismo y religión. las virtudes de la milicia en la educación de la infancia". En AA.VV.: *El currículum: historia de una mediación social y cultural.* Osuna, Granada.

PALACIO LIS, I (1986): *Moral, Pacifismo e Historia. Implicaciones educativas en una Europa en crisis* 1900-1930. Universidad de Valencia, Valencia.

PALACIOS, J. (1982): *La cuestión escolar. Críticas y alternativas.* Laia, Barcelona.

PALLARES, M. (1982): *Técnicas de grupo para educadores.* ICCE, Madrid.

REFERÊNCIAS BIBLIOGRÁFICAS 267

PASCUAL, A. V. (1988): *Clarificación de valores y desarrollo humano. Estrategias para la escuela.* Narcea, Madrid.

PEARSON, C. (1984): *Cómo resolver conflictos en clase.* Ceac, Barcelona.

PEC (1988): "By-Laws of the IPRA Peace Education Commission". *PEC News,* noviembre.

PEIRE, C. (1982): "Un Congreso de educadores para la paz". *El Pais Educación,* n°. 20, 5 de octubre.

PEREZ ESQUIVEL, A. (1999): "Educando para a paz e a non violencia. Os nenos e a sociedade" *Revista Galega de Educación,* n°. 33.

PEREZ GOMEZ, A. I. (1992): "Las funciones sociales de la escuela. de la reproducción a la reconstrucción crítica del conocimiento y la experiencia". En GIMENO SACRISTAN, J. y PEREZ GOMEZ, A. I: *Comprender y transformar la enseñanza.* Morata, Madrid.

PEREZ GOMEZ, A. I. (1998): *La cultura escolar en la sociedad neoliberal.* Morata, Madrid. (Em português: *A cultura escolar na sociedade neoliberal.* Porto Alegre: Artmed, 2001.)

PETERS, R. S. (1984): *Desarrollo moral y educación moral.* FCE, México.

PETTINI, A. (1977): *Célestin Freinet y sus técnicas.* Sígueme, Salamanca.

PIAGET, J. (1957): *La actualidad de Comenio.* Unesco, París.

PONTARA (1987): "Introduzione". En GALTUNG, J.: *Gandhi oggi,* Abele, Turín.

PORLAN, R. Y RIVERO, A. (1994): "Investigación del medio y conocimiento escolar". *Cuadernos de Pedagogía,* n° 227, julio-agosto, pp. 28-31.

PREVOT, G. (1975): *Pedagogía de la cooperación escolar.* Planeta, Barcelona.

PREVOT, G. (1981): *L'Utopie éducative Comenius.* Berlín, París.

PYRONNET, J. (1978): *La communauté de l'Arche. Une expérience de societé nonviolente.* Causse Imprimeurs. Montpellier.

RAMIREZ, G. (1990): "La educación para la paz en Europa". *Revista de Pedagogía Social,* n°. 5, febrero, pp. 22-35.

RANA, S. (1984): "Educación e investigación sobre el desarme". En: ROTBLAT, J. (ed.): *Las científicos, la carrera armamentista y el desarme.* Serbal /Unesco, Barcelona.

RANSON, I. (1986): "L'Education à la paix en RFA". En: LIEECP: *L'éducation a la paix. Actes du Colloque. París,* octobre, 1986. L IEECP, París.

RAOUX, R. (1988): "L'Institut Cooperatif de I?Ecole Moderne". En: BAYADA Y OTROS: *Pour une éducation non-violente. Enjeux pédagogiques et sociaux.* Non Violence Actualité, Montargis.

RATHS, L. E.; HARMIN, M. Y SIMON, S. B. (1978): *El sentido de los valores y la enseñanza. Cómo emplear los valores en el salón de clases.* UTEHA, México.

RATHS, L. E.; HARMIN, M. Y SIMON, S. B. (1978): "Perspectives on the theory". En GODMAN, J. (Edid.): *Turning points: New developments, Neu directions in values classification.* Resources Press, Nueva York.

RAVEN, B. K. y KRUGLANSKI, A. W. (1970): "Conflict and Power". En: P. SWINGLE (Ed.): *The structure of conflict Academic Press.* Nueva York.

REARDON, B. (1978a): "El desarme y la educación para la paz". *Perspectivas,* vol. VIII, n°. 4.

REARDON, B. (1978b): "Peace as educational and Process". En BURNS WESTON (ed.): *Peace and World arder Studies: A Curriculum Guide.* Institut for World Order, Nueva York.

REARDON, B. (1979): "Obstacles to disartmament education". *Bulletin of Peace Proposals,* vol. X, n°. 4.

REARDON, B. (1982): *Militarization, Security and Peace Education.* United milústries in Education, N.York.

REY-HERME Y OTROS (1967): *¿Guerra o paz? ¿Para qué educamos?* Sociedad de Educación Atenas, Madrid.

268 REFERÊNCIAS BIBLIOGRÁFICAS

RICHARDSON, R. (1976): *Learning for change in world society: Reflections, Activities, Resources.* World Studies Project. Londres.

RICHARDSON, K. (1979): "Aprender en un mundo en transformación: criterios y métodos para aplicar en el aula". *Perspectivas*, vol. IX, n°. 2.

RICHARDSON, R. (1982): "Culture and justice. Key concepts in World studies and multicultural education". En: D. HICKS Y CH. TOWNLWY: *Teaching World Studies: an introduction to global perspectives in the curriculum.* Longman. Nueva York RIUS, X. (1989): La objeción de conciencia. Integral, Barcelona.

RODRIGUEZ ROJO, M. (1995): *La educación para la paz y el interculturalismo como tema transversal.* Oikos- Tau, Barcelona.

ROMIA, C. (1988): "Necesidad actual de la educación para la paz". En: *Escola Univ. de Maxisterio de Lugo. III Semana do Maxisterio lucense.* Setembro 87. Diputación Provincial de Lugo, Lugo.

ROSA ACOSTA, B. (1977). *Educación civica y comprensión internacional.* Ceac, Barcelona.

ROSA, G. Y MILITU, D. (1984): "Il principio del diálogo". En: G. BALDUZZIY OTROS: *Per una educazione alla pace.* CGIL, Emilia Romagna (Italia).

ROSELLO, P. (?): *La escuela, la paz y la Sociedad de las Naciones.* La Lectura, Madrid.

ROSS, M.H. (1995): *La cultura del conjlicto. Las diferencias interculturales en la práctica de la violencia.* Paidós, Barcelona.

ROSSITER, C. M. Y PEARCE, W. B. (1975): *Communicating personally.* The Merril Co. In. Nueva York.

ROUSSEAU, J. J. (1973): *Emilio o de la educación.* Fontanella, Barcelona.

ROUSSEAU, J. J. (1982): *Escritos sobre la paz y la guerra.* Centro de Estudios Constitucionales, Madrid.

RUSSELL, B. (1962): *Perspectivas de la civilización industrial.* Aguilar, Madrid.

SAEZ, P. (1995): "La educación para la paz en el currículo de la reforma". *Cuadernos Bakeaz*, n° 11, octubre.

SAEZ, P. (1997): *Las claves de los conflictos.* CIP, Madrid.

SALIO, G. (1983): "Educazione alla pace come educazione alla nonviolenza". *Scuola e Cilla*, n°. 9, septiembre.

SALIO, G. (1986): "Teoría e prtica dell'educazione alla pace". En: O. NOVARA V L. RONDA. *Scegliere la pace. Cuida metodologica.* Abele, Turfn.

SAN FABIAN, J. L. (1986): "Educar para la paz". *Aula Abierta.* Revista del Instituto de CC. de la Educación. Universidad de Oviedo, n°. 46, octubre.

SAN FABIAN, J. L. (1992): "Gobierno y participación en los centros escolares: sus aspectos culturales". En AA.VV.: *Cultura escolar y desarrollo organizativo. II Congreso Interuniversitario de Organización Escolar.* Sevilla, Universidad de Sevilla, pp. 79-118.

SANCHEZ VAZQUEZ, A. (1970): *Rousseau en México.* Grijalbo, México.

SANCHEZ VAZQUEZ, A. (1976): "La ideologia de la neutralidad ideológica". *Zona abierta*, n°.7, pp. 34-42.

SANTOS GUERRA, M.A. (1994): "La escuela. un espacio para la cultura". *Kikiriki*, n° 31-32, pp. 3-13.

SANTULLANO (1926): "Internacionalismo». *Revista de Pedagogia*, año Y, n°. 51, marzo, pp. 97-102.

SARUP, M. (1990): "El currículum y la reforma educativa. Hacia una nueva política de la educación". *Revista de Educación*, n° 291, enero-abril, pp. 193-221.

SAVATER, F. (1984): *Las razones del antimilitarismo y otras razones.* Anagrama, Barcelona.

SCHELEMENSON, A. (1987): *Análisis organizacional y empresa unipersonal.* Paidós, Buenos Aires.

REFERÊNCIAS BIBLIOGRÁFICAS **269**

SCOTT, M. O. Y POWERS, W. G. (1985): *La colnunicación interpersonal como necesidad.* Narcea, Madrid.

SCURATI, C. Y DAMIANO, E. (1977): *Interdisciplinaridad y didáctica.* Adara, A Coruña.

SEMELIN, J. (1983): *Pour sortir de la violence.* Les Editions Ouvrieres, París.

SEMELIN, J. (1986): "Qu'est-ce que l'éducation ala paix?" En: LIEECP: *Colloque. Actes l'éducation a la paix.* LIEECP, París.

SEMINARI DE EP DE BADALONA (1987). "Educar en valores: diez tesis en forma de dudas". *Cuadernos de Pedagogía,* n°. 150, pp. 10-12.

SEMINARIO DE EP DE LA APOH (1990a): *Amemos la paz. Unidad didáctica.* APDH, Madríd.

SEMINARIO DE EP DE LA APOH (1989b): *Educar para la paz. Una propuesta posible.* APDH-CIP, Madrid.

SEMINARIO DE EP DE LA APOH (1990): *La alternativa del juego II.* APDH, Madrid.

SEQUEIROS, L. (1997): *Educar para la solidaridad.* Octaedro, Barcelona.

SHERMAN, S. (1926): "La Uga de Naciones en las escuelas". *BILE,* n° 792.

SIMON, S. B. Y OTROS (1977): *Clarificación de valores. Manual de estrategias prácticas para maestros y alumnos.* Avante, México.

SMITH, D. (1979): "Estudio de los conflictos y educación para la paz". *Perspectivas,* vol. X, n°. 2.

SNYDERS, G. (1987): *La alegría en la escuela.* Paidotribo, Barcelona.

SOLA, P. (1987): "La Pedagogía de la paz, ayer y hoy". *Cuadernos de Pedagogía,* n°. 150, julio-agosto, pp. 15-18.

SOTELO, I. (1995): "Educación y democracia". En AA.VV.: *Volver a pensar la educación. Vo1. I,* Madrid, Morata, pp. 34-59.

STENHOUSE, L. (1987): *Investigación y desarrollo del currícululn.* Morata, Madrid.

SUCHOOOLSKJ, B. (1984): "Per una educazione al tempo futuro". En: G. BALDUZZJ Y OTROS: *Per una educazione alla pace, materiali per uno schedario progressivo.* CCGIL. Emilia Romagna (Italia).

TERTSCH, H. (1983). "La democracia escolar, premisa para una enseñanza eficaz de los derechos humanos". *El País Educación,* n°. 53, 24 de mayo.

THEE, M. (1981): "The scope and priorities in Peace Research". En Unesco. *Yearbook on Peace Ans Conflict Studies.* Unesco, París.

THELLIN, B. (1989): "Experiencias en la formación de profesionales para la educación para la paz". En AA. VV.: *Seminario sobre formación de monitores de educación para la paz,* Cruz Roja Española, Madrid.

TOLSTOI, L. (1962): *Obras* (selección). Maucci, Barcelona.

TORRES, J. (1988): "Os livros de texto e o controlo do curriculo". *Na Escola-La Región,* n°. 15, 2 de noviembre.

TORRES, J. (1991): El currículum oculto. Morata, Madrid.

TORRES, J. (1993): "Las culturas negadas y silenciadas en el currículum". *Cuadernos de Pedagogía,* n° 217, septiembre, pp. 60-66.

TORRES, J. (1994): *Globalización e interdisciplinariedad: el currículum integrado.,* Morata, Madrid.

TORRES, J. (1996): "Desarmando curricula opresores. ensino e preparación para unha sociedade globalizada e diversa". En.: JARES, X. R. (Cdor.): *Construir a paz. Cultura para a paz.* Xerais, Vigo, pp. 272-281.

TOUZARD, H. (1981): *La mediación y la solución de los conflictos.* Herder, Barcelona.

TUVILLA, J. (1990): *Derechos humanos. Propuesta de educación para la paz basada en los derechos hulnanos y del niño.* Junta de Andalucía, Sevilla.

270 REFERÊNCIAS BIBLIOGRÁFICAS

TUVILLA, J.(1998): *Educación en derechos humanos: hacia una perspectiva global.* Desclée de Brouwer, Bilbao.

Unesco (?): *El Plan de Escuelas Asociadas de la Unesco.* Unesco, París.

Unesco (1959): *La educación para la colnprensión internacional.* Unesco. París.

Unesco (1968): *L'éducation pour la colnpréhension internationale en tant que partie intégrante des programes scolaires.* BIE/Unesco, Ginebra.

Unesco (1969): *Algumas sugestiones sobre la enseñanza acerca de los Derechos Humanos.* Unesco, París.

Unesco (1978): *Ideas para la acción.* Unesco, París.

Unesco (1980): *Educación para el desarme. Congreso Mundial de Educación pora el Desarme. I Informe y Documento final.* Unesco. París.

Unesco (1981): *Investigación sobre la paz. Tendencias recientes y repertorio mundial.* Unesco, París.

Unesco (1983a): *La educación para la cooperación internacional y la paz en la escuela prilnaria.* Unesco, París.

Unesco (1983b): *La educación para la comprensión, la cooperación y la paz internacionales y la educación relativa a los derechos humanos y las libertades fundamentales, con miras a fomentar una actitud favorable al fortalecimiento de la seguridad y el desarme.* Unesco, París.

Unesco (1984a): *Inlernational Congress on the ocassion of the Thirtieth Anniversary of the Associated schools Project Final Report.* Sofía (Bulgaría), 12-16 septiembre de 1983. Unesco, París.

Unesco (1984b): *Manual de los Clubes* Unesco. Unesco, París.

Unesco (1985a): *El Plan de Escuelas Asociadas a la Unesco.* Unesco, París.

Unesco (1985b): *Grains de paix. Contribution de l'éducation préscolaire a la compréhension internationale et a l'éducation pour la paix.* Unesco, París.

Unesco (1986): *Cómo actuar juntos en favor de la educación para la comprensión internacional: participando en el plan de escuelas asociadas a la Unesco.* Manual práctico. Unesco, París.

Unesco (1988): *Sí, ¡juntos podemos! Clubes Unesco y Plan de Escuelas Asociadas de la Unesco.* Unesco, París.

Unesco-CMOPE (1986): *Didáctica sobre cuestiones universales de hoy.* Teide-Unesco. Barcelona.

VALITUTTI, S. (1957): *L'Educazione e la pace nel pensiero di María Montessori.* Edizioni Vita dell'infanzia, Roma.

VAN RILLAER, J. (1977): *La agresividad humana.* Herder, Barcelona.

VELA, F. (1984): "Educar para la paz". En. E. G. ESTÉDANEZ Y OTROS: *Por una paz sin armas.* San Esteban, Salamanca.

VIDAL, L. (1971): *Fundamentación de una Pedagogía de la No violencia y la paz.* Marfil. Alcoy (Alicante).

VIDAL, L. (1972): "El DENYP y los Grupos de Amigos de la No-violencia y la Paz». *Vida Escolar,* n°. 138, abríl, pp. 14-17.

VIDAL, L. (1973): *El DENYP como procedimiento de educación pacificadora.* Sociedad Española de Pedagogía, Madrid.

VIDAL, L. (1977): "Educación permanente de adultos y autorrealización espiritual". *Vida Escolar,* n°. 189-190, mayo-junio, pp.16-19.

VIDAL, L. (1979): "Los derechos del niño y la educación para la paz". *Vida Escolar,* n°. 204, nov.-dic, pp. 57-61.

VIDAL, L. (1985): *No-violencia yescuela.* Escuela Española, Madrid.

VILARASA, A. (1990): "Las educaciones finales. ¿Nuevas "marías"?" *Cuadernos de Pedagogía,* n°. 180, abril, pp. 37-40.

REFERÊNCIAS BIBLIOGRÁFICAS **271**

VISALVERGHI, A. (1984): "Educare alla pace: un diritto-dovere dell'insegnante". En G. BALDUZZI Y OTROS. *Per una educazione alla poce. Material per uno schedario progressivo.* CGIL, Emilia Romana (Italia).

VISALVERGHI, A. (1985): *Scuola e cultura di pace. Suggerimenti per gli insgnati.* La Nuova Italia, Florencia (Italia).

WASHBURNE, C. (1967): *Educación para una conciencia mundial.* Losada, Buenos Aires (Argentina).

WATKINS, CH. Y WAGNER, P. (1991): *La disciplina escolar. Propuesta de trabajo en el marco global del centro.* Paidós/MEC, Barcelona.

WATZLAWICK, P.; BEAVIN, J. H. Y JACKSON, O. O. (1971): *Teoría de la colnunicación humana.* Tiempo Contemporáneo, Buenos Aires (Argentina).

WERNER, W. (1981): "Responsible Contents of a Peace Education". *Comunicación presentada en la IX Conferencia General del IPRA.* Orilia, Ontario (Canadá). 21-26 de junio.

WEYER, G. (1988): "Ecoles non-violentes". En: BAYADA Y OTROS: *Pour une éducation non-violente.* Non Violence Actualité, Montargis (Francia).

WILMONT, W. (1975): *Dyadric colnlunication a transactional perspective.* Addison-Wesley, Londres.

WINNENELD, F. (1971): *Padagogischer Kontalet und Padagogischer Feld.* Reinhardt. Munich.

WOLSK, O. (1975): *Un método pedagógico centrado en la experiencia. Ejercicios de percepción, comunicación y acción.* Unesco, París.

WREN, B. (1977). *Educación para la justicia.* Sal Terrae, Santander.

YOUNG, N. (1984): "Some current Controversies in the New Peace Education Movement: Debates and Perspectives". *Bulletin of Peace Proposals,* vol. 15, n°. 2. (Versión en gallego en el n°. 6 (1988) de la *Revista Galega de Educación).*

YUS, R. (1993): "Las transversales: conocimiento y actitudes". *Cuadernos de Pedagogía,* n°. 217, septiembre, pp. 76-79.

YUS, R. (1994): "Dos mundos contradictorios". *Cuadernos de Pedagogía,* n°. 227, julio-agosto, pp. 35-39.

YUS, R. (1996): *Temas transversales: Hacia una nueva escuela.* Graó, Barcelona.

ZAGRILLI, V. (1973): *Pedagogía dil disarmo.* La Nuova Italia, Florencia.

ZAMBRANO, Mª. (1996): "La educación Dara la Daz". *Revista de Educación,* n°. 309, enero-abril, pp. 151-159.

Impressão e acabamento:
E-mail: edelbra@edelbra.com.br
Fone/Fax: (54) 321-1744

Filmes fornecidos pelo Editor.